U0102557

后浪

You Just Don't Understand

Women and Men in Conversation

听懂
另一半

从沟通差异到弦外之音

Deborah Tannen

[美] 黛博拉·泰南 著　吴筱 译

上海文化出版社

献给我的父亲与母亲

酌水知源

致 谢

我特别感谢我那些慷慨的同事。感谢他们阅读了这本书的草稿，并提供了意见和建议，让我能够对它做出改进。我感谢 A. L. 贝克尔、佩内洛普·埃克特、拉尔夫·法索德、迈克尔·盖斯、卡尔·戈尔茨坦、罗宾·莱科夫、尼尔·诺里克、苏珊·菲力普斯、纳奥米·泰南、巴里·索恩以及大卫·怀斯，感谢他们奉献的时间和精力。

我对罗宾·莱科夫的感激之情可以追溯到更早以前。作为语言学研究中语言与性别方向的先驱，她为我和一代学者提供了一个起点。她开辟了一条道路，并从此衍生出许多不同的探索之径。她 1973 年的语言学课程在很大程度上是我日后成为一名语言学家的契机，也使我选择了加州大学伯克利分校作为训练基地。在这里，她是我的老师之一。她也一直是我的朋友，是一位慷慨的支持者，是一位在追求理论研究的同时不忽视其实际意义的模范学者。

我对拉尔夫·法索德的感激之情也颇为深远。他始终给予我宝贵的智力支持和挑战，就我的研究与我进行对话，并从他自己的研究中提出启发性的观点、事例，与我分享资料，以及提供无价的信息技术服务。乔治城大学为我提供了这样一位完美的同事和朋友，我心存感激。

同样在乔治城，我还要感谢语言及语言学学院院长詹姆斯·阿拉提斯、我在社会语言学项目中的同事们，以及那些为我正在构思中的想法做听众并提供了帮助的学生。还有其他许多人在各种重要方面给予了我帮助，这些方面包括阅读和评论书稿的某些部分，从他们自身的经验中举例，或与我讨论想法。虽然我将他们列在一起，但他们每个人的贡献都应得到我单独的敬意：凯瑟琳·阿布拉莫维茨、史蒂夫·巴里什、尼科·贝斯尼尔、汤姆·布拉扎蒂斯、布鲁斯·布里格汉姆、玛乔丽·布里格汉姆、佩内洛普·布朗、乔斯林·伯顿、卡罗琳·塞尔斯 - 穆尔西亚、安德鲁·科恩、布朗温·戴维斯、班比·埃文斯 - 默里、保罗·弗雷德里希、艾伦·弗贝克、吉姆·加洛法洛、约翰·戈德史密斯、保罗·戈尔茨坦、玛乔丽·哈内斯·古德温、约翰·瓜纳斯切利、安妮·霍金森、雷·海斯、保罗·霍珀、黛博拉·詹姆斯、克里斯蒂娜·卡卡瓦、朱迪思·卡茨 - 施瓦茨、卡罗琳·金尼、马克·科胡特、海伦·科茨尼斯、艾迪·马科夫斯基、约瑟夫·马海、艾伦·马克斯、瑞秋·迈洛维茨、苏西·娜帕、米莉恩·纳斯塔斯、曼达纳·纳维德 - 大不里士、丽贝卡·珀克斯、莫莉·彼得森、普阿帕·波纳法拉、丹尼斯·普雷斯顿、露西·雷、丹·里德、查克·理查森、西莉亚·罗伯茨、乔安娜·罗宾、艾利芙·罗森菲尔德、辛西娅·罗伊、帕梅拉·桑德斯、黛博拉·希夫林、盖尔·施里克、汤姆·施里克、艾米·谢尔顿、温迪·史密斯、宋庆淑、卡罗拉·斯彭格尔、贾娜·斯塔顿、多萝西·泰南、伊莱·泰南、加里·韦弗、鲍勃·韦伯、山田悦子和山田阳。我感谢布鲁斯·多瓦尔给我这个机会来分析他录制的展现朋友间谈话的录像带和文字记录，并允许我使用其中的摘录。我也感谢苏珊娜·格鲁克，作为一位代理人，她身上有每个人都希望看到的全部品质，甚至不止于此。我还要感谢威廉·莫洛出版社的全体职员，尤其是我的编辑玛丽亚·瓜纳斯切利。她从一开始就对这本书寄予坚定的信心，并为其慷慨地付出了无限的热情和精力。

　　我也将这本书献给我的丈夫，谢谢你所做的一切。

前　言

　　每个人的生活都由一系列对话组成。分析日常对话及其对人际关系的影响一直是我作为一名社会语言学家的职业生涯之重点。在这本书中，我倾听的是女性和男性的声音。我将解析那些困扰着我们关系的看似毫无意义的误解，并展现出即使在没有明显误解的情况下，男性和女性也可能会对同一段对话产生不同解读的事实。我解释了为什么真诚的交流意图常常会遭到歪曲，以及我们如何预防或减轻由此产生的一些挫败感。

　　我此前的一本书《我不是那个意思！》(*That's Not What I Meant!*)展现了人们不同的会话风格。因此，当来自美国不同地区、不同族裔或不同阶级背景的人们交谈时，他们的话很可能无法完全被听者按原意理解。然而，虽然很多人会与来自不同地区或不同族裔的人共同生活，但我们不一定会选择这样的生活。社会期望我们与异性组成家庭，许多人也是这样做的，即使没有投入一辈子，也投入了生命中的大段时间。尽管我们中许多人（虽然越来越少）在生命的大部分时光里无须与来自截然不同的文化背景的对象产生密切接触，但就算是那些在生活中没有伴侣，或主要与同性保持感情关系的人，也无法避免与异性展开密切的接触，无论是作为朋友、亲戚还是同事。

　　《我不是那个意思！》共有十章，其中有一章讨论了沟通方式中的性别差异。但在我收到的采访、文章和讲座邀请中，90% 都希望我主要讲讲只占书中 10% 的内容——关于男女差异的那一章。每个人都想了解更多有关性别与会话风格的知识。

我也想要探寻更多。事实上，我之所以决定成为一名语言学家，很大程度上是因为罗宾·莱科夫教授的一门课程，这门课集中体现了她对性别与语言的研究成果。我第一项主要的语言学研究的内容就是间接表达中的性别和文化差异，而且我对其他人对这个话题的研究也比较熟悉。不过，我一直身处性别研究的外围，并没有跳进它的核心圈子，部分原因是这个领域内的争议太大。

我每次写到或谈论男女沟通方式的差异时，就会火花四溅。大多数人会惊呼，认为我说的是真的，并会解释他们自己的经历。当他们了解到，他们的烦恼其实很常见，而他们自己、伴侣或他们之间的关系并没有什么严重的问题时，他们都会松一口气。他们曾将伴侣的沟通方式归咎为个人的缺点，现在，他们可以将其重新定位为另一种沟通体系的体现。而他们自己的沟通方式多年来一直受到伴侣的诟病，如今也可以得到维护和正名，被认为是合乎逻辑且合理的。

然而，尽管大多数人都发现，我对沟通方式中性别差异的解释为他们的自身经历提供了解释，他们也渴望提供自己的例子来证明，但有些人一听到关于性别的论调就会变得焦躁不安。一些人仅仅听到认为女性与男性不同的论断就会感到愤怒。这种反应可能来自女性，也可能来自男性。

在有些男性听来，关于女性与男性的任何言论，只要发自女性之口，就都成了一种指责——仿佛她们是在用这种可笑的方式放弃了讲道理，只会抱怨说："你们这些男人啊！"他们觉得，哪怕自己没有遭到诋毁，仅仅成为旁人谈论的对象，就是被物化了。

然而，会对关于两性的言论感到愤愤不平的不仅是男性。一些女性担心，任何有关性别差异的论断都在暗示女性是不同的——不同于男性制定的标准。这种担心是有理由的。男性被看作是规范的，女性被看作是偏离规范的。而从"不同"到"更糟"只是很短的一步，也许还是不可避免的一步。

此外，如果证据显示，女性和男性的风格是不同的，需要改变的通常是女性。我在对我研究工作收到的反馈中就看到了这种情况。在为《华盛顿邮报》（ *The Washington Post* ）撰写的一篇文章中，我记录了一对夫妇在车里进行的一段对话。妻子问："你想停下来喝一杯吗？"丈夫诚实地答道："不用。"于是他们就没有停下。后来，在得知妻子本想停下来喝一杯，却因为自己没眼力见儿而气恼时，他感到很沮丧。他不明白："她为什么不直说她想要什么？她为什么要和我玩游戏？"我解释说，那位妻子之所以生气，并不是因为她没能按照自己的意愿行事，而是因为她的偏好没有得到考虑。在她看来，她对丈夫的愿望表示了关心，而他却没有对她的愿望表现出丝毫在意。

我的分析强调的是，这个例子中的丈夫和妻子有着不同但同样有效的沟通方式，而《多伦多星报》（ *The Toronto Star* ）上的一篇对我的文章进行了大量编辑的稿件中，这一点遗失了。我的建议变成了："这位女士应当领悟的是，当丈夫回答'是'或者'不是'时，他并不是提出了一个没有商量余地的要求。"我在原文里写的是"为理解哪里出了问题，这位男士必须明白的是，当她问他想要什么时，她不是在询问一个信息问题，而是在开启一场协调双方愿望的谈判。而这位女士应当领悟的是……"，而《星报》的这位编辑删除了这部分文字。

这位编辑挥舞熟练的编辑之刀，把我关于女性和男性都应该做出调整的主张，扭曲为女性必须单方面做出努力以理解男性的观点。告诉女性应该"领悟"的只有她们，暗示着男性的方式是正确的，而女性的方式是错误的。这个编辑过的版本被重印上了教科书，于是错误扩增了。

我们都知道自己是独一无二的个体，但我们往往会将他人视为群体的代表。这是一种自然的倾向，因为我们必须看到这个世界的模式才能理解它。如果我们无法预测相关人和事的许多信息，不能确信自己知道他们是谁，是什么，我们就将无法应对日常生活中人与事的冲击。然而，这种能发觉相似模式的天生能力虽然有用，却也有不幸的后果。将一个个体纳入一种类别具有冒犯性，也具有误导性。将女性和男性归纳为两种类别可能会强化这种还原主义（reductionism）[1]。

在捕捉相似性时，我们会进行一般化的概括，这种概括模糊了差异性。每个人都是由数不清的因素塑造的，这些因素包括民族、宗教、阶级、种族、年龄、职业、他们及其亲人居住的地理区域，以及其他许多群体身份——所有这些因素都与个体的个性与偏好交织。人们倾向于用一个或几个类别来概括他人，例如"南方美人""纽约犹太知识分子""波士顿婆罗门"[2]或"脾气火暴

---

[1]　又译作还原论、化约论等，是一种哲学思想，认为复杂的系统、事务、现象可以通过将其化解为各部分之组合的思维来理解和描述。
[2]　指波士顿传统上层阶级的成员。

的意大利人"。尽管这些类别或许可以预测其描述的对象的某些行为，但这些词语遗漏的关于这些人的信息远远多过其能捕捉到的。在无数个方面，每个人都与他人截然不同，哪怕是来自相同类别的他人。

尽管存在这些危险，但我还是加入了日趋增长的有关性别和语言的讨论中，因为忽视差异的风险实际上大于指出差异的风险。把这么大的东西扫到地毯下面并不能让它消失，它只会在你大胆冒险穿过房间时绊倒你，让你摔个狗啃泥。否认真正的差异只会让这个男女关系正在历经转变与重组的时代中已经普遍存在的混乱情形恶化。

假装女性与男性完全一样的做法伤害了女性，因为社会对待她们的方式是建立在男性标准上的。这也伤害了一部分男性，他们用和男性沟通的方式与女性对话时，心中怀有的是良好的意愿。然而，他们的话语没有达到预期效果，甚至引发了怨恨和愤怒，这让他们感到困惑。

美国印第安裔女性艾比·阿比南蒂（Abby Abinanti）[1] 就表达了这种矛盾。她解释了为什么她觉得法学院生涯对她而言是一段艰难而受人疏远的经历：

> 人们不喜欢，或是不接受印第安人或者女性也可以成为律师的想法。有些人无法确定他们更讨厌哪种。有些人则假装印第安人或者女性没什么特别的，我们和他们一样，就好像我也可以成为"男孩中的一员""白人男孩中的一个"似

---

[1] 艾比·阿比南蒂是首位进入加州律师协会的印第安裔女性，曾任旧金山高等法院的州司法官。

的。但那是不可能的。这两种偏见都给我制造了难题。

　　我们很容易看出，对读法律的印第安裔女性来说，那些反感女性或印第安人成为律师的人是一种阻碍；而我们较难看出的是，那些希望将她们看作平等的个体来接纳的人同样如此。设想女性与男性一样，是一种具有毁灭性的观点，因为女性就是不同的：直接照搬那些反映并证实了男性身份的设想、价值观和风格，会对女性造成损害。

　　想证实两性平等的愿望使得一些研究者不愿意展现女性与男性的不同点，因为有人会用不同来为不平等的待遇和机会辩护。尽管我理解并同情那些人——他们希望男女之间不存在差异，只存在可修复的社会不公，但我的研究、他人的研究以及我自己和他人的经验告诉我，事实绝非如此。说话方式是存在性别差异的，并且我们需要识别和理解这些差异。如果没有这样的理解，我们就注定要因为我们大相径庭的会话风格造成的难解、消极的影响，去责怪他人、自己或这段关系。

　　对性别差异的认知将我们从作为异常个体的负担中解放。许多女性和男性都对他们的亲密关系感到不满，而当他们试着与伴侣沟通时，他们甚至会变得沮丧。用一种社会语言学的方法来处理人际关系，可以让我们给这些不满一个解释，而不必指责任何人疯狂或是有错，也不必怪罪或放弃这段关系。如果我们能认识并理解我们之间的差异，我们就能顾及这些差异，适应并学习彼此的风格。

　　我在本书中采用的社会语言学方法表明，许多摩擦的产生是因为男孩和女孩的成长过程本质上发生于不同的文化中，所以女性与男性之间的谈话属于跨文化交流。在处理沟通方式中的性别差异时，跨文化研究法与性别及语言研究不同，后者认为，两性间的对话中之所以出现不和谐音，是因为男性试图支配女性。没有人能否认，男性作为一个阶级在我们的社会中占主导地位，许多男性个体在他们的生活中都试图支配女性。然而，男性的支配地位并不是事实的全部，它不足以解释对话中的男女之间发生的一切，尤其是在双方都真诚地、带着关注和尊重试图与对方建立联系的对话中。支配的效果并不总是由支配的意图产生的。这就是这本书提出的新论点。

在这个机会开放的时代，女性开始走上权威的位置。起初，我们设想她们可以像以往那样说话，但这常常行不通。另一个合乎逻辑的举措是她们应该改变自己的风格，像男性那样说话。但女性会对强制改变产生抵触，而且这种举措也没有用，因为像男性一样说话的女性会遭到不同的乃至严酷的评判。我们别无选择，唯有审视我们的选择及其影响。只有在了解彼此的风格和我们自己的选择之后，我们才能认识到我们不同的机会，进而逃离单一会话风格的牢笼。

沟通方式的差异并不能解释男女关系中出现的所有问题。人际关系有时会受到心理问题、爱与关怀的缺席、真正的自私以及政治和经济方面不公平性的实际影响的威胁。但是，在数不清的情况下，人们对这些失败进行了毫无根据的指控，原因仅仅是伴侣们在用不同的方式表达他们的想法和感受，以及他们对如何沟通的设想。如果我们能够根据对话风格来解决分歧，我们就能更好地面对真正的利益冲突，并找到一种共通语言来解决这些冲突。

　　在提笔写《我不是那个意思！》的序言时，我讲过一位学生的故事，她说我在乔治城大学教授的一门课挽救了她的婚姻。就在前不久，还是这位女士——现在已经成为教授，并维持着婚姻——给我写了一封信。她写道，她和丈夫本来正在交谈，不知怎么，谈话变成了争吵。吵到一半时，他恼怒地说："泰南博士最好快点儿写完那本新书，没什么比男人和女人对话这个问题更大了！"在这篇前言的最后，我把本书献给这位丈夫，也献给世界各地正在尽最大努力与彼此沟通的人们。

目　录

第1章　不同的话语，不同的世界　　　　　　　　　　　　1

　亲密关系与独立性　　　　　　　　　　　　　3

　不对等性　　　　　　　　　　　　　6

　帮助行为包含的复杂元信息　　　　　　　　　　　　　10

　框架内的定位　　　　　　　　　　　　　11

　骑士精神的现代一面　　　　　　　　　　　　　12

　保护行为的定位作用　　　　　　　　　　　　　13

　条条大路通罗马　　　　　　　　　　　　　15

　谁在骗人　　　　　　　　　　　　　16

　混合评判和误判　　　　　　　　　　　　　17

　对自由的追寻　　　　　　　　　　　　　18

　两性对话是一种跨文化交流　　　　　　　　　　　　　21

　起点不同　　　　　　　　　　　　　22

　关键在于理解　　　　　　　　　　　　　27

第2章　不对等性：两性沟通目的相左　　　　　　　　　　　　29

　"这是我的苦恼——不是你的"　　　　　　　　　　　　　30

"我会帮你搞定它"　　　　　　　　　　　　　31

平行轨道　　　　　　　　　　　　　　　　34

相称的烦恼　　　　　　　　　　　　　　　39

另一种对等性　　　　　　　　　　　　　　41

"我不想问人"　　　　　　　　　　　　　　43

"它令我痛苦，我就解决它"　　　　　　　　46

"它令你痛苦，我就帮助你"　　　　　　　　48

"相信我"　　　　　　　　　　　　　　　　51

"友好些"　　　　　　　　　　　　　　　　51

重合的动机　　　　　　　　　　　　　　　52

从另一座山上看到的风景　　　　　　　　　54

第3章　"放下报纸，跟我说话"：情感式与报告式沟通　　57

情感式沟通与报告式沟通　　　　　　　　　59

私下发言：唠叨的女性与缄默的男性　　　　60

最好的朋友　　　　　　　　　　　　　　　63

"跟我说话"　　　　　　　　　　　　　　　65

如何处理疑虑　　　　　　　　　　　　　　67

做出调整　　　　　　　　　　　　　　　　69

家提供的不同安慰　　　　　　　　　　　　70

公开发言：健谈的男性与沉默的女性　　　　71

私下的报告式沟通　　　　　　　　　　　　73

公开的情感式沟通　　　　　　　　　　　　76

谁来代表团队发言　　　　　　　　　　　　78

避免相互指责   80

第4章 八卦：女性友谊的精髓与义务 82

友谊始于八卦   83

挽歌中的情感式沟通   86

轻松闲聊的严肃目的   89

当八卦变成谣言   91

八卦的作用   93

八卦的社交控制作用   95

倾诉秘密的危险   96

作为八卦的新闻   99

细节的力量   100

参与感带来的愉悦   102

跳过细节   106

公私不分   107

议论与非议   109

男女各行其道   110

第5章 "听我给你讲"：说教与聆听 113

从我开始，以我结束   115

是炫耀还是隐藏   117

一种微妙的尊重   120

不同的解读与误解   122

有人在听吗   124

像隐形人那样长大　　　　　　　　　　　　127

聆听的下属　　　　　　　　　　　　　　　130

玩笑的不对等性　　　　　　　　　　　　　131

地位、阶段与两性对话　　　　　　　　　　133

不同的倾听习惯　　　　　　　　　　　　　134

相互不满　　　　　　　　　　　　　　　　136

沟通方式的束缚　　　　　　　　　　　　　139

对未来的希望　　　　　　　　　　　　　　141

第6章　社群意识与竞争：沟通方式的冲突　　143

"别告诉我该怎么做"　　　　　　　　　　　145

让我们回到孩子身上　　　　　　　　　　　146

"我当医生，你当小孩"　　　　　　　　　　150

不同的社会结构　　　　　　　　　　　　　151

"你没有说为什么"　　　　　　　　　　　　154

一场激烈的论战　　　　　　　　　　　　　155

不打不相识　　　　　　　　　　　　　　　158

搞好关系　　　　　　　　　　　　　　　　162

对分歧的不同态度　　　　　　　　　　　　165

成为挑战者　　　　　　　　　　　　　　　166

以争斗实现友好目标　　　　　　　　　　　168

披着羊皮的狼语　　　　　　　　　　　　　169

争吵中的信息与元信息　　　　　　　　　　172

"这让我想起一个故事"　　　　　　　　　　175

相互误判 178

复杂性的不同 180

谁的方法更好 181

对冲突的不同态度 185

寻求变通 188

第7章 谁打断了谁的发言: 支配与控制问题 189

男性是否真打断了女性的话 190

没有语音重叠, 却打断了发言 194

语音重叠, 却没有打断发言 197

响应式语音重叠的成功例子 199

响应式语音重叠的失败例子 201

打断现象的文化差异 204

当女性主动插话 206

文化阐释是把双刃剑 210

一句告诫 212

谁打断了发言 215

非响应式的语音重叠 218

谁在开车 221

第8章 左右为难: 被男性标准评判的女性 223

永远不要吹牛 225

对男性是委婉, 对女性是无力 233

来自男性, 所以不同 237

沉默是金还是铅　　　　　　　　　　　　　238

"我感到遗憾，但我不会道歉"　　　　　　　242

"请不要接受我的道歉"　　　　　　　　　　244

女性适应男性的规范　　　　　　　　　　　246

同等的歧视　　　　　　　　　　　　　　　249

不同等的补救结果　　　　　　　　　　　　251

用语言让女性各就各位　　　　　　　　　　253

肢体语言的束缚　　　　　　　　　　　　　255

第9章 "我对你说话的时候，看着我"：性别更甚年龄差异　258

二年级学生的戏弄与讲述行为　　　　　　　259

"能玩什么游戏"　　　　　　　　　　　　　260

"那可真严重啊"　　　　　　　　　　　　　262

蔑视权威　　　　　　　　　　　　　　　　263

玩采访游戏　　　　　　　　　　　　　　　265

充满差异的世界　　　　　　　　　　　　　266

从小开始的鲜明差异　　　　　　　　　　　269

六年级学生的烦恼　　　　　　　　　　　　272

"失去最好的朋友让你感到痛心"　　　　　　274

"我知道"　　　　　　　　　　　　　　　　276

同样的话题，有一点不同　　　　　　　　　277

"该说话的时候，你倒说不出来了"　　　　　278

关于友谊的相反概念　　　　　　　　　　　280

十年级学生的协同与平行对话　　　　　　　283

"我知道我的问题在哪儿" 284

男性不投入吗 286

成年朋友间的谈话 289

"我知道我们以前吵过" 289

低人一等的身份 291

婚姻——一个足够严肃的话题 294

"一种退缩的态度" 296

跟随话题领导者 297

第10章 应对不对等性 **300**

事态如何恶化 302

不平等始于家庭 303

身体语言 303

对话中的不对等性:"我是为你才这么做的" 309

解开谜团 311

感情投入的两种途径 313

当优势变为义务 314

意义视情况而定 317

打开沟通的渠道 319

第 1 章
不同的话语，不同的世界

许多年前，我的第一任丈夫曾对我吼道："我不允许你跟我吵，因为你是女人，我是男人。"这令我感到很沮丧，因为我知道他的这种说法很不公平，但我也确实能理解事情为什么会发展成这样。我认为这种不公平之所以存在，是因为他从小生长在一个很少有人认为男性和女性应当享有平等权利的国家。

我的现任丈夫是我的伙伴和朋友。我们来自相似的背景，拥有共同的价值观和兴趣。与他交谈能给我带来持续不断的愉悦。拥有一个能无话不谈并能理解我的人，这种感觉非常棒。但是，他看待事情的角度也不总和我一样，对待事物的方式也并不总合我的意。我时常不明白他为什么那样说、那样做。

当我开始写作这本书时，我们正在不同的城市工作。我们的亲友不停地对我们表达着同情，评论说"这样一定挺难受的"，问我们："你们是如何忍受这一切的？"我乐意接受他们的同情，然后会告诉他们："我们经常飞去看对方。"有些时候我还会为他们的担心做一些补充："我觉得最麻烦的事是得不停地打包和拆行李。"可我丈夫的反应就不一样了，他经常会为此恼火。他的回复可能会弱化我们遇到的不便：作为科研工作者，我们加在一起有四天周末，每年还有很长的假期，暑假就有四个月。还有别的好处：在这些假期中间的日子里，我们可以不受打扰地工作。有一次，我听到他告诉一位半信半疑的男士，我们很幸运，因为研究表明，居住在一起的夫妻每星期的交谈时间不会超过半小时。他这是在暗示，我们这种情况反而有优势。

我并不反对我丈夫的回应方式——他说的都是事实——我只是感到惊讶。我不明白他的反应为何是这样的。他解释说，在有些人的关切之语中，他嗅到了居高临下的指责，就好像提问者的弦外之音是"你们这不是真正的婚姻，你们对职业的错误选择导致了你们这种不幸的局面。因为我和我妻子避免了你们的这种不幸，所以我同情你们，并沾沾自喜地从一个高度鄙视你们"。我从没有想过那些关切的言语之中可以隐藏着这样一种高人一等的姿态，但在别人指出以后，我还是能感受到的。然而，即使我看出这一点，我仍然倾向于认为我丈夫的反应有一丝奇怪，是一种个人的怪癖。他似乎常常将他人看作敌手，而在同样的时候，我却并不会这样认为。

在完成为写作这本书而做的研究之后，现在我知道了，我的丈夫只是在用很多男性习惯的方式与这个世界相处：作为一个身处具有等级性的社会秩序中的个体，他要么胜人一筹，要么低人一等。在这个世界中，对话等同于谈判，我们试图在这些谈判中尽己所能地达到或保持上风，保护自己不被他人压制和摆布。所以，生命是一场竞赛，一场保护自己的独立性、避免失败的争斗。

另一方面，我对待这个世界的方式则与许多女性一样：作为一个人际关系网中的个体，我们把对话看作一种协商，目的是为了获得亲近的关系，在商谈中试图寻找和给予肯定及支持，并达成一致。她们努力保证自己不被他人疏远。所以，生活意味着进入一个社群，代表了一场为保护亲密关系和避免孤立的努力。虽然这个世界里同样存在等级，但这些等级更大程度上是由友情决定的，而较少与权力及成就相关。

女性也关心地位等级的获得，也希望避免失败，但这些不是她们时时刻刻都在关注的目标，并且，她们也倾向于借人际关系之名追求这些目标。男性也想获得人际关系中的参与感，也希望避免孤立，但他们不会在这些目标上集中精力，并且，他们倾向于借敌对关系之名追求它们。

在我以这种视角讨论我们之间的差异时，我的丈夫为我指出了被我遗漏的一点区别：只有当他从表达关心的男性身上嗅到了等级比较的意味，他才会用我刚才描述的那种方式给予回应。有些时候，我也会反感别人对我们的异地婚姻表达同情。记得有一次，我感到自己被一个男士的态度冒犯了，他问"你们如何维系这种远距离的婚姻"时的目光看起来很不正经。还有令我感到恼怒的一次是，在一场戏剧的休息时间，一位仅仅是听说过我的女士来跟我们搭话，询问我丈夫在哪里工作。她从中发现了我们的异地情况，在此后的交谈中一直打探着关于这件事的种种细节。在这些事例中，我并没有感到被贬低；我感到被侵犯。如果说我丈夫是被他看到的自诩高人一等的态度冒犯的，那我就是被某些人自来熟的同情态度冒犯的。

亲密关系与独立性

亲密关系在一个由人际关系构成的世界里十分重要。在这个世界里，我们为构建复杂的友情关系网进行协商，最小化差异，努力达成共识，并避免表现出优越性，因为优越性会凸显差异的存在。在一个会区分地位等级的世界里，独立性是十分重要的，因为树立地位等级的一条主要途径就是告诉别人该做什么，而接受命令则是地位低下的标志之一。虽然所有人既需要亲密关系也需要独立性，但总体倾向是，女性更关注前者，男性更关注后者。在这一点上，他们的生命轨迹似乎分道扬镳了。

这些差异会让男女对相同的处境产生不同的看法，琳达和乔什这对夫妻的案例就是这种情况。有一次，乔什的高中旧友在他工作时打来电话，告诉他自己下个月会来他们的城市出差，乔什就邀请他来度个周末。那晚他告诉琳达，他的老朋友会来他们家住两天，他们还会在第一天晚上一起出去，像过去那样好好聊一晚。琳达对此很生气。她在那天之前要出差一周，而她回来的第一个晚上，乔什就要和老朋友外出。但最令她失望的是，乔什是在确定计划后才告诉她的，他没能在发出邀请之前和她商量一下。

琳达做周末或晚间计划前一向会问问乔什。她无法理解为什么他不能给予她同样的尊重与体贴。然而，当她提出抗议时，乔什反驳道："我又不能跟朋友说'我得征得我老婆的同意'！"

对乔什来说，征询妻子的意见意味着请求许可，也就暗示着他不是独立的，没有独立行动的自由。这会让他感觉自己像个孩子，或是个失败的受压迫者。对琳达来说，与丈夫商议的行为跟请求许可没有任何关系。她认为夫妻就应当讨论彼此的计划，因为他们的生活密不可分，一个人的行动必然会对另一个人造成影响。琳达不仅不会介意告诉别人"我得问问乔什"，相反，她喜欢这样做。能知道并展现她与另一个人紧紧相连，她的生命与另一个生命密切相关，令她感觉很好。

琳达和乔什看上去淡定，但这件事连同其他很多类似的事给他们内心带来了不小的冲击，因为这些事触及了他们最主要的担忧的核心。琳达感到伤心，是因为她感到两人的关系没能达到她理想中的亲密程度：乔什没有像她关心他那样关心她。而乔什感到伤心，是因为他觉得琳达在试图控制他，限制他的自由。

类似的矛盾也出现在露易丝和豪伊之间，这对夫妻之间的矛盾是关于金钱的。在购买任何超过 100 美元的东西时，露易丝一定会和豪伊商量，但豪伊却会不假思索地买下他想要的任何东西，比如一个桌上型锯床或是一台新的机动割草机，并认为他们能够负担这些。露易丝为此感到烦恼，不是因为她不支持豪伊买这些东西，而是因为她觉得豪伊的行为就好像完全当她不存在一样。

许多女性觉得事事咨询伴侣是一种自然而然的做法，但许多男性却会不自觉地在不咨询伴侣的情况下做出决定。这或许折射出了一种对"决策"这一概念的广泛存在的分歧。女性认为决策应当在讨论并达成共识后做出。她们认可讨论，认为讨论这一行为本身就是参与和交流的证明。但在很多男性看来，花很长时间去讨论一件在他们看来无足轻重的事令人倍感压迫，如果他们必须先经历讨论才能采取行动，他们会觉得不够自由。当女性试图通过询问"你怎么看"来开启一场自由讨论，男性往往认为她们在要求自己做决定。

交流是一种不断追求平衡的行为，它为了兼顾亲密性和独立性而需要不断调和对立的需求。要想在这个世界生存，我们必须与他人协同行动，但如果想作为自己而不只是大机器上的一个螺丝钉生活，我们就必须独立行动。从某种程度上说，所有人都是一样的，我们都会吃饭、睡觉、喝水、大笑和咳嗽，而且在很多时候，我们吃的食物、大笑的对象都是一样的，但在某些方面，每个人又是不同的，而且个体的不同需求和偏好可能会与他人的产生矛盾。拿到同样的一份菜单，我们会做出不同的选择。而如果甜点是一块蛋糕，有可能一个人分到的比另一个人的大——更大的可能性是，一个人会认为别人的那一块比自己的大，不管事实是否如此。

不对等性

如果亲密说"我们是亲近且相同的"，那么独立就会说"我们是分离且不同的"。很容易看出，亲密和独立这两种特性分别与人际关系和地位等级吻合。人际关系中的关键因素是对等性：我们都是一样的，互相感受到同等的亲密度。地位等级差别的关键因素却是不对等性：我们是不同的，被定位于不同的等级。

这种双重性在表达同情或关切时格外明显，因为这些表达会显得模棱两可。从对等性角度解读，它们证实了平等的两人之间共情，而从不对等的角度解读，它们就是高位者对低位者的施舍。询问一个失业者是否找到了工作，一对夫妻是否成功怀上他们想要的孩子，或是一位教授是否希望得到终身教职都可能意味着——以及被解读为，不论本意为何——一个理解和关心他人的人在巩固人际关系，或是一个条件更好并有自觉的人在居高临下地提醒对方其弱势属性。后面这种理解在许多男性身上都不证自明。例如，汤姆·惠特克，一位带领残疾人队伍参与户外探险的残疾登山者，曾表示："你不可能对你敬仰的人感到同情。"这一说法在我看来完全不属实。

人际关系的对等性创造了社群：如果两个人正在为一种亲密关系努力，那么他们就在为同样的目标努力。另一方面，地位等级的不对等性导致竞赛产生：两个人不可能都占上风，所以，协商地位等级的举动在源头上就是具有对抗性的。在我早期的工作中，我详细地探索了亲密（我称之为感情投入）和独立的关系，但我忽略了地位等级差别的力量和它所包含的对抗性。然而，在我发现这些情况的存在以后，我发现它们在我身边到处都是。朋友和同事们的一些令人费解的行为，最终都变得可以理解了。

我和丈夫对待同样处境的不同处理方式先前看来令人费解，如今也突然变得可以理解了。例如，有一次在一家爵士酒吧，服务生向我推荐了蟹肉糕，结果味道很差。我犹豫着要不要把这道菜退回去。服务生在经过时问我们食物如何，我说，我真的不太喜欢这道菜。于是她问："这道菜有什么问题吗？"我丈夫盯着桌子，回答道："它们尝起来不是很新鲜。"这让服务生火了，她说："不然呢？这菜就是冷冻的啊！"我仰头直接望向她，告诉她："我们只是不喜欢这个东西而已。"她说："好吧，如果你们不喜欢，我可以把它们拿走，然后换点儿别的过来。"

她端走那些蟹肉糕之后，我和丈夫大笑起来，因为我们意识到我们刚刚不由自主地按我的剧本做出了反应。在我丈夫听来，服务生的问题"这道菜有什么问题吗"是一个他必须应对的挑战。他不喜欢争斗，所以移开了目光，软化一下他眼中这次他必须做出的反击：他本能地觉得，自己必须想出那些蟹肉糕有些什么缺点，以证实我的投诉。（他在为我而战斗。）而我却将服务生的问题看作对信息的寻求。我本能地要找到一种既反映事实又没有指责对方缺点的回答方式。或许因为她是女性，她对我的方式做出了更积极的回应。

当我把这些差异告诉朋友们和不同的人群时，他们也表示，现在他们能理解那些曾经令人费解的行为了。例如，一位女性表示，她终于能明白为什么她的丈夫拒绝与老板讨论升职问题了。这位丈夫本身很想知道老板的意思，因为如果答案是否定的，那么他就会跳槽。然而，他并没有去问，却像热锅上的蚂蚁一样陷入深深的不安、失眠与焦虑之中。这位妻子找不到可以寻求帮助的对象，最后转向心理学解释求助：她的丈夫一定是缺乏安全感，害怕被拒绝。但是话说回来，每个人都在一定程度上感到不安，而她的丈夫其实是个很自信的人。这位妻子虽然认为自己的不安感程度不会比丈夫低，但她此前却曾毫不犹豫地去找自己的老板，问他是否有意让她从临时工转正。

理解地位等级因素在男性社会关系中扮演的重要角色让一切都变得清晰明了。向老板询问晋升机会凸显了关系中的地位之差，会提醒两位当事人：雇员的未来掌握在老板的手里。相对低的地位让这个男人产生了强烈的不适感。虽然他的妻子也并不喜欢扮演老板面前的请求者的角色，但这件事不会像对他那样，在她脑中拉响警报。

通过类似的观察角度，一位在销售部门工作的女性说，她现在明白了她所在的销售团队主管在被擢升为区域经理后为什么会有那些令人费解的转变。她曾经相信她的主管是一位完美的上司，因为他对权力持有一种健康的淡定态度。作为一名团队主管，他极少对管理层召开的会议表现出关心，鼓励团队成员们独立判断，也热心利用自己的权力为团队成员们减轻制度约束。但是，在成为区域经理之后，这个男人变得令人感到陌生。他制定了超乎所有人想象的大量规章制度，并且坚持下属只能通过书面请求来获得通融。

这个男人之所以表现得不同，是因为现在的他所处的地位不同了。当他受制于管理层的权威时，他会尽己所能地限制那些权力。但是，当他被授予这种管理的权威时，他就会尽一切可能地去扩大它。逃避会议、轻视规章制度的行为不是他不在乎等级差异的证明，而是他对自己身处等级关系中较低位置感到不适的体现。

还有一位女性也表示，她终于明白为什么她那位确信男女平等的未婚夫曾悄悄要求她放低声音。"我的朋友们在楼下，"他说，"我不希望给他们留下你对我颐指气使的印象。"

女性被贴上"唠叨"标签的原因可能来源于两性风格的相互作用——许多女性倾向于去做她们被要求做的事，许多男性则更倾向于抗拒他人，尤其是女性要求他们做的事，只要他们在女性的措辞中感受到了一点儿"要求"的意味。女性更容易重复提出一个没有得到回复的请求，因为她们坚信，只要自己的丈夫明白她是真的希望他这样做，他就会去做她要求的事。但是，男性如果想避免产生听从命令行事的感觉，就会在做女性想要他做的事之前拖延时间，这样他就能认为自己的行为是出于自由意志。这个过程完全出自本能，结果却产生了唠叨的现象，因为每次女性重复自己的请求时，男性就会推迟完成它的行动。

帮助行为包含的复杂元信息

艾米丽和雅各布正在筹划他们的婚礼，其中大部分花销是艾米丽的父母承担的。因为关心所有事情是否进展顺利，他们经常打电话过来，详细询问各种款项和相应服务：餐前点心是什么？每位宾客供应多少份？晚宴包含些什么？每张桌子上都会放香芹粉和橄榄吗？桌上会摆放什么花？所有这些都白纸黑字地写明了吗？在艾米丽和雅各布听来，这些详尽的问题仿佛是在暗示因为他们能力不足，如果没有父母的监督，这场婚礼会变成一场灾难。当艾米丽表示了抗议，她的母亲解释道："我们只是想要参与筹划过程。我们希望能帮到你们。"

类似表达同情、提供帮助的行为也体现了一种悖论。在它服务于被帮助者的情况下，它是一种慷慨之举，体现了关心，使和睦亲密的关系得以建立。但当我们处于不对等的关系中时，给予帮助的行为就会将一方置于比另一方高等的地位。借用人类学家格雷格里·贝特森（Gregory Bateson）的专业术语，我们可能将他人的帮助看作一种信息（message）——这个行动的明显含义。但与此同时，提供帮助的行动也传递了一些元信息（metamessage）——这些信息与该行为涉及的各方之间的关系、他们对自己的言语或行为的态度以及他们对这些言语与行动的受众的态度有关。换句话说，帮助行为本身表达的信息是"这样对你有好处"，但给予帮助这个事实或许会让人接收到另一种元信息，"我比你更有能力"。从这个意义上说，帮助行为对提供帮助者是有利的。

如何在一个给予帮助的情境或任何交流行为中解读关于地位等级与关系的元信息，主要取决于事情的做法和说法。例如，在表达同情的时候，用词如何，以何种口吻传达，伴随着何种面部表情和手势，都决定着这个行为会给听者留下怎样的印象。所有这些信号都传递了有关这次交流含义的元信息。一个"安抚"的轻拍或许会加强屈尊下顾的印象；一副深深担忧的表情或许会加深对方麻烦缠身的印象；而一个漫不经心的笑容则可能暗示了这个问题是地位平等的双方共同关注的。

当我们由于工作原因产生了相对等级差异时，提供帮助的行为固有的相互矛盾的元信息就会变得尤为明显。正如那些试图成为孩子的"朋友"的家长经常会失败一样，那些试图给下属提出友好建议的上司也会发觉，他们从平等立场说出的言语却被对方以不对等的视角解读了。例如，一位负责残障人士住宅设施的主管对抱怨工资太低的员工们感到同情，于是在一次会议上发表了一番自认为直率、体贴的言论。他实话实说，承认他们的工作永远不可能支付给他们足以养家的工资。他还告诉他们，如果没有研究生学位，他们也无法晋升到薪酬更高的岗位。作为朋友，他建议，他们如果希望从事能带给他们更赚钱的职业生涯的工作，就应该跳槽。然而，这些员工并不感激主管的坦白，因为他传达的信息在他们听来并不是同等地位的人对他们生活质量的关心。相反，他们接收到的信息是一位老板发出的威胁："你们如果不喜欢这儿，就滚蛋吧。"

框架内的定位

另一种理解元信息的角度是，它们制定了对话的框架，就像一个画框为画面提供了上下文。元信息让你能识别当下正在发生的情况，从而清楚应如何解读他人的言辞：是争论还是聊天？是在提供帮助、提出建议还是表达斥责？同时，它也能让你理解发言者在这件事中所站的位置，以及你被放在了什么位置。

欧文·戈夫曼（Erving Goffman）[1]用术语"站队"（alignment）来表达框架的这一方面。如果你压制我，那么你就是站进了一个胜过我的阵营。此外，通过展现你相对他人的位置，你不仅为你所说的内容构建了框架，你所说的内容也为你构建了框架。举例来说，假如你像老师对学生那样对他人说话，那么可能在他们的眼中，你说话的方式就为你构建了居高临下、卖弄学问的框架。而如果你像一个寻求帮助和解释的学生那样对他人说话，那他们就可能觉得你不可靠、没能力、幼稚。我们对他人的言辞和行为的反应经常是由我们对自己在框架内的定位的感受引发的。

骑士精神的现代一面

在这个常见情景中，框架起到了关键作用：一辆车正缓慢地在街道上行驶，与此同时，另一辆车正从一个停车点慢慢驶出。打算离开的司机正在犹豫，但是行进中的车辆的司机停了下来，挥手示意，给对方让路。如果打算离开的司机是一位女性，那么她极有可能会微笑着表达谢意，在那位有绅士风度的男性等待时

---

[1] 欧文·戈夫曼（1922—1982），美国著名社会学家。

离开。但是，如果打算离开的司机是一位男性，他就很可能会向对方挥手，坚持让对方先走。而按他本来的打算，他应该在一辆正开过来的车挡住他的道路之前迅速离开。

当一位男性彬彬有礼地撑着一扇打开的门，或是在开车时示意一位女性先行时，他是在同时与对方就地位等级和人际关系进行协商。一条有关掌控的元信息暗示了地位等级的差别：女士得以先行不是因为那是她的权利，而是由于她被授予了许可，所以她被定位为弱者。而且，那些能授予特权的人同样也能转变想法，撤销那些特权。一些女性会对献殷勤的姿态表示抗议，认为那是一种"沙文主义"，正是对这个层面做出的回应。而那些肯定这种姿态，认为这是一种"礼貌"的人则只看到了其中人际关系的层面：他是在表示友好。这也可能正是表现此种慷慨姿态的男性看到的层面。这同时也解释了如果男性的礼貌之举引发的是抗议而非感谢时，他们为什么可能感到愤怒。

如果被允许在车流中先行仅仅只是一种用来谦让的礼仪，为什么很多男性会拒绝他人让路，反而会示意对方先行呢？因为挥手让另一个人在车流中前行也意味着保持独立性：司机正在为他自己的行为做决定，而不是被其他人告知该怎么做。

保护行为的定位作用

一个来自男性的保护动作强化了男性保护女性的传统准则，但是一个来自女性的保护动作则意味着另一种情境：女性保护儿童。这就是为什么很多男性都拒绝女性向他们提供保护的行为——这会让他们觉得自己被定位为儿童。这种潜在因素让那些本来看上去毫无意义的男女争吵有了解释。

这里的一个例子显示了某个无意识的迅速动作如何导致了强烈的不满。桑德拉正在开车，莫里斯坐在副驾驶座。在遇到情况紧急刹车时，她做了一个从父亲那里学来的动作——如果她坐在副驾驶座上，她的父亲在紧急刹车时会这样做——在刹车的一瞬间，她伸出了右臂，防止身边的人倒向前方。

这个动作几乎只是象征性的。桑德拉的右臂不够强壮，不足以挡住莫里斯，或许它的主要功能仅仅是提醒莫里斯她要突然停下来。不管怎样，这个手势对她而言和对她父亲而言一样，已经成为一种无意识的动作，给她一种自己体贴旁人、掌控局势的感觉。但这个举动却激怒了莫里斯。他给出的解释是，出于安全原因，她的双手应该一直放在方向盘上。桑德拉知道，在伸出手的时候，她也没有失去对车的控制，所以关于这个问题，他们之间的分歧永远也不可能消除。最后，她只能在和莫里斯一起时控制自己做出那个保护性动作的冲动，从而避免和他争吵，但莫里斯的反应在她看来是无理的，那种非理性让她感到悲哀和压抑。

尽管莫里斯以安全的名义解释了他的反应，但他实际上是在对这个举动所暗示的框架做出回应。他感到自己被小看了，被当成孩子一样对待，因为桑德拉伸臂拦住他的动作是在保护他。事实上，虽然车是桑德拉的，被动地坐着看她开车就已经让莫里斯感到不舒服了。很多自觉在伴侣关系中已经达成平等的男女发现，每次他们需要一起乘车时，女方总会自动前往乘客的位置，而男方则会奔赴驾驶座；女方只有在男方不在的情况下才会开车。

保护的行为将保护者定位为支配者，而被保护者成了服从者，但这种站队行为标志的地位差别对男性而言更为直接、明显。其结果就是，女性如果从人际关系层面去考虑问题，就可能会在言行中表现出接受他人保护的倾向，而没有意识到在一些人看来，她们这是在采取一种服从者的立场。

条条大路通罗马

我们可以通过一些话术，利用地位等级或人际关系达成目标。假设一位管道工的整个月都已约满，而你偏偏想预约他，你就可以尝试运用不同的策略来操控你们之间的关系，或凸显你们在地位等级上的差别。如果你选择地位等级，那么你扮演的角色要么处于下风，要么占据上风。例如，占上风的情况是：你让对方知道你是一个重要的人物，比如一个能对诸如发放管道工牌照或许可证等事务有影响的官员。处于下风的情况是：你可怜巴巴地告诉接待员你刚来到这个城市，没有邻居或亲戚能让你去冲个澡或者借你修理工具。你希望她能怜悯你，因此给你一点儿特殊照顾。无论你采取哪种姿态，都是在利用地位的差别，承认双方处于不对等的关系之中。

而另一方面，你也可以尝试突出你们之间的相同之处。如果你和那位接待员来自同一个城市，或是同一个国家或族裔，你就可以拉着她一起谈谈你们的家乡，甚至用方言或母语交谈。你希望能提醒她你们来自同一个群体，从而让她给你一点儿特殊关照。如果你们有共同认识的人，你就可以向她提起这个人，以制造一种亲近感，借此让她给你开个后门。这就是为什么当你想见某个不认识的人时，私人引荐的方式会非常有用——这种方式能将你从一个陌生人转变为一个与对方存在人际关系的人。

与管道工的接待员交流的例子说明了在想达成某件事时有哪些选项可以利用。在日常谈话中，我们几乎没有只利用其中一种选项的情况。我们的绝大部分谈话同时包含这两种策略，并可从这两种角度解读。例如，许多人都觉得列举人名是炫耀身份地位的表现："你看我多重要，因为我认识重要的人。"但这也是在显示亲近的人际关系。在交谈中声称自己认识某位名人，就像声称自己认识某人的母亲、表兄弟或儿时好友——是一种想通过展现你们共同认识的某人来争取对方认可的意图。你们可能并不真的熟悉那些被提到名字的人，但你们知道他们。通过表明你认识对方也认识的某些人，你拉近了自己与对方的距离，所以你是在人际关系层面做文章。但如果你表现出自己熟识某位他们只听过名字的人物，你就是在强调自己的身份，即在地位等级层面做文章了。

许多甚至是大部分交谈的意义根本不在于说出口的是什么，而在于听者填补进去的是什么。我们每个人都在判断对方是在通过不同的地位等级还是对等的人际关系与我们交流。我们倾向于将对方的言论解读为哪一种，更多取决于听话者自己的焦点、关心的问题以及习惯，而非说话者想表达的内容。

谁在骗人

在考量这些在变换的同时又相互关联的人际关系处理方式

时，我们倾向于认为真正的推动力是非此即彼的。在听到我对预约管道工案例的分析之后，一位男性评价道："这种套近乎不算骗人吗？"如果你也像许多男性那样相信人与人之间的关系从根本上说是分等级的，那么利用人际关系而非地位等级就如同在假装地位等级并不存在——换句话说，就是在骗人。但在那些倾向于将人际关系看作人际交流基本动力的人看来，利用地位等级差异的企图是对他人的摆布，反而是不公平的。

地位等级和人际关系都是努力投入交谈并让对方投入的不同方式，只是那些仅关注一种方式的人可能不会欣赏另一种方式。在交谈过程中，男性的重点常常倾向于谋取地位等级：对方是在试图扮演高我一等的人吗？是在贬低我吗？是在试图让我按照他／她的命令办事，从而建立支配地位吗？女性则常常更习惯讨论人际关系：对方是在试图拉近还是疏远我们之间的关系？但是，由于这两个元素总是共存的，两性很容易在同一段对话中关注不同的元素。

混合评判和误判

因为男性和女性站在各自截然不同的位置上看同一件事物，相同的景象在他们的眼中就会显得不同，他们也经常会对同样的行动做出相反的解读。

我的一位同事提到，他曾收到一封来自他新书的编辑的信。那位编辑表示，他的书将在接下来的六个月里进入出版流程，其间他如果计划离开固定居住地，需要告知她。这位同事说，他从未意识到一名编辑竟会像个假释官。他对这封信的反应令我惊讶，因为我也收到过类似的信件，而我的反应是完全不同的：我喜欢它们，因为它们让我觉得自己的行踪很重要。当我告诉这位同事这点不同时，他感到不解和惊讶，就像我对他的反应一样。虽然从理性角度，他能理解我的观点，但是在情感上，他无法想象一个人如何能在被要求报告自己的行踪时不感到被放入框架、受到控制、低人一等。我虽然也能在理性上理解他的视角，但就是不能产生情感上的共鸣。

与此相仿，我的同事说起他曾读到一篇论文，作者在致谢部分感谢她的丈夫就这个议题与她展开了颇有帮助的讨论。我的同事第一次读到这段致谢时，认为这个作者能力不足，至少也是不自信的：她自己的工作为什么要向丈夫请教？她为什么不能自主自立？我向他解释说，女性会重视能够体现人际关系的事实，于是这位同事重新定义了这段致谢，认为作者应该很重视丈夫对她的工作的贡献，并相信这能证明自己在工作和家庭间取得了良好的平衡，因此她才带着这份骄傲指出了这一点。

如果这位同事的反应具有代表性，那么你可以想象那些认为自己不过是在展现一种正面品质——人际关系的女性会多么频繁地被男性误判，被认为暴露了缺失独立性的事实，而这在男性看来等同于能力不够或信心不足。

对自由的追寻

一位女性曾向我诉说她为何和长期交往的男友分手，并描述了一段反复出现的典型对话。她和同居男友达成了共识：在不伤害彼此的前提下，他们可以尽享自由。当她男友开始出轨时，她抗议了，他则被她的抗议激怒了。他们的对话是这样的。

> 女：你怎么可以这样做？你明知道会伤害我。
>
> 男：你凭什么限制我的自由？
>
> 女：但你这么做让我很难受。
>
> 男：你这是在控制我。

　　表面上看，这就是一个不同的意志相互碰撞的例子：男方的愿望与女方的产生了矛盾。但从根本上说，这个例子反映的是前文描述的关注点的差异。男方的论点体现的核心问题是他的独立性，他行动的自由，而对女方来说，关键的问题是在他们这种依存的关系中，他的所作所为带给她的感受。男方将她对他们这种依存关系的坚持解读为"控制"：她在利用自己的感受控制他的行为。

　　问题不在于女性不重视自由，也不在于男性不重视与他人的关系。问题在于，处于情感关系中时，男性对自由和独立的渴求更需要解决，而相互依存和人际关系对许多女性来说更可能是重点。他们的区别在于焦点和程度。

　　在一项对两性如何评价其离婚经历的研究中，凯瑟琳·科勒·里斯曼（Catherine Kohler Riessman）发现，两性都认为自由是离婚的好处之一。但是，"自由"这个词对于他们来说却有着不同的意味。当女性表示她们通过离婚获得了自由时，她们的意思是她们变得"独立和自主"。她们不再需要担心丈夫会对她们的行为做出怎样的反应，不必再"积极回应一个不满的配偶"，这让她们如释重负。当男性提及离婚带来的自由时，他们指的是从责任中解放——一种受到"更少束缚"，不再"感到透不过气"，以及背负"更少责任"的解脱感。

里斯曼的研究结论描绘了男女对感情关系各具特性的处理方式给他们造成的不同负担。女性的负担是内在驱动的：对丈夫会如何回应她们以及她们怎样回应丈夫的持续关注。男性的则是外部强加的：养家者角色带来的义务，以及自己行为受到他人限制的束缚感。离婚为两性卸下了这些负担。在里斯曼采访的男性眼中，独立并非是离婚带来的好处，正如一位男性所说："我一直都感到很独立，只是现在这种感觉更强了。"

《高等教育纪事报》（*The Chronicle of Higher Education*）进行过一项小型调查，问六位大学教授他们为何选择了教学事业。这六位受访者中有四位男性，两位女性。在回答这个问题时，两位女性都提到了教书育人。一位表示："我一直想教书。"另一位说："我在本科时就立志成为一名大学教师……我认识到教书就是我想做的事情。"四位男性的回答有很多相似之处，但与女性的回答迥异。他们都表示，独立性是他们的主要动机。以下摘自他们每个人的回应。

　　我选择进入学术界而不是去公司，是因为我可以自主选择做什么研究。这样我会有更强的独立性。

　　我想教书，而且我喜欢这份自己决定研究目标的自由。

　　我选择搞学术，因为学术界相对自由，这个优点让我可以不在意收入不高的缺点。另外，我也可以研究我想研究的内容，而不是受到上司的制约。

　　我有一个想研究的项目……我宁可余生拿着 3 万薪水做基础研究，也不愿意拿着 10 万做计算机图形学工作。

　　虽然有一位男性也提到了教学，但是没有一位女性表示追求自己的研究兴趣是她选择教书的主要原因。这不意味着女性对研究本身没有兴趣，只是说明了独立性、不受他人控制对她们来说不是最重要的因素。

　　在解释她们被教学工作的什么方面所吸引时，这两位女性都关注教师对学生起到积极影响的能力。没错，教师对学生的影响力反映了一种权力；教学行为蕴含着一种不对等的人际关系，其中教师处于更高的地位等级。但在谈论她们的职业时，女性把重点放在了她们与学生的关系上，而男性则关注能否摆脱他人的控制。

两性对话是一种跨文化交流

　　如果女性使用的是一套有关人际关系和亲密性的语言，而男性使用的是一套有关地位等级和独立性的语言，那么两性对话就堪称一种跨文化交流，很可能因不同交谈风格的冲撞而受害。让他们使用的语言产生区别的不是地理，而是性别因素。

　　认为两性成长于不同世界的论点可能一开始听上去很荒谬。既然兄弟姐妹拥有两种性别的父母，生长于相同的家庭，那么他们是从哪里习得了不同的言行风格呢？

起点不同

即使在同一个街区、同一栋楼或是同一个屋檐下长大，男孩和女孩成长中接收到的言语信息仍是不同的。我们用不同的方式对他们说话，也期待和接受他们以不同的方式回答。最重要的是，孩子们不仅会从家长那里，也会从同龄人那里学到如何说话和交流。毕竟，即使父母有外国或地方口音，孩子也不会和父母一样，而是会学会他们成长的地区的口音。人类学家丹尼尔·马尔茨（Daniel Maltz）和露丝·博克尔（Ruth Borker）进行过一系列研究，他们总结认为，男孩和女孩会用不同的方式对朋友说话。虽然男孩和女孩经常一起玩耍，但他们大部分时间还是身处于自己的同性群体中。而且，虽然他们进行的一些活动是相似的，但他们最喜欢的游戏是不同的，他们在游戏中使用语言的方式也构成了两个完全不同的世界。

男孩们倾向于在户外玩耍，组成有等级结构的大群体。他们的队伍里会有一个首领，他会指挥别人做什么、怎么做，并抗拒做其他男孩提议的事。这种较高的地位是通过发号施令并让其他人遵守的方式获得的。男孩们获得地位的另一条途径是成为同伴的焦点，具体方法有讲故事或笑话，转移话题或挑战其他人讲的故事或笑话。男孩们的游戏总是有赢家和输家，以及精心制定的规则体系，那些规则也常是男孩们争论的对象。最后，我们还常常会听到男孩们吹嘘他们的技能，争论谁在某件事上最强。

另一方面，女孩们会组成小群体或结对玩耍。一个女孩的社交生活的中心是她最好的朋友。在女孩的群体中，亲密关系是关键，她们的"地位等级"是通过比较亲近程度决定的。在她们最常玩的游戏，比如跳绳和跳房子中，大家轮流参与，每个人都有机会。她们的许多活动（例如过家家）是不会分出输赢的。虽然有些女孩肯定比其他人更擅长某些游戏，但是我们并不鼓励女孩们为此自夸，或表现出自认为比其他人优秀的姿态。女孩们不会发号施令，更倾向于用建议的方式表达她们的偏好，而建议是很容易被他人接受的。当男孩们说"给我那个"和"出去"时，女孩们会说"让我们一起做这个吧"，或是"做那个怎么样"，除此之外的表达方式都会被指责为"专横跋扈"。她们不争夺焦点位置——她们不想要——所以她们就不会直接挑战彼此。而且在很多时候，她们只会坐在一起，开始聊天。女孩们不习惯于用明显的方式谋取地位；她们更关心的是自己能否得到他人的好感。

研究者们已经在 3 岁的幼儿群体中观察到沟通方式的这种性别差异。艾米·谢尔顿（Amy Sheldon）用视频记录下 3 ~ 4 岁的男孩和女孩在日间托儿所三人一组玩耍的情景。她比较了两个三人组，一组是男孩，一组是女孩。两组幼儿都陷入了抢夺同一个玩具——一根塑料酸黄瓜的争斗中。虽然两组幼儿都在争抢同样的东西，但他们协调矛盾的方式却是不同的。除了阐明了我刚才所写的一些模式之外，谢尔顿的研究也展现了这些推动力的复杂性。

在托儿所的厨房区域玩耍时，一个名叫苏的小女孩想要玛丽手上的酸黄瓜，于是她表示，玛丽应当交出它，因为丽莎（第三个女孩）想要它。这样就出现了一个矛盾：该如何满足（苏编造出的）丽莎的需求。玛丽提出了一个折中方案，但是遭到苏的抗议。

玛丽：我把它切成两半。一半给丽莎，一半给我。

苏：但是丽莎想要整根酸黄瓜！

玛丽想到了另一个具有创造性的妥协方法，但还是遭到了苏的拒绝。

玛丽：好吧，这是整半酸黄瓜。

苏：不，这不是。

玛丽：是的，它是，是整半的。

苏：我会给她整半。我会给她整根。我给了她整根。

此时，丽莎退出了与苏的联盟，苏自我满足地说："我假装给了你一根酸黄瓜。"

另一方面，谢尔顿也记录下了三个男孩在相同的厨房区域玩耍的情形，他们也因这根酸黄瓜发生了争斗。当尼克看到凯文拿着它时，他就以自己的名义索要起来。

尼克：［尖叫］凯文，但是，呃，我要切！我想切它！它是我的！

和苏一样，尼克为得到酸黄瓜，也把第三个孩子拉了进来。

尼克：［向乔抱怨］凯文不让我切酸黄瓜。

乔：哦，我知道了！我可以从他手上抢来还给你。好主意！

男孩们争执的时间比女孩们多出了两倍半。局势随后发展成了尼克和乔针对凯文。

在比较男孩和女孩的玩具之争时，谢尔顿指出，女孩们会通过妥协和回避缓解矛盾，维持和谐。男孩之间的矛盾则持续更久，他们更坚持自己的主张，会诉诸规则，并会威胁使用武力。但说这些幼儿更多地运用了某一种策略，不等于说他们完全不会运用另一种。例如，男孩们确实会尝试妥协，女孩们也试过诉诸武力。和男孩们一样，女孩们也在为游戏的掌控权争斗。苏在不小心说错成"我会给她整半"后迅速纠正为"我会给她整根"的行为，体现了对她来说更重要的并非真是自己那份的大小，而是谁来提供它。

在阅读谢尔顿的研究时我注意到，虽然尼克和苏为了获得他们想要的东西都试图将第三个孩子拉进来，但他们和第三个孩子组成的阵营及其作用方式从根本上说是不同的。苏要求玛丽去满足另一个人的需求；她没有说自己想要那根酸黄瓜，而是声称丽莎想要。尼克则坚定地表现出自己对酸黄瓜的渴望，当他自己无法得到它时，他就要求乔帮他拿到。于是，乔试图通过武力夺取酸黄瓜。在这两种情境里，孩子们都制造了复杂的关系线。

乔的暴力战术不是为了他自己，他是在颇具骑士精神地为尼克出头。通过用抱怨的语气提出请求，尼克将自己置于一个等级结构的下层，被定位为需要保护者。当苏请求玛丽把酸黄瓜给她时，她是想要占据食物供应者的上层地位。她争取的不是拥有酸黄瓜的权利，而是供应食物的权利。（这让我想到那些说自己留在学术界的目的是教书育人的女教授。）但是为了实现目标，苏依靠的是玛丽想要满足他人需求的愿望。

这项研究表明，男孩和女孩都希望得到自己理想中的结果，但倾向于为此采取不同的方式。虽然社会规范鼓励男孩公开竞争，女孩公开合作，但不同的情境和活动会导致不同的行事方式。玛乔丽·哈内斯·古德温（Marjorie Harness Goodwin）对参与两种任务导向型活动的男孩和女孩进行了比对：男孩们正在制作弹弓，为一场争斗做准备，女孩们则在制作戒指。古德温发现，男孩组内是分等级的：领头的男孩告诉剩下的人做什么和怎么做。女孩组内却是人人平等的：每个人都提出意见，并乐于接受他人的意见。但是，在观察女孩们进行另一种活动——过家家时，古德温发现她们也采用了等级结构：扮演母亲的女孩会向扮演孩子的女孩发布命令，扮演孩子的女孩也会反过来向游戏中的母亲寻求许可。除此之外，扮演母亲的女孩也担当了游戏管理人的角色。这项研究揭示，女孩们也懂得如何发号施令，如何在一个分等级的结构里活动，但当她们与同龄人一起进行任务型活动时，她们认为这种行为模式是不合适的。她们确信这种模式适用于亲子关系，在游戏的形式下，她们也愿意实践这种模式。

这些游戏世界让我们看到社会对男性和女性在人际关系中扮演的角色有着不同的期待。男孩们的游戏阐释了为何男性会时刻警惕那些让他们感到有人在贬低或命令他们的迹象。在男孩的等级世界中，最重要的硬通货是地位等级，得到并维持地位等级的方式是发号施令，让他人遵从。身处低位的男孩会被呼来喝去。所以，男孩们会通过观察谁在施令、谁在听令来监控他们的关系，寻找地位上的微妙变动。

然而这类动力却不能推动女孩们的游戏。女孩群体中的硬通货是亲密关系。女孩们监控着她们的友谊，寻找同盟关系中的微

妙变化，她们希望和受欢迎的女孩成为朋友。受欢迎程度是一种
地位等级，但它建立在人际关系的基础之上，也把受欢迎的女
孩放在一条关系纽带上。唐娜·埃德尔（Donna Eder）在一所
初中进行了实地调查，发现了一种非常矛盾的现象：受欢迎的女
孩几乎一定会遭到讨厌。许多女孩想成为她们的朋友，但因为女
孩发展友谊的必需元素是亲密关系而非大规模的群体活动，她们
必然不会与所有人发展关系。所以，一个受欢迎的女孩必须拒绝
大部分向她示好的女孩，结果就会导致她被贴上"目中无人"的
标签。

关键在于理解

如果成年人是在成长的过程中通过相互独立的同龄社交世界
习得沟通方式的，那么两性间的交谈就是一种跨文化交流。虽然
每一种风格就其本质而言都可以进行有效沟通，但是风格的不同
会导致误解。从跨文化的角度看待两性间的对话，我们就可以合
理地解释为什么交谈者之间会存在互不满意的情况，而不必指责
任何一方有错或不正常。

了解这两种风格的差异性并不会使其消失，却能避免我们彼
此妖魔化和互相指责。理解为何我们的父母、朋友甚至陌生人会
采用那种行为模式，可以让我们获得安慰，纵使我们仍然不会以
他们那种方式看待事情。这样做能使我们的世界变得更为亲切、
熟悉。此外，让他人明白我们为什么这样说话和行动，可以保护
我们免受他人的误解和批评。

艾丽丝·沃克（Alice Walker）[1]在讨论她的小说《我家族的庙宇》（*The Temple of My Familiar*）时解释说，小说里的一位女性爱上某位男性的原因是她看到他有"一只什么都愿意聆听的耳朵"。沃克评论说，虽然我们可能会认为他们是因为性吸引力或别的什么力量而坠入爱河的，"但其实我们在寻找的是一个能倾听我们的人"。

我们都想要被聆听，这是对我们最重要的事，但不是我们唯一想要的。我们还希望获得理解——希望交谈对象能听懂我们想要表达的东西，明白我们的意思。在对两性使用语言的方式有了更多理解后，我们自然就会更少说"你怎么就是不懂"了。

---

[1] 艾丽丝·沃克（1944— ），美国著名非裔女性小说家、诗人和社会运动人士，普利策奖得主。

第 2 章

不对等性：两性沟通目的相左

伊芙刚刚做了一个摘除乳房肿块的手术。术后不久，在和姐姐的交谈中，她说她很讨厌开刀，伤口上的那些缝线看着也很令人郁闷，因为它们留下了一条接缝，改变了她的胸形。她的姐姐说："我懂。我自己做完手术也有同样的感觉。"她也向好友卡伦表达了同样的感觉，卡伦说："我懂。这就好像你的身体遭到了亵渎。"但是，当她把自己的感受告诉丈夫马克时，马克说："你可以做个整容手术掩盖这个伤疤，恢复胸形。"

伊芙没能从马克那里得到姐姐和朋友给她的慰藉。恰恰相反，他的话让她更难过了。她不仅没有听到她想听的——他能理解她的感受——而且更糟糕，在她向他倾诉自己多讨厌这次手术时，他竟然还要求她去做更多的手术。"我不会再做任何手术了！"她抗议道，"真抱歉，我现在的胸不是你喜欢的样子了！"马克被她的话刺痛了，也感到不解，"我并不在意这个，"他抗议道，"我根本就没觉得这是个事。"伊芙问："那你为什么要让我做整形手术？"他答道："因为你说你的胸现在的样子让你感到难过。"

伊芙觉得自己是以小人之心度君子之腹。在她的手术过程中，马克自始至终都非常关心和支持她，她怎么能因为他说的几句话就发火呢？相较他无懈可击的行为，话仅仅是话而已。然而，她还是从他的话语中察觉到了一些触及他俩关系内核的元信息。在他看来，他的言论明显是针对她的诉苦做出的反应，而她却将它听成了一句独立存在的抱怨。他觉得他是在安慰她不必为自己的伤疤感到难过，因为她是可以做些补救的。但在她的耳中，他建议她做些补救就证明他因为这条伤疤而感到烦恼。再者，她想听到安慰之言，希望马克告诉她在这种处境下感到难过是正常的，而他却对她说这个问题是可以轻易解决的，这就相当于在暗示她没有权利感到难过。

伊芙想要的礼物是理解，马克赠她的礼物却是建议。他扮演的是一个问题解决者的角色，而她想要的只是对她感受的认可。

另一对刚经历过车祸的夫妻之间也产生了类似的误解。车祸中，妻子受了重伤。这位妻子讨厌待在医院里，要求早些回家。但是一回到家，她就因为需要更频繁走动而疼得不行。她的丈夫说："你为什么不待在医院里？明明在那儿你会更舒服。"这话伤到了她，因为它似乎暗示他不希望她留在家里。对于他提出的她应当留在医院的建议，她没有将其看作对她抱怨疼痛的反应，而是将它解读成一种脱离上下文语境的表达——他不希望她待在家里。

"这是我的苦恼——不是你的"

如果女性经常因为男性不懂得以苦恼回应她们的苦恼而失望，那么男性经常感到沮丧的原因恰恰就是女性会这样回应。有些男性不仅不能从这样的回应中得到安慰，反而还会感到被冒犯。一位女性曾向我倾诉，当她的伴侣谈论起他的担忧——例如对变老的恐惧——她的回应是："我理解你的感受，我也有一样的感受。"令她感到惊讶和失望的是，他竟然会生气；他觉得她是在否定他的感受的特殊性，这种举动无异于在剥夺他的某些权利。

类似的误解也引发了下面这段互动，它始于对话而终于争执。

> 男：我真挺累的。昨晚没睡好。
> 女：我也没睡好。我总睡不好。
> 男：你在比什么呢？
> 女：我没有！我只是在努力让你明白，我懂你的感受！

这位女性不仅被她丈夫的反应伤害了，还很不明白他为什么这么想。他怎么会认为她是在贬低他呢？他的意思是"你在通过比较贬低我的经历"。他关心的是如何维护自己的独立性，避免遭到压制，于是他通过这个角度扭曲了她希望和他建立联系的意图。

"我会帮你搞定它"

男性和女性经常因为对方对自己诉苦的反应而沮丧，而对方的挫败感又会让他们受到进一步的伤害。如果女性痛恨男性遇到问题就提供解决方法的癖好，那么男性则会控诉女性拒绝采取行动解决她们所抱怨问题的行为。因为许多男性都认为自己是问题解决者，任何一句抱怨、任何一个困难都在挑战他们提供解决办法的能力，就比如一位女性让他们看一辆坏了的自行车或是抛锚的汽车时，就是在考验他们的修理水平。然而，虽然女性欢迎男性帮忙修车，却很少有人会感激他们帮助自己"修理"关于情绪的问题。

一对夫妻在一档电台脱口秀节目中对同一个问题截然不同的反应，进一步强化了"男性倾向于成为问题解决者"的观点。这对夫妻，芭芭拉和威廉·克里斯托弗，当时正在谈论他们如何抚养患有自闭症的孩子。主持人问他们是否有时会为自己感到遗憾，疑惑"为什么是我的孩子"。两人都回答说不会，但表达的方式却不同。妻子的回答把焦点从自己身上转开了，她说，真正感到痛苦的其实是她的孩子。丈夫却说："生活就意味着要不断解决问题。这只是又一个需要解决的问题罢了。"

这就解释了为什么在男性真心想帮女性解决问题，而女性的回应是抵抗而非感激时，他们会感到沮丧。一位男性报告说，自己的女友总是不停向他倾诉工作中遇到的问题，却拒绝听取他提出的任何建议，这让他感到特别烦躁。另一位男性的女友抱怨说，一旦她开始倾诉自己的某个困扰，他就会转移话题。这位男性为自己辩解道："纠结这件事有什么意义呢？你什么都做不了。"还有一位男性评价说，女性似乎沉溺于问题中，想要一直谈论下去，而他和其他男性则希望通过找到一个解决办法，或是干脆对问题一笑而过，不再纠结。

试图解决问题或搞定麻烦的想法的关注点在谈话的信息层

面。但是，对大部分习惯倾诉工作或人际关系中遇到的问题的
女性来说，信息本身并不是她们的抱怨行为的重点。真正重要
的是话语中的元信息：倾诉问题是为了争取他人向她们表达理解
（"我明白你的感受"）或是发表类似的抱怨（"当初类似的事情
发生在我身上时，我也有同样的感受"）。换句话说，讨论烦恼的
目的是为了传达"我们是相同的，你不是孤单一人"的元信息，
从而巩固友好关系。令女性感到沮丧的是，有时候她们不仅得不
到这种支持，反而会感到被对方的建议拉开了距离，因为那些建
议似乎是在传达这样的元信息："我们不一样。你有问题。我有
解决办法。"

此外，相互理解具有对等性，这种对等性有助于促成一种同
伴感，但给予建议的行为却具有不对等性。它将建议的提供者放
入更有知识、更理性、更具掌控力的框架——也就是位于更高的
等级，这使得距离感更加强烈。

一篇书评中的论调体现了这种将建议的提供者视为高人一等
的思维。在评论一位女作家艾丽丝·亚当斯（Alice Adams）的
小说《自君别后》（*After You've Gone*）时，评论家罗恩·卡尔森表
示，这篇小说的标题源于一个女人写给一个男人的信，这个男人
为了一个更年轻的女人离开了她。根据卡尔森的说法，这个女人
通知了前任情人自己的近况，"接着她再上一个台阶，用明智的
建议彻底击败了他。很明显，她这时开始处于居高临下的地位
了……"虽然我们不知道作家写下这个故事的意图，但是我们
能清楚地看到，这位评论人将给予建议的行为当成了一种攻击形
式，并认为提供建议的人占据了更高的地位。

平行轨道

这些不同的原因似乎可以回溯到我们的成长过程中。一个 16 岁的女孩曾告诉我，她更喜欢和男孩而不是女孩玩。为了检验我的观点，我问她男孩和女孩是否都会讨论生活中的问题。她说，是的，他们都会讨论。我又问她，他们讨论的方式一样吗？她说，哦，不，女孩们会一直说个没完，男孩们则是有人提出一个问题，然后其中某个人想到一个解决办法，这场讨论就此结束。

男性与女性在谈论各自的烦恼时，会因对方回应的方式与自己期待的不同而产生挫败感，这无疑是因为他们强行采用基于一个系统的方式去解读由另一个系统产生的对话。男孩和成年男性谈论烦恼的方式与女孩和成年女性的经常是不同的。心理学家布鲁斯·多瓦尔（Bruce Dorval）曾在研究中拍摄下一些密友之间的谈话。我研究了一对十年级男生间对话的文字记录，将其与女生间的记录做了对比，明确了男女谈论烦恼时不同回应方式的根源。

在研究那些录像的过程中，我发现男孩和女孩在表达对彼此的深切关心时运用了不同的表达方式——这些表达方式与成年男女在日常对话中体现的区别是对应的。六年级的一对女孩和十年级的一对女孩分别对她们中一个人遇到的问题进行了漫长的讨论。另一个女孩会催促遇到问题的女孩说得更详细一些，并会说"我知道"，还会提供支持性证据。以下选自这些文字记录的对话展现了女孩和男孩之间的巨大差异。

十年级的两个女孩正在谈论南希和男朋友以及母亲之间的问题。可以看出，南希和莎莉都参加了去另一个州的旅行团，但南希在她母亲的坚持下突然离团，提前回家了。这件事让她很不高兴。为了支持南希的感受，莎莉告诉她，她的突然离开同样让她的朋友们感到沮丧。

> 南希：天哪，这太糟糕了。我不敢相信她竟然叫我回家了。
>
> 莎莉：确实有点奇怪啊，前一分钟我们还一起出去玩呢，后一分钟，南希就要走了，"不好意思，我得告辞了"。[两人都笑了] 我都不知道发生了什么，朱迪就过来，跟我小声说（其实全体都知道）："你知道南希要回家了吗？" 我说："什么？" [两人笑] "南希要回家了。" 我问："为什么？" 她说："她妈妈叫她回去。" 我说 [做鬼脸]："哎呀。" 然后她又来告诉我："南希走了。" 于是我说："好吧，这可好，她都没来说声再见。" 然后她就开始对着我嚷嚷。我说 [模仿尖叫]："够了！" 朱迪她挺沮丧的。我也想说"天哪"……

莎莉对朋友烦恼的回应方式是让她知道朋友们对她的离开感到沮丧，从而肯定了南希因为被母亲强制提前回家而产生的郁闷感受。与此形成对比的是，同龄男孩间的对话记录展现了他们对彼此倾诉的烦恼的回应是多么不同。

十年级的男生也会表达深刻的感受。他们的对话也在谈论烦恼，但谈论方式却有一点不同：他们不会专注于一个人的烦恼，去追究、探讨、详细阐述，而是每个人谈论自己的问题，并将对方的问题看作不屑一提的东西。

在这些男孩的对话的第一段节选中，理查德表示他的朋友玛丽在即将到来的舞会上还没有舞伴，他为此感到难过，而托德对他的担忧不屑一顾。

> 理查德：天哪，如果她最后只能待在家里，我会感到超级难过。
>
> 托德：她不会待在家里的，那太可笑了。她为啥就不能主动邀请别人？

然而，托德自己也很沮丧，因为他自己也没有舞伴。他解释说自己不想邀请安妮塔，于是这回轮到理查德对他的苦恼不屑一顾了。

> 托德：她昨晚过来找我讲话时，我真感觉挺糟糕的。
>
> 理查德：为啥？
>
> 托德：不知道。我有点儿尴尬，我猜。
>
> 理查德：**我永远都没法明白那种感受**［笑］。

理查德非但不想表现出理解，而且直截了当地说他不打算理解，正如粗体字显示的那样。

之后，理查德告诉托德他担心自己有酗酒问题。托德的回应却是将问题转移到另一个正困扰着他自己的问题上——他感到被疏远了。

> 理查德：我昨晚送安回家时，她叫我走开。
>
> 托德：真的假的？

理查德：你知道她发现上星期四晚上我和萨姆之间的事了吗？

托德：嗯。

理查德：她知道那件事。她就说——然后她就开始说喝酒的事。你知道吗？……然后她说："你那么喝会让每个人都不好过。你总会变得很暴躁。"接着她又说："我不喜欢你那样。你伤害了萨姆，伤害了托德，伤害了玛丽，伤害了洛伊斯。"……我想说，当她跟我说这些的时候，你知道吗，我想我有点儿震惊了。[停顿]我真没喝那么多。

托德：**你还在和玛丽说话吗？我的意思是，经常？**

理查德：你想问我还在和玛丽说话吗？

托德：是啊。因为那就是我星期五那么生气的原因。

理查德：为什么？

托德：因为……

理查德：为什么？

托德：因为我不明白为什么你们都——我是说，我只是回楼上拿点儿东西，结果你们谁都没回来。我当时想："好吧，无所谓。"我说，"他又来这一套了。"

就像粗体字显示的那样，当理查德说他因为听到安说自己在喝酒后脾气糟糕而感到沮丧时，托德的回应方式是提起了自己的烦恼：当理查德和他的朋友玛丽一起从派对上消失时，他感到被遗忘了，他受到了伤害。

在对话过程中，托德表达了自己感到被疏远和遗忘的郁闷感受。理查德的反应是试图说服托德不要这样想。当托德说他前一天晚上在一个派对中感到不自在时，理查德进行了反驳。

> 理查德：你怎么会觉得不自在呢？你认识洛伊斯，你也认识萨姆。
>
> 托德：我不知道。我就是觉得不自在，在昨晚的派对上也一样，我是说，萨姆到处乱跑，他认识女生联谊会的每个人，当时在场的就有五个。
>
> 理查德：噢，不，他没有。
>
> 托德：他认识很多人。他——我说不上来。
>
> 理查德：只有洛伊斯。他不是每个人都认识。
>
> 托德：那天我就是觉得特别不自在，走到哪儿都是这种感觉。我以前觉得——
>
> 理查德：怎么回事？
>
> 托德：我不知道。我甚至连在学校都觉得不舒服了。我不知道，昨晚，我是说——我想我现在知道罗恩·卡梅隆他们的感受了。[笑]
>
> 理查德[笑]：不，我不认为你能有罗恩·卡梅隆那么难受。
>
> 托德：我开玩笑啦。
>
> 理查德：嗯。你为什么要那样想？你认识的人比我多——
>
> 托德：我没法再跟任何人说话了。
>
> 理查德：你认识的人比我多。

理查德告诉托德他的感受是不正确、不可理喻的，但这并不是在表达自己不关心。他显然是想安慰他的朋友，让他感觉好些。他是在暗示："你不应该感到糟糕，因为你的问题不算严重。"

相称的烦恼

面对他人的诉苦，女性有非常不同的回应方式，艾丽丝·马蒂森（Alice Mattison）的短篇小说《纽黑文》（*New Haven*）就戏剧性地展现了这一点。埃莉诺告诉帕特西，自己爱上了一名已婚男性。帕特西的反应是首先表现出理解，然后提供了自己的一个与之相称的类似体验。

"啊，"帕特西说，"我知道你的感受。"

"是吗？"

"是的，某种程度上。我来告诉你，我和一个有妇之夫偷情，已经两年了。"

然后帕特西将这段风流韵事和自己的感受告诉了埃莉诺。然而，在她们谈论了帕特西的问题后——

帕特西说："但是你在跟我说这个男人的事，我却打断了你。我很抱歉。你看？我变得有点儿自我中心了。"

"没事。"埃莉诺开心起来。

她们的对话又回到了埃莉诺一开始讲的情事上。可见，帕特西首先用回应肯定了埃莉诺的感受，并用自己的经历做她的陪衬，强化了她们之间的相似性，然后鼓励埃莉诺倾诉更多。在帕特西提供的相似困境的框架之内，她们避免了泄露个人问题的行动潜在、固有的不对等性，友谊被带入平衡。

埃莉诺和帕特西的对话之所以让埃莉诺感到愉悦，是因为她们掌握着同一种谈论烦恼的话术，也正是这一点巩固了她们的友谊。虽然埃莉诺提起了她自己的风流韵事，但是直到帕特西催促她讲，她才开始详细地进行解释。在同一位作者的另一篇小说《编织》（The Knitting）中，一个名叫贝丝的女性住进了姐姐家，准备去精神病院探望外甥女斯蒂芬妮。可就是在那儿，她接到了男朋友亚历克打来的一个烦心的电话，由此想起了她自己的烦恼。她想谈一谈自己的烦恼，但是忍住了，因为她姐姐没有问。相反，她感到自己应当去关注姐姐的问题，那也正是她来访的原因。她想谈谈过去几个星期以来她和亚历克之间的冷战，但是姐姐没有询问关于这通电话的事情，于是贝丝觉得她们应该谈的是斯蒂芬妮。

这些故事中的女性都在平衡着一个精细的系统，在这个系统中，谈论烦恼是她们用来确认感受和制造社群感的方式。

当女性遭遇男性的谈话方式，她们会用女性的对话风格去评判。女性展现关切的方式是追问他人的烦恼。当男性就此转换话题时，女性会认为这是他们缺乏同理心的表现——意味着亲密关系的失败。但是，不问探究性的问题也可以作为尊重他人独立需求的一种方式。当埃莉诺告诉帕特西她爱上了彼得时，帕特西问："你们上床了吗？"这种对埃莉诺的话题的探究，虽然在埃莉诺看来是对方感兴趣的表现，能够滋养二人的友谊，但很可能会被许多男性——以及一部分女性——认为是具有侵犯性的。

女性倾向于表现出对另一位女性的感受的理解。当男性想让女性安心，于是告诉对方她们的处境还没有那么不可救药时，女性接收到的信息却是自己的感受正在被贬低与忽视。她们要求巩固亲密关系，却又一次失去了亲密感。她们试图触发一场对等的交流，结果却陷入了不对等的局面。

另一种对等性

理查德和托德的对话表明，尽管男孩们的回应单独看来是不对等的——不理会彼此的烦恼——但综合看来却是具有对等性的。理查德如何回应托德对被同伴疏远的担忧，托德就如何回应理查德对酗酒问题的烦恼，即不认为那是一个问题。

理查德：嘿，伙计，我就是觉得——我是说，听了安昨晚的话以后，我就觉得我再也不想那么喝了。

托德：**我不那么想。你自己也清楚，那根本就不是什么大问题。**

理查德：哦，安她——萨姆告诉安说我从大堤上摔下去了。

托德：**胡说八道。**

理查德：我没摔下去。我滑了一跤，跌倒了，但我最后站稳了。

托德：**别再担心这事了。**

理查德：但我确实有点儿担心。我感觉在萨姆面前出丑了。我不想也在你面前出丑。

托德：**不要紧，反正你本来就挺好笑的。**

托德否认理查德喝酒醉到步履蹒跚（"胡说八道"），又说他即使失控也没什么大不了的，他就是很好笑。

在解读这段发生在两个十年级男生之间的对话的过程中，从人际关系和相同性的角度出发，我一开始看到的是他们的互相安慰和轻视，以及他们双方对各自烦恼的揭露。他们对话的动人之处就在于它建立在地位等级不对等的基础之上——或者更准确地说，是这种不对等性的转移。当托德倾诉自己的烦恼时，他是将自己放置于一个潜在的下等地位，然后邀请理查德从高他一等的位置来否认这些烦恼，从不对等的地位给予建议或同情；然而，通过道出自己的烦恼，理查德拒绝接受优越地位，并恢复了他俩同等的立场，传递了一种元信息："我们只是一对同病相怜的好伙伴，在这对我俩同样残酷的世间艰难行走，但我俩也有同等的能力去承受这一切。"

从这个角度来看，如果用女性可能的方式回应——例如说"我能明白你的感受，你肯定觉得很糟糕，如果这事发生在我身上，我也会像你一样"——在男孩们看来就会有一种完全不同的意思，因为他们会倾向于从地位等级角度做解读。这样的回应会传达给他们另一种元信息："是的，你这没用的东西，我知道你肯定感觉超级糟糕。如果我像你一样无能，我也会有这种感受。但是，算你运气好，我和你不一样，我可以帮你脱离困境，因为我太有才了，不会被这种问题困扰。"换句话说，不表示同情才是厚道的做法，因为同情潜藏着一种优越感。

当女性想谈谈烦恼时，她们常常会对男性的反应感到不满；男性往往也感到不愉快，因为当他们试图提供帮助时，女性却指责他们回应的方式不对。但是，理查德和托德似乎为对方应对自己烦恼的方式感到满意，而他们的方式是有用的。当男性与女性交谈时，问题就出在双方都期待着不同的回应这点上。男性的方式是通过攻击烦恼的根源，间接减轻对方的不良感受。但是，由于女性期望的是自己的感受能得到支持，男性的这种方式会让她们觉得他们在攻击自己。

"我不想问人"

许多场合的沟通案例都体现了两性间的差异，烦恼话题只是其中之一，而这种差异的后果就是引发误解和争吵。两性沟通的另一种差异体现在询问信息的时候，其间的差异也可以追溯到地位等级和人际关系的不对等上。

一男一女站在"华盛顿民俗生活节"的信息咨询处，到处是杂乱无章的摊位和陈列台。"你问，"男人对女人说，"我不问。"

西比尔坐在哈罗德的副驾驶座上，正生着气。他们已经开了将近半小时的车，一直在寻找一条哈罗德确定就在附近的街道。西比尔之所以生气，不是因为哈罗德不知道路，而是因为他坚持自己找而不是停下来问人。她愤怒的根源在于她站在自己的角度去看待他的行为：如果开车的是她，那么一旦发现自己不认识路，她就会去问，他们现在就该舒舒服服地坐在朋友的客厅里，而不是在这里开着车打转，并且现在时间也越来越晚了。因为问路的行为不会让西比尔觉得不自在，拒绝问路对她来说是毫无道理的。但是，在哈罗德的世界里，开车打转直到自己找到路才是合理的做法，因为寻求帮助让他感到尴尬。他需要避免那种尴尬，并努力保持自己作为一个自力更生的个体的尊严。

为什么许多男性都抗拒问路以及询问其他什么信息呢？当然，我们也同样应该问，为什么许多女性不抗拒询问他人呢？基于独立性和亲密关系之间的悖论，询问和给予信息暗示着两种同时出现但不同的元信息。许多男性只会关注于其中一种，而许多女性只会关注另一种。

当你提供资讯时，资讯本身就是信息。但是，你拥有这条信息，而与你对话的那个人没有，这个事实也传达了"你高对方一等"的元信息。如果人际关系本身便带有等级性，那么拥有更多信息的那个人，凭借着更多的知识、更强的能力，就被定位在这个阶级中更高的位置上。从这个角度看，靠自己找路就成了男性获取自尊的前提——保持独立性的一个关键。如果自尊的获取需要付出额外的几分钟奔波为代价，男性认为是完全值得的。

元信息是隐晦的，所以我们很难谈到它们。当西比尔要求哈罗德告诉她为什么他就是不能找个人问路时，哈罗德给出的回答仅关于信息：问路没什么意义，因为被问到的人可能也不知道怎么走，或者可能指错路。这在理论上是解释得通的。在某些国家，当地人就算不知道方位也不会直说，而是会编一个告诉问路者。但这个解释令西比尔感到失望，在她听来毫无道理。虽然她明白可能确实会有人指错路，但她认为这种可能性相对低，而且他们肯定不可能每次都遇到。就算这不幸的事情发生了，情况也不会比现在差。

　　造成他们不同处理方式的部分原因在于，西比尔相信一个人如果不知道答案就会直说，因为说"我不知道"对她来说毫无难度。然而，哈罗德却认为说"我不知道"是一种耻辱，所以路人很可能会编一个答案来应付他们。由于他们的假设不同，以及这种框架的隐蔽性，哈罗德和西比尔永远不可能发现这种差异的根源，只会对彼此愈发失望。在信息的层面对话是很平常的，因为那是我们最清楚的层面。但是，想在信息层面解决这种冲突是不大可能的，因为我们真正的动机埋在别处。

　　给予信息、指引或帮助对他人是有用的，因此这种行为巩固了我们之间的联系。但如果说这种行为具有不对等性，是因为在这个意义上，它使得等级产生：给予信息的行为将一方定位为专家，认同他们在知识方面更具有优越性，而将另一方定位为无知者，认为他们缺乏知识，这是地位等级协商中的一步。

　　我们很容易看到给予信息的人地位更高的实例。比如，父母向孩子解释事物或回答他们的问题，老师向学生传授知识。在人类学家别府春海看来，对这种动机的认知是日本餐桌文化对礼仪的一项要求的基础：为了帮助聚会中地位等级最高的成员掌控谈话，餐桌上的其他人要就他能提供权威性解答的话题向他提问。

　　就是因为这种潜在的不对等性，一些男性拒绝从他人处获取信息，尤其当对方是女性时；而一些女性在陈述她们掌握的信息时会表现得很谨慎，尤其是面对男性时。例如，在和我对这些动机进行探讨之前，一位男性告诉我，我的观点解释了他妻子对某次事件的反应。有一次，他们开车前往的目的地她很熟悉，而他一无所知。他有意识地压下了直接开走、自己找路的冲动，而是开口询问妻子是否知道某条最佳路线。她给了他建议，最后补了一句："不过我不确定。我自己开车的话是会这么走的，但或许还有更好的路线。"她的话是一种对权力的不平衡进行调整的举动，这种不平衡是由她知道而他不知道的某件事造成的。同时，她也是在提前给自己打造台阶，预防他决定不采纳她的意见的情况。再者，她是在将自己的指路说明重新定位为"只是一个建议"而不是"给予指令"。

"它令我痛苦，我就解决它"

掌握和提供信息的行为暗示的不对等性，也蕴含在掌握和展示修理某件事物的技巧这一行为中——我们已经在男性对待同伴烦恼的态度中看到了这种倾向。为更进一步探寻修理行为中涉及的定位现象，我会讲讲我自己的一段小遭遇。

有一次，我打不开相机曝光表的电池盒盖，便到一家摄影器材店寻求帮助。相机售货员先是用一个 10 分硬币去撬盖子，然后又用了一件特殊工具尝试。当他的努力以失败告终时，他宣告这个盖子卡住了，毫无办法。他解释了原因（把盖子拧进去的时候，线没有对齐），然后又详细解释了在没有曝光表的情况下如何拍照。他说我可以根据胶卷上的图表，将灯光调节至与快门数据匹配。我深知自己绝不可能采用他的方法，却还是礼貌地倾听着，装作感兴趣的样子，还努力记下了他用 ASA 100 举的例子——这是因为他在试图用 ASA 64[1] 举例时把自己搞糊涂了。他进一步解释说，这个方法其实比使用曝光表更高端。这样一来，他就将没能帮我打开电池盒盖的严重性最小化。虽然他没能修好我的相机，但他仍将自己定位为掌握有用的知识并已经帮我解决问题的角色。这个人是想帮助我的——我由衷地感激他——但他也想证明他拥有足够的知识和技能，可以提供帮助，虽然他并没能做到。

在这个案例中，有一种社会契约在运作。许多女性不仅能自在地寻求帮助，还会感到自己有责任去寻求与接受帮助，并在交流中表达感激。而另一方面，很多男性觉得自己有义务去满足他人对帮助的请求，不论这样做对他们来说是否方便。曾经有位男性告诉我，有一次，他的邻居问他能否帮忙修理她动不动就抛锚的车。他很忙，却牺牲了大量时间检查她的车，最后得出结论：他没有维修所需的工具。因为没能成功解决问题，他感到很糟糕。就好像察觉到了他的感受，她在第二天和第三天都特意去告诉他，她的车子现在好多了，即使他十分清楚自己没有对车的情况做任何改善。在寻求帮助和展现感激之间存在一种平衡。社会规范给了女性和男性同等的束缚：即便男性没能帮上忙，女性也需要表达感激；而男性就算手头有别的事，也需要挪用精力和时间来提供帮助。

另一桩有关寻求帮助和展现感激的社会契约的案例发生在纽约的一个街角。一位女性在第二十三街和公园大道南的交口下了地铁，她迷路了，不知怎么走到麦迪逊大道。她知道麦迪逊大道

---

[1] ASA 100 和 ASA 64 均指胶片速度。

在公园的西边，所以只要想一想，她是可以知道该怎么走的。但在没有计划和思考的情况下，她询问了第一个出现在眼前的人。那个人回答道，麦迪逊大道没那么靠南。现在，她知道这是个错误信息，而且此时她已经搞清了自己的方向。但她没有说"不对，就是挺靠南的"或是"没事，我不需要你的帮助了"，而是找到一个办法，演了一出戏，表示他确实帮到了她。她问："哪边是西？"然后在得到指引后回复："谢谢。那我就向西走了。"

以问路的眼光看，这场相遇从头到尾都显得很奇怪。这位女性并不是真的需要帮助，而这位男性也没能成功给予帮助，但索取路线在此不是真正的重点。她采用了找陌生人问路的这种常见仪式，不仅是——也主要不是——为了在下地铁后找到路，而且是为了加强自己与这个大城市的居民的人际关系。为此，她的方法就是与这人群中的一个建立短暂的接触。寻求帮助仅仅是她应用这一方法的一个无意识行为。

"它令你痛苦，我就帮助你"

玛莎买了一台电脑，需要学会如何使用它。她研读过用户手册，取得了一定的进展，但仍有许多问题，于是她前往购买电脑的商店寻求帮助。被安排帮助她的男店员让她感到自己仿佛是全世界最笨的人。他会用专业术语解释各种东西，让她总是不得不询问某个词是什么意思，这让她越发感到自己无能，而他回答的语气也加重了她的这种感受。那语气传达出这样一种元信息：这多明显啊，是人都知道。他解释得非常快，她几乎记不下来。回到家后，她发现自己根本想不起他是怎么做的，即使是当时她能听懂的一些操作。

　　带着仍未消失的困惑和对交流的恐惧，玛莎在一个星期后回到那家商店，决心不获得自己需要的信息就不离开。然而这一次，来帮助她的是一位女店员。她这次获取帮助的体验与上一次截然不同。那位女店员在大部分时间里都避免使用术语，而一旦使用了一个，她就会立即询问玛莎是否明白这个词的意思。如果玛莎不懂，她就会简单明了地给予解释。回答问题的时候，她的语气也从没有"是人都知道"的弦外之音。需要展示某项操作的时候，她会让玛莎动手，而不是自己演示，让玛莎在一边看着。这位"老师"的不同风格让玛莎感到自己也变成了另一种"学生"：不是一个笨学生，而是一个有能力的学生，不会因自己的无知而感到羞耻。

　　当然，不是所有男性都会以一种令自己的"学生"感到迷茫和羞耻的方式给予信息，许多有天分的老师恰恰正是男性；也并非所有女性提供信息的方式都是令"学生"感到轻松易懂的。但是，许多女性都表示自己有与玛莎相仿的经历，尤其在涉及电脑、汽车以及其他机械设备时。她们表示，如果让女性给她们解释这些事情，她们会觉得更舒心。提供帮助的行为包含的不同意义或许可以解释这一现象。因为女性更关注人际关系，所以她们会受此目标激励，最小化自己与他人在专业知识技能方面的差距，并尽最大可能让对方理解自己。由于她们的目的是在表面上维持人与人之间的相似性和对等性的一致，分享知识有助于平衡双方的分数。她们的语气传达的是支持而非蔑视的元信息，虽然"支持"本身可能会被解读为一种纡尊降贵的傲慢态度。

如果一位男性看重对地位等级的协商，并觉得必须有人占上风，那么只有当他成为这个人的时候，他才可能感到舒适。他会通过说话的方式来使自己成为拥有更多信息、知识或技能，处于优势地位的那一方。如果有时男性似乎在故意以一种令人难以理解的方式解释某事，那可能是因为"学生"的不理解会加强他们因掌握更多知识而产生的良好自我感觉。这片优越性的舒适区会随着"学生"获得知识的增加而缩小。男性的这种表现还有可能只是因为比起确保知识得到有效分享，他们更关心的是展现自己优越的知识和技能。

一位熟悉我的理论的同事评论道，他曾在一次学术会议中见过这种差异性的例子。一位女性在发表论文的过程中不断地停下来询问听众："你们到目前为止都听懂了吗？"我的同事推测：这位女性的主要关注点似乎是观众要理解她的发言。而当他自己发表论文时，他主要关心的是他不会被在座成员问倒——而且据他所知，其他发表论文的男性也有类似想法。从这个视角看，如果为避免攻击需要付出的代价是必须模糊自己的观点，那么他们认为这种代价是值得的。

这并不是说女性不希望体会拥有知识和力量的感受。事实是，询问他人是否理解了你的论点，这种行为本身便会将你定位为具有优越性的那一方。但是，拥有信息、专业知识或是操控某物的技能对大部分女性来说似乎并不是衡量力量的主要标准。只有当她们发现自己能对他人提供帮助，她们才会感到自己的力量得到了增强。更重要的是，如果她们关注的是人际关系而非独立性和自力更生的能力，那么当社群变得强大时，她们才会感到更强大。

"相信我"

一位女性告诉我，当她的丈夫对多年前的一桩不快之事翻旧账时，她感到非常震惊。当时，她想用录像机翻录 HBO 电视网上播放的电影，却没能成功。她的丈夫在检查了录像机之后表示，它不具备这个功能。但她没有接受丈夫的判断，而是请他们的邻居哈里来看看，因为他以前帮她修过这台机器。哈里的结论和她丈夫的一样，然而，她丈夫却被她对他的专业知识的不信任激怒了。多年后，当丈夫又把这件事搬出来时，妻子难以置信地惊呼："你还记得那件事？哈里都去世了！"这件事虽然在妻子看来无关紧要，却正中丈夫自尊心的死穴，因为妻子的做法相当于在怀疑他在机械方面的知识和技能。

对男方技能的不信任也成了另一对夫妻费莉西亚和斯坦之间的问题。斯坦开车时，费莉西亚紧张得倒吸一口气，让斯坦很恼火。"我从来没出过车祸！"他抗议道，"你为什么就不能信任我的技术呢？"费莉西亚没法让他明白她的观点——不是她对他的车技特别不信任，而是谁开车她都害怕。最重要的是，她不懂为什么不由自主地倒吸一口气这样小的一件事会引发他如此强烈的反应。

"友好些"

拥有专业知识和技能可以巩固自我意识，这是不分男女的，但对男子气概而言，处于专家地位的事实更重要，这一点对女性气质则没有那么严重的影响。社会惯例让女性更习惯做赞美的给予者，而不是信息的提供者。社会对女性给予赞美的期待，在张贴于美国每所邮局墙上的一张海报中得到了体现。这张海报邀请顾客留下批评、建议、疑问和赞誉。这四种语言学意义上的行为中的三种是由男性形象表现的，只有赞誉是由一个笑容满面的女性形象所表现，她的手指还摆出了表达肯定的手势，头上还有一圈光环。这个光环尤其有趣。它表明，赞誉行为会将说话者定位为"友好的人"。

给予赞美和提供信息一样，从本质上说也具有不对等性。它也将说话者定位为高人一等，摆在一个评判他人表现的位置上。女性也可以通过她们传统中提供帮助的角色——例如母亲、社会工作者、护士、咨询师以及心理学家——被定位为优越者，但在扮演这些角色——尤其是母亲和护士时，她们也可能被视为在听命于他人。

重合的动机

在扮演帮助者的角色时，女性和男性通常会执行不同种类的任务。即使在对待相同的任务时，他们也会关注不同的目标，而这种差异可能导致对他人意图的误判。我修相机的故事的结尾就凸显了这一点。在一场家庭聚会上，我把那台相机带给我姐夫查看，他是我们家的机器通。他把相机带到工作室里，一个半小时之后就带着已经修好的相机回来了。我高兴而感激地对他的女儿说："我就知道他会喜欢这个挑战。"她说："尤其是可以帮助别人的时候。"我立刻感到自己误解了他对那个电池盒盖的技术性细节展现出的关切。我以为他关心相机出了什么问题，是因为这些问题对他而言真的很重要。但其实，修理相机是他向我表达关心的方式，是他通过努力来帮助我的方式。如果女性习惯直接提供帮助，那么我的姐夫就是在通过我的相机这一中介间接地提供帮助。

一位同事听了我关于这次经历的分析后，认为我还漏了这段相机插曲中的一个方面。他指出，许多男性能从修理行为中获得一种愉悦感，是因为这加强了他们的掌控感、自足感以及对自己支配物品的能力的感受。（这是伊芙林·福克斯·凯勒[1]的论点的精髓：从精神层面上说，"科学支配与掌控自然"这一概念本质上是男性化的。）我的同事给我讲了一件事。他给儿子订购的一架塑料旋转木马玩具在运输途中散架了。他的妻子把这件玩具交给了她的叔叔，他是家中著名的修理师，喜欢帮人修东西。她的叔叔工作了数个小时，终于修好了那件玩具——虽然它很可能只值几美元。这位叔叔在第二次见到他们时重新提起了这件事，说他宁可整夜不睡也不愿承认他修不好那件玩具。我的同事坚信，虽然想要证明自己对这件塑料物品的支配权和帮助侄女的两种动机都存在，但前者一定更重要。

此外，这位男性还指出，向有吸引力的女性展示他们掌控物质世界的力量这件事会让他和其他许多男性格外快乐，因为这些女性给他们的感谢和崇拜能带来额外的愉悦和满足感。他对我的相机故事的解读是：我的外甥女和我作为女性，会倾向于将一个

---

[1]　伊芙林·福克斯·凯勒（Evelyn Fox Keller），美国物理学家、作家和女权主义者，麻省理工学院历史与科学哲学系教授，是国际女性主义科学史和科学哲学界颇有影响的学者。

行为提供帮助的部分看作"真正"或主要的目的，而他却仍倾向于认为那份满足感才是主要目的，它来自展现了技能，成功解决了相机修理专家都无能为力的问题，以及把顽固的电池盒盖修复得像主要部件那样好的成就。

许多男性展现其知识和技能的欲求体现了男性协商地位等级的倾向，而这一点并不会抵消帮助行为暗含的人际关系因素。这些因素同时存在，相辅相成。不过，女性与男性赋予地位等级和人际关系的不同权重导致了他们各自扮演角色的不对等。因为对人际关系相关元信息敏感，许多女性可以自如地接受和给予帮助，虽然肯定有不少女性只愿扮演提供帮助和支持的角色。相对的是，许多男性对地位等级变化、帮助女性的需要以及自力更生的必要性敏感，他们因此乐于扮演提供信息和帮助的角色，而不愿做接受者。

从另一座山上看到的风景

在艾丽丝·马蒂森的小说《彩色字母表》（*The Colorful Alphabet*）中，一个名叫约瑟夫的男人邀请一个名叫戈登的男人到他在乡下的家中做客，原因是戈登的妻子刚刚离开了他。约瑟夫夫妇和戈登一起爬了一座山。下山途中，他们停下休息时，戈登意识到他将心爱的旧背包忘在了山顶。因为戈登不习惯爬山，脚也已经很痛，约瑟夫自告奋勇地要爬回山顶去拿。约瑟夫的妻子陪着约瑟夫一起去找包，但是她太累了，没法爬到山顶，于是约瑟夫让她留在半路，独自向上爬去。他再次见到她时却是两手空空——包不在上面。那时他说：他早就知道包不会在山顶，因为他们停下休息时，他看到一个男人带着那个包从他们身边走过。至于他为什么不能说一句他刚刚看到有人拿着包走过去，他解释道："我不能告诉他，不然他该怪我为什么没当时就帮他抢回来了。"相反，就算明知道包在哪儿，他说，"我也必须为他做点什么"。

他的妻子又累又失望，与其说是生气，不如说是觉得难以置信。她无法理解，他怎么会宁可再爬一次山（还连累她也重新爬了一次），也不愿意承认他早就看到有人拿了戈登的包。"我永远也不会那样做。"她说，但她说这话时"更多的是惊讶而非恼火"。她解释说："我会直接说我见过他的包。我会感到沮丧，是因为我犯了这个错误，而不是因为别人知道我犯错误了，那对我来说不算什么。"她的丈夫说："那对我来说可是件大事。"

这个故事为我针对男性风格的观点提供了鲜明的写照。约瑟夫想帮助戈登，又不想让人知道他犯了一个他觉得愚蠢的错误。他想做些什么以掩盖这个问题的冲动强过他对再爬一次山的抵触。但这个故事留给我印象最深刻的部分是约瑟夫的妻子对这段经历的反思。她认为：

> 在以这一刻为例的某些瞬间，我明白了我没能窥见他的内心：我永远也不可能做出他做的那种事，永远也不可能想到或编造出那些事——简单地说，我不是他。

这段节选也许反映出了两性对待世界的不同方式引发的最微妙但也最深层的失望和迷惑的根源。我们以为我们知道这个世界是怎样的，并希望他人来巩固这种信念。但当他人的表现让我们感到我们住在完全不同的世界里时，我们的信念动摇了。

对我们来说，我们感到最亲近的关系是信任和肯定的源泉。当我们最亲近的人对事物的反应与我们不同时，当同样的场景在他们眼中好像变成了另一出戏时，当他们说出一些我们在相同情境中无法想象自己会说出口的话时，我们所站的立场开始颤抖，我们的立足点突然变得不再坚实。

我们的伴侣和朋友虽然在很多方面与我们相似，但终究与我们在很多方面都不同。理解为什么会出现这些不同，以及它们具体表现在哪些方面，是让我们感到自己的立场再次坚定的至关重要的步骤。

第3章
"放下报纸，跟我说话"：情感式与报告式沟通

我坐在一间位于郊外的客厅里，与一个女性小组对话。她们也邀请了男性加入，听我有关两性沟通的探讨。在讨论环节，有一位男性表现得格外活跃，发表了许多长篇大论。当我发表我的观察结果，说女性经常抱怨她们的丈夫和她们交流得不够多时，这位男性表示说到他心里去了。他向妻子比了个手势——那位女性一整晚都安静地坐在他身边。他说："她是我们家能说的那个。"

房间里的所有人都爆发出笑声。这位男性看上去迷惑又委屈。"是真的，"他解释道，"我下班回到家后常常没话讲，但她的话题永远不会枯竭。如果不是她开口，我们大概一个晚上都不会说话。"另一位女性也提出了一个关于她丈夫的类似悖论："当我们走出家门时，他就是聚会上话题的主导者。如果我刚好在另一个房间，我总能听见他的声音压过其他所有人。但当我们在家里时，他就没那么多可说的了。大部分话都是我说的。"

谁说得更多呢？女性还是男性？根据刻板印象，女性总是话太多。语言学家詹妮弗·科茨（Jennifer Coates）总结了一些谚语。

女人饶舌如羔羊摆尾。

狐狸尾巴多，女人舌头长。

就算北海没了水，女人也还有话讲。

纵观历史，女性曾因为说太多话或说错话而受到惩罚。语言学家康妮·埃布尔（Connie Eble）列举了殖民时期美国应用的多种体罚形式：女性被捆在浸水椅上，沉于水下，直到快被淹死才拉上来；被拘押，被钉上标牌示众；被塞住嘴；舌头被分权的木棍夹住而无法说话。

虽然这些肉刑惯例已经变成非正式的，通常是心理上的惩罚，当代的刻板印象与古老谚语表达的成见并没有多少不同。女性始终被认为说话太多。然而，一项接一项的研究发现，男性才是说更多话的那一方——在会议上、男女混合的小组讨论中以及在教室里，当男孩或年轻男性坐在女孩或是年轻女性身边时。例如，传播学研究者芭芭拉和吉恩·埃金斯（Barbara and Gene Eakins）夫妇对七场大学教师会议做了录音和研究。他们发现，除了一场会议之外，男性开口的频率更高；而无一例外的是，男性说话的时间更久。男性轮流发言的持续时间从 10.66 秒到 17.07 秒不等，而女性轮流发言的时间则在 3 秒至 10 秒之间。换句话说，女性最长的发言时间比男性最短的发言时间还要短。

当一位演说者接受提问，或是一位脱口秀主持人接通观众电话时，我们听到的第一个提问的声音几乎永远是男性的。当他们提问或是提供来自观众的评论时，男性倾向于说得更久。语言学家玛乔丽·斯威克（Marjorie Swacker）对学术会议中的问答环节进行了记录。在她研究的会议中，女性作为演讲人出现的概率是很高的；会议论文中的 40.7% 都是由她们发表的，她们也构成了 42% 的观众。但是，在涉及主动提问或是被叫到提问时，女性仅仅贡献了其中的 27.4%。此外，平均来看，女性的提问所占时间还不到男性的一半（女性这一数据的平均值是 23.1 秒，男性则为 52.7 秒）。根据斯威克的展示，这是因为男性（而女性不会）倾向于以一些陈述引导他们的问题，询问更多的问题，以及在演讲人回答之后又追加问题或进行评论。

我在我讨论女性相关问题的演讲中也已观察到了这种模式。不论观众中的男女比例如何，男性几乎永远都是第一个提问的，他们的问题也更多、更长。在这些情况下，女性经常会感到男性的话太多。记得有一次，我在一家书店对一群听众演讲，随后是讨论环节。这群听众中大部分是女性，但大部分的讨论却是由听众中的男性进行的。在某一刻，坐在中间的一位男士说得太多了，以至于坐在前排的几位女士开始坐立不安，并对着我直翻白眼。讽刺的是，他正在长篇大论地谈自己如何被迫听妻子喋喋不休地讲述他觉得无聊和无关紧要的事情。

情感式沟通与报告式沟通

那么，谁说得更多呢？是女性还是男性？被我称为"公开发言"和"私下发言"的差异可以解释这些看上去矛盾的证据。大部分男性在公开发言时感到自在，而更多女性则会在私下发言时感到轻松。另一种捕捉这些差异的方式是术语"报告式沟通"（report-talk）与"情感式沟通"（rapport-talk）。

对大部分女性来说，沟通的语言主要是一种情感式的语言：一种建立感情、协调关系的方式，重点在于展现相似点和匹配经历。从童年时期开始，女孩们就会批判那些试图引人注目或表现得优于他人的同龄人。我们感知到最亲近的情感联系的地方是家庭，或是让我们感到像在家里一样放松的场景中——与我们在一起的是一个或一些令我们感到亲近或自在的人——换句话说，是在私下发言的场景中。但即使是在最公开的场合，女性也可以用私下发言的方式去体验。

对大部分男性来说，语言主要是一种在等级森严的社会秩序下保持独立性、协商与维持地位的方式。实现这些目标的手段是展现知识和技能，以及通过口头表现，如讲故事、开玩笑和传授信息来成为关注的中心。从童年时期开始，男性就学会利用说话来获得和保持他人对自己的关注。所以，他们会感到更自在的场合，是当他们在由他们较不熟悉的人组成的较大群体中发言时——从广义上讲，就是公开发言。但即使最私密的情境也可能被他们用公开发言的方式处理，变得更像是在发表报告，而不是建立友好关系。

私下发言：唠叨的女性与缄默的男性

认为女性话多的刻板印象来源于哪里呢？戴尔·斯班德（Dale Spender）认为，大部分人本能地觉得女性和儿童一样，应当被看到而不是被听到，所以她们不管说多少话都显得太多。已有研究显示，如果女性和男性在同一组中说了同样多的话，我们会认为女性说得更多，所以斯班德的观点是有道理的。但另有一种解释是，男性之所以认为女性话多，是因为他们是在自己不愿意多说话的场合听到女性说话的：在打电话时；或是在与朋友们相处的社交场景中，她们讨论的话题无法让男性觉得有趣；又或者像那对在女性小组里的夫妻单独在家里时那样——换句话说，就是在私下发言时。

由沉默的男性和健谈的女性构成的美式符号的背景之一就是家庭。这个符号源于我在前文中介绍过的不同目的和习惯，它解释了为什么女性对其亲密男性伴侣的抱怨中最常见的是"他不跟我说话"，而其次出现的则是"他不听我说话"。

这位写信给安·兰德斯（Ann Landers）[1]的女性是一个典型。

我的丈夫下班回家后从来不和我说话。当我问他："今天一切如何？"他总回答说"累死了……"要么就是"外面乱成一团了"。（我们住在新泽西，他在纽约市工作。）

但是，当有客人到访或是我们自己外出做客时，情形就变得不一样了。保罗成了人群中最能说的家伙——一个能吸引听众的真正的演说家。他能想出最有趣的故事来。我们竖着耳朵听他的每一个字。我问自己："为什么他从来不跟我说这些事呢？"

这种状况已经持续了 38 年。在我们结婚 10 年后，保罗

---

[1] 安·兰德斯是《芝加哥太阳时报》（*Chicago Sun-Times*）专栏作家露丝·克劳利（Ruth Crowley）于 1943 年创造的虚拟人物，并于 1955 年被埃瑟·波琳·莱德勒（Esther Pauline "Eppie" Lederer）接管。在此后的 56 年里，"问问安·兰德斯"咨询专栏一直是北美许多报纸的常规专栏。

就开始对我沉默了。我一直想不通是为什么。您能解开这个谜吗？

——隐形的女人

安·兰德斯认为，这位丈夫不想说话，可能是因为他下班回到家已经很累了。但职业女性回家时也很累，她们却很愿意告诉她们的伴侣或朋友白天发生的一切，以及她们对这些匆匆发生的日常戏码的所思所感。

从严肃的心理学研究，到通俗的写给专栏作家的咨询信，再到精心设计的电影和戏剧，我们给出的见解是统一的：男性在家中的沉默令女性感到失望。女性一次又一次地抱怨着："他似乎对其他所有人都有各种事情可讲，却对我无话可说。"

电影《美国式离婚》（*Divorce American Style*）的开场有一段对话，黛比·雷诺斯（Debbie Reynolds）声称她和迪克·范·戴克（Dick Van Dyke）之间不再交流了，后者却反驳说他想到什么都会告诉她。门铃声打断了他们的争吵，夫妻俩冷静了一番后打开门，用愉快的笑容迎接他们的客人。

在关上的门后，许多夫妻都在进行这样的对话。就像黛比·雷诺斯扮演的妻子那样，女性觉得男性不与她们交流。就像迪克·范·戴克扮演的丈夫那样，男性觉得自己被错怪了。当他坚信自己有什么事都会告诉她的时候，她怎么能这么确定他什么都不跟她说呢？为什么男性和女性对同样的对话会产生如此不同的看法？

当某件事情出现问题时，我们会到处寻找应当责怪的对象：要么是他们正试图沟通的对象（"你挑剔、固执、自我中心"），要么是对方所属的群体（"所有女人都挑剔""所有男人都自我中心"），而一些看问题比较整体的人会责怪感情关系（"我们就是无法交流"）。但是，这些向外投射的责备隐藏或模糊了一个事实：其实大部分人都担心是不是自己也有些问题。

如果该被指责的是某些个体或某段关系，那么就不会有那么多人出现相同的问题了。真正的问题在于沟通方式。女性和男性有着不同的说话方式。即使双方满怀好意，如果问题是沟通方式引起的，那么试图通过谈话来解决问题只会让事情更糟糕。

最好的朋友

我需要再强调一次，两性间不同沟通方式的种子，是在他们以不同途径学习使用语言的成长过程中播下的。在美国文化中，大部分人——但尤其是女性——会将最亲近的关系看作充满敌意的世界上的一处避难所。一个小女孩的社交生活的中心是她最好的朋友。女孩的友谊是通过倾诉秘密建立和维系的。成年女性也是一样，她们友谊的中心是交谈，向彼此倾诉想法和感受，比如这一天发生了什么：在公交站看到了谁，谁打来了电话，他们说了什么，给她们带来怎样的感受。如果你问她们，她们最好的朋友是谁，大部分女性会报出经常和她们聊天的女性的名字。当被问到相同的问题时，大部分男性会说是他们的妻子。在妻子之后，许多男性会提名与他们一起做某些事，譬如打网球或棒球的男性（但他们绝不会只是坐着聊天），或是高中时代的一位密友，虽然他们有一年没联系了。

当黛比·雷诺斯抱怨迪克·范·戴克不跟她说任何事，而后者抗议说自己会对她倾诉时，他俩都没错。她感到他没有告诉她任何事，是因为他没有告诉她这一整天下来他体验过的一串串思绪和感受——那种她会和她最好朋友进行的谈话。他不告诉她这些，是因为在他看来这些不值得倾诉。他会告诉她所有他认为重要的事情——他会告诉他朋友的一切事情。

对于什么是重要的——以及应当在什么时候提起"重要的"话题，男性与女性通常持有不同的观点。一位女性曾带着挥之不去的怀疑向我转述她与男友的一段对话。在得知男友去和朋友奥利弗见面后，她问道："奥利弗有什么新鲜事吗？"他答道："没什么。"然而，稍后的对话却揭示了奥利弗决定和女友结婚的事实。"这叫没什么？"这位女性惊呼道，感到懊恼和不可置信。

对男性来说，"没什么"或许是一段对话开始时的仪式性反应。一位大学女生和她的哥哥感情很好，却很少打电话给他，因为她发现他们的对话很难推进。一段典型的对话会始于她的询问："你怎么样？"他会回复说："没什么。"他的"没什么"在她听来就意味着"我自己没什么新鲜事想告诉你"，于是只能由她来提供话题。她会把自己的新闻一股脑儿地告诉他，并最终在失望中挂断电话。但她回想起在后面的对话中，他曾嘀咕说："克里斯蒂又和我吵架了。"这句话说得太晚、太小声，她根本没注意到。他很有可能因为她没注意到而同样感到失望。

许多男性是真心不懂女性想要什么，而女性也真心不懂为什么男性觉得他们的需求难以得到理解和传达。

"跟我说话"

一个老套的漫画场景捕捉到了女性对男性在家中的沉默的不满：一对夫妻坐在早餐桌旁，丈夫正在读报纸，妻子盯着那份报纸的背面。在一幅连环画中，大梧（Dagwood）的妻子勃朗黛（Blondie）[1]抱怨道："每天早晨你满眼都只有报纸。我敢打赌你甚至不知道我在这里！"大梧安抚她说："我当然知道你在这儿。你是我最好的妻子，我非常爱你。"说着，他心不在焉地拍了拍自家狗的爪子，这只狗是勃朗黛在离开房间之前移到自己座位上的。这幅连环画证明，勃朗黛完全有理由像写信给安·兰德斯的那位女士一样，感到自己是隐形的。

在另一幅漫画中，一位丈夫打开报纸并询问妻子："在我开始读报之前，你有什么事想跟我说吗？"丈夫知道，没有什么事——但是一旦他开始读报，妻子就会想到一些事。这个情节凸显了女性和男性对交谈目的的不同理解。对丈夫而言，交谈是为了获取信息，所以如果妻子打断他的阅读，一定是为了告诉他一些他需要知道的事。按这种理论，妻子也有可能在丈夫开始看报之前告诉他她认为他需要知道的那些事。然而，对妻子来说，交谈的目的是互动。倾诉是展现情感投入的一种方式，倾听则是表现兴趣和关心的一条途径。因此，她总是在他读报的过程中想到一些要告诉他的事，绝不是什么奇怪的巧合。他（从她的角度看，不负责任地）埋头于报纸之中而不是与她交谈的时候，正是她最急切地感到自己需要言语互动的时候。

---

[1] 大梧和勃朗黛是美国长篇漫画《勃朗黛》中的主要角色。该漫画由漫画家奇克·扬（Chic Young）于 1930 年始创。

另一幅漫画则呈现了一款与众不同的婚礼蛋糕。蛋糕顶层本应放置新郎身着燕尾服、新娘身着婚纱的塑料雕像，但出现在这里的却是一幕早餐场景：一位没有刮胡子的丈夫正在读报，一脸不高兴的妻子坐在餐桌对面。这幅漫画折射出了一条莫大的鸿沟：一边是穿着传统结婚礼服的塑料夫妻像代表的有关婚姻的浪漫幻想，另一边则是由早餐桌上报纸的两面——他正在阅读的前面和她正在怒视的后面——代表的通常令人失望的现实。

上述以及其他许多同类主题的漫画之所以好笑，是因为我们能在其中看到自己的影子。而不好笑的事实是，很多女性会感到难过，因为男性在家中不和她们交谈；许多男性也会感到沮丧，因为他们发现自己令伴侣失望了，却不明白为什么会这样，他们又能怎么改进。

一些男性的沮丧会加倍，这是因为正如某人所言："我到底该在什么时候读晨报呢？"就像很多女性不明白为什么很多男性不和朋友谈心，这位男性也不明白为什么很多女性都不读晨报。对他来说，读晨报是构成他的晨间仪式的一个关键部分，他如果没能读上报纸，一整天都会感到不对劲。用他的话来说就是，早晨读报纸这件事对他的重要性，就像早晨化妆这件事对他认识的很多女性的重要性一样。而据他观察，很多女性要么不订阅任何报纸，要么直到晚上回家后才读报。"我不理解这点，"他说，"不知道有多少次，我在晚上从一位女士家门口捡起她的晨报，敲门时递给她。"

对这位（以及我确信还有许多）男性来说，一位反对他在早晨读报的女性是在试图阻止他做一件必要且无害的事。这是对他的独立性——他的行动自由的一种侵害。但当一位期待伴侣与自己交谈的女性因为对方不说话而失望时，她就会将他的行为看作亲密关系失败的证明：他有一些事瞒着她；他对她失去了兴趣；他正在疏远她。一位被我称为丽贝卡的女性，拥有一段总体来说相当幸福的婚姻。她告诉我，以上情况正是她对丈夫斯图尔特产生严重不满情绪的一个源头。她为他的沉默寡言创造了一个专有名词——精神沓蔷。她会告诉他自己在想什么，而他也会安静地听着。可当她问他在想什么时，他却花了很长时间才答道："我不知道。"她带着挫败的心情质疑道："你脑袋里是空的吗？"

丽贝卡习惯在思绪和观点出现时对它们进行直播，在丽贝卡看来，不说话就意味着没在思考。但斯图尔特认为，他的那些转瞬即逝的想法并不值得特地说出来。他没有播报自己思考过程的习惯。所以，就像丽贝卡会"自然而然地"说出自己的想法一样，他在自己的思想出现的瞬间会"自然而然地"忽略掉它们。把它们说出口会赋予它们多余的重量和重要性，他觉得它们不值得被重视。在丽贝卡的一生中，她都在练习在与亲近之人的私密对话中将自己的想法和感觉转化为言语；而在斯图尔特的一生中，他都在练习忽略自己的感受，把它们留给自己。

如何处理疑虑

在上面的例子中，丽贝卡没有谈及任何特定种类的思想和感受，她针对的只是斯图尔特脑海中的任何东西。但如果一段关系出现了负面感受或疑虑，那么为想法和感受发声就变得格外重要。在一位离异的 50 岁男性向我诉说他与女性建立新感情关系的经历时，我很容易就注意到了这个不同点。关于这点，他的态度很明确："我觉得我那些转瞬即逝的想法是没有意义的，别人的也一样。"他认为，正是女性随意倾吐那些瞬时想法的行为，危害甚至永久性地损伤了他目前发展的那一段恋情，因为在他们交往的初期，女方的许多想法都是对他们关系的担忧与恐惧。这不足为奇，那时他们还没有很好地了解彼此，所以她不知道自己能否信任他，他们的关系是否会破坏她的独立性，这段关系是否真的适合她。而他觉得她应该将这些恐惧和疑虑留在自己心里，然后等着看事实结果如何。

事实证明，他俩进展良好。这位女性确定了这段关系是适合她的，她可以信任他，并且不会丧失自己的独立性。但他却觉得，在他告诉我这件事情的时候，他仍然没有从应付她那些早期疑虑的疲惫中恢复。用他的话来说就是，他像一个被绑在她的意识流之弦上的悠悠球，到处弹来跳去，至今仍感到晕头转向。

与此形成鲜明对比的是，这位男性承认他自己到了另一个极端：他从没表达过自己对这段关系的恐惧和痛苦。如果他感到不快乐，并对此不发一语，他的不悦就会表现为一种生人勿近的冷漠。这种反应正是女性最害怕的，也正是女性更喜欢将不满和疑虑表达出来的原因——作为一剂解药，去消除隐瞒内心想法的行为导致的孤立和疏远。

两性对表达或隐藏不满情绪和疑虑的不同观点，或许反映了他们对自己的言语给他人造成的影响力的不同认知。女性不停地向男性述说自己在这段关系中的恐惧，仿佛认定了他是坚不可摧的，是不会被她的话伤害的；她可能低估了自己的话语对他的影响力。从男性的角度看，当他忍住不表达消极想法或感受时，他

似乎高估了自己的话对她造成伤害的能力；但具有讽刺意味的
是，比起语言，她其实更容易被他的沉默伤害。

女性和男性的这些说话方式，是他们在童年时与同性发展的
友谊中学到的，又是他们在成年初期和之后与同性发展的友谊中
巩固的。对女孩来说，交谈是巩固联系的胶水。男孩则主要通过
活动来维系感情：他们一起做什么事，或是谈论某些活动，譬如
体育，随后是政治。在那些会令男性感到自己的地位等级受到挑
战，而他们需要震慑众人的场合，他们才会变得口若悬河。

做出调整

我们可能永远无法彻底打破僵局，令双方完全满意，但理解
这些不同观念有助于缓解这种局面，而且双方都有能力对自己
的行为做出调整。如果能够认识到两性对谈话在感情关系中的
作用有不同的预设，女性就能合理看待男性在早餐桌上读报纸的
渴望，不会将这种行为解读为对自己的拒绝，或是两人关系的失
败。而男性也可以合理看待女性的交谈欲望，不将其解读为一种
无理的要求，或是一种想阻止他做自己想做的事的操纵之举。

在听过我对两性间这些差异的阐释后，一位女性告诉我，这
些观点帮助了她。在一段颇有前途的感情关系的初期，男方在她
的公寓过了一夜。那是一个工作日的晚上，他俩第二天都需要上
班，所以当他冲动而又浪漫地建议他们一起吃顿早饭，晚点儿再
去上班时，她十分高兴。她愉悦地准备了早饭，期待着她在脑海
中构想的那一幕：他们将在她那张小桌子两边相对而坐，望着彼

此的眼睛，诉说他们多么倾慕彼此，为这段关系的进展感到多么高兴。就在她为这种期待而兴奋的时候，她遭遇了完全不同的一幕：当她在桌上摆下一排她用爱烹制的鸡蛋、吐司和咖啡时，男方坐到了她的小桌子的另一边——然后打开报纸，挡住了她的视线。如果说提出共进早餐的建议看上去像是一个让关系更进一步的邀请，那么那张报纸从她的视角看（更准确地说是挡住了她的视线），就变成了竖在他们之间的一层薄薄的却无法穿透的隔阂。

如果她不了解我在上文中提出的这些性别差异，她可能会感到难过，简单粗暴地将这个男人当作又一个负心汉踢开。她可能会得出结论：在享受了与她共度的一夜之后，这个人开始把她当成一个不要钱的厨子了。但她没有这样想。她意识到，与她不同，他并不认为他们需要通过交谈来巩固他们的亲密关系。她在场的陪伴就已经是他需要的一切了，而这也并不意味着他把她的存在视为理所当然。同理，如果他能理解交谈在女性对亲密关系的定义中扮演的关键角色，那么他就可以别那么急着读报，从而避免让她反感了。

家提供的不同安慰

对所有人来说，家都是一个舞台后台般的地方。但是，家提供的安慰对男性和女性来说可能有相对且不相容的意义。对很多男性来说，家的舒适性意味着他们可以从不得不通过言语来证明自己、震慑他人的需要中解放出来。他们终于到了一个没人要求他们发言的地方，拥有保持沉默的自由。但是对很多女性来说，家是一个她们可以畅所欲言的地方，是她们感到最需要与她们最亲近的人谈心的地方。对她们来说，家的舒适性意味着可以自由说话而无须担忧她们的言语会被如何评判。

这个观点出自语言学家艾丽丝·格林伍德（Alice Greenwood）的一项研究。在这项研究中，她考察了自己的三个处于青春期前的孩子和朋友们之间的对话。她的女儿们和儿子对该邀请谁来吃晚饭提出了不同的建议，给出了不同的理由。一个女儿斯泰西说，她不想邀请她不是很熟悉的人，因为那样的话她就不得不表现得"安静而有礼貌"、举止得体。格林伍德的另一个女儿丹妮丝说，她希望她的朋友梅丽尔过来，因为和梅丽尔在一起时她可以表现得肆无忌惮，不必像在其他某些"可能会四处走动，与我们交谈"的朋友面前那样担心自己不够礼貌。但是，丹妮丝的双胞胎弟弟丹尼斯就完全没有担心礼仪或其他人如何评判自己。他只表示，希望能邀请可以和他一起开玩笑并开怀大笑的朋友们。女孩们的评论表明，对她们来说，与他人关系亲近意味着可以自由地与这个人交谈，而与相对陌生的人在一起就意味着必须在意自己的言行。这个发现为我们提供了一条线索，或许可以解答"两性究竟谁更健谈"这个难解之谜。

公开发言：健谈的男性与沉默的女性

目前为止，我讨论的都是私密场景，在这种时候，许多男性会陷入沉默，而许多女性会说个不停。但在其他一些场景中，两性的角色发生了对换。让我们回到丽贝卡和斯图尔特的例子中去。我们看到，当他们单独在家时，丽贝卡的思绪会毫不费力地自动转变为言语，而斯图尔特却发现自己想不到任何可说的东西。当他们身处其他场合，角色对换就发生了。例如，在社区委员会的会议上，或是在他们的子女所在学校的家长会上，站出来说话的会是斯图尔特。在这种场合，丽贝卡就变成了沉默的那一个。她会想到别人对她可能说的话产生的一切可能的消极反应，她在试图解释自己的想法时可能犯的每一个错误，这种过于敏感的意识让她说不出话来。如果她鼓起勇气，准备说些什么，她会需要时间组织，然后等着主席点名。她无法像斯图尔特或其他一些男性那样，直接站起来发言。

女权主义多数派基金会（The Feminist Majority Foundation，FMF）[1]主席埃莉诺·斯密尔（Eleanor Smeal）[2]曾受电台邀请，在一个电话热线脱口秀节目中作为嘉宾出场，谈论堕胎问题。没有哪个议题能比堕胎与女性更直接相关，可在一个小时的节目中，打进电话来的听众中只有两名女性。作为一位电台脱口秀主持人，戴安·雷姆（Diane Rehm）[3]表达了对此类现象的不解——虽然她节目的观众性别比均衡，但是给她的节目打来电话的听众中90% 是男性。我确信，出现这种现象的原因绝不是女性对节目讨论的话题没有兴趣。我敢打赌，在午餐、茶歇或是晚餐时间，女性听众们会将这些她们从《戴安·雷姆秀》上听来的话题与朋友

---

[1]　女权主义多数派基金会是总部设在美国弗吉尼亚州阿灵顿的非营利组织，其使命是推进非暴力和妇女权利、平等和经济发展。

[2]　埃莉诺·斯密尔（1939—　）是当今美国女权运动的主要领袖之一，也是女权主义多数派基金会的主席兼创始人之一。

[3]　戴安·雷姆（1936—　）是一位已退休的美国公共广播脱口秀主持人，曾主持《戴安·雷姆秀》（The Diane Rehm Show）。

和家人讨论。但是，她们较少给节目打电话，是因为这样做等同于将自己推上舞台，让公众注意到她们说的内容，让她们一跃登上舞台中心。

我自己曾在无数电台和电视脱口秀节目中担任嘉宾。也许我比较特殊，会在展示模式中感到完全放松。但或许我一点儿也不特殊，因为我虽然习惯了特邀专家的角色，却从没有给我关注的脱口秀节目打过电话，尽管我经常是有想法的。当我作为嘉宾出场时，我在开口前就已经被授予了权威地位；但如果我给某个节目打电话，那我就要自己去争取这种地位。我将不得不通过阐释我的观点来建立我的威信，那看上去会像是在夸夸其谈；但如果我不这样做，我说的话可能会有被忽略或轻视的风险。出于类似的原因，我虽然可以轻松对着数以千计的听众演讲，但极少在其他主讲人说完后提问，除非我对演讲的主题和听众群体都很熟悉。

我和那位脱口秀主持人的经历似乎为两性对待说话的不同态度提供了一条线索：在利用说话来引起他人注意这方面，许多男性比大部分女性更得心应手。这种差异正是报告式沟通与情感式沟通差异的核心。

私下的报告式沟通

被我称为"公开发言"的报告式沟通出现的场合不仅限于字面意思上的"报告"——向一群特定听众正式演讲的公开场合。参与对话的人越多，你对他们的熟悉程度越低，听众群体中的地位等级差别越大，你们的对话就越接近公开发言或报告式沟通。听众越少，你与他们越熟悉，听众的地位等级越平等，你们的对话就越像私下发言或情感式沟通。此外，还有一些处境也会令女性感到更为"公开"——即她们不得不举止更加得体——那就是有家人以外的男性在场的时候。可即使是在家庭内部，母亲和孩子也可能会感到，当父亲不在时，他们就像在后台一样轻松；而当父亲在家时，他们的家就像被摆到了舞台上：许多孩子接受的教育都是，当爸爸在家时，要表现得好一点儿。这可能是因为父亲并不经常在家，也可能是因为当他在家时，母亲——或父亲本人——不希望孩子们打扰他。

公开和私下发言的区别也解释了所谓"女性不讲笑话"的刻板印象。虽然一些女性十分健谈，可以用笑话和有趣的故事吸引一群听众，但在女性中，这种性格的人比男性要少。那些会在大规模听众面前讲笑话的女性中的许多都具有少数族裔背景，其文化高度重视口头表演。许多女性喜剧演员，如范妮·布莱斯（Fanny Brice）和琼·里弗斯（Joan Rivers），都来自犹太家庭。

虽然女性不讲笑话的说法是不正确的，但与男性相比，许多女性在大型群体中讲笑话的可能性确实更小，尤其是当这个群体中有男性时。所以，男性会有女性从来不讲笑话的印象，就一点儿也不令人惊讶了。民俗学研究者卡罗尔·米切尔（Carol Mitchell）研究了一个大学校园中的说笑话现象。她发现男性将他们大部分的笑话都讲给了其他男性，但他们也会将许多笑话讲给混合性别和女性群体。然而，女性将她们的大部分笑话都讲给了其他女性，她们讲给男性的情况较少，讲给混合性别的群体的情况更少。当男性有听众时——至少两个，通常是四个或以上——他们更喜欢也更可能讲笑话。女性更喜欢小规模的听众——一到两个，极少超过三个。与男性不同，她们不愿给不熟悉的人讲笑话。如果群体中有四个或更多的听众，许多女性会直接拒绝讲笑话，会承诺以后私下里讲给对方。男性则从来不拒绝别人对他们讲笑话的邀请。

米切尔的所有研究结果都与我对公开和私下发言的描述相符。在听众人数更多、其中男性更多或是陌生人更多的情况下，讲笑话和其他任何形式的言语表现一样，要求发言者争夺舞台中心，证明他们的能力。在这些情况下，女性是不愿说话的。而在更为私密的场合，因为听众范围小、互相熟悉且被视为某个共同体的成员（例如，其他的女性朋友），她们就更有可能发言。

认为讲笑话是一种自我展示方法的观点，并非在暗示讲笑话是一种自私或自我中心的行为。讲笑话的案例说明，地位等级和人际关系是息息相关的。娱乐他人是与他们建立联系的一种方式，同时，讲笑话如同一种赠予礼物的行为，笑话就是给听众带来愉悦的礼物。关键问题在于不对等性：一个人是讲述者，其他人都是听众。如果这些角色稍后得到了改变——例如，讲笑话的行为变成一个游戏，每个人都要轮流讲述——那么，不从个体行为角度，而是从整体上看，这种情况下的讲笑话行为就具有了对等性。然而，如果女性习惯性地扮演感激的听众的角色，而从不扮演玩笑讲述者的角色，那么讲笑话在个体层面上的不对等性就会通过更大型的互动扩散。这对女性来说是一种危害。男性的隐患则是，频繁讲笑话可能会造成关系的疏远。这种效应就曾影响一位男性——他抱怨说，当他和父亲通话时，父亲只会一直和他讲笑话。类似现象的一个极端情况是班级里的开心果，据老师们说，这种角色几乎永远是男生扮演的。

公开的情感式沟通

正如那些在家中、朋友当中发生的对话可能会属于公开发言的例子，一个公开致辞也可以表现得像私下发言，例如，一次充满个人事例和故事的演讲。

在一个新兴的专业组织的执行委员会会议上，作为即将卸任的主席，芙兰建议道，该组织应当采用让主席致辞的规定。为了解释和支持自己的提议，她讲述了一则个人逸事：当她还坐在主席位置上时，她的表姐是一个更为成熟的专业组织的主席。芙兰的母亲一直在和芙兰表姐的母亲通电话。后者告诉芙兰的母亲，自己的女儿正在准备主席致辞，还问芙兰的母亲芙兰的主席致辞定在了什么时候。芙兰尴尬地向母亲承认，她没有主席致辞要做。这件事让她开始思考，如果他们向更为成熟的组织学习，他们的专业感是否会得到增强。

委员会里的几位男性对芙兰以私人经历为例的行为感到尴尬，并认为她的论据难以令人信服。在他们看来，在管理委员会的会议上谈论母亲的电话内容，不仅无关紧要，而且很不得体。芙兰对待这次会议——一个相对公开的环境的态度，就好像将其当作某种私密场合的延伸。许多女性之所以有使用个人经验和事例而非抽象论证的倾向，很大程度上是因为女性将语言定位为私下发言的工具。

塞莉亚·罗伯茨（Cerlia Roberts）和汤姆·朱普（Tom

Jupp）曾在英格兰做过一次针对中学教职员会议的研究。他们发现，女性的论点在她们的男性同事看来是没有分量的，因为她们倾向于用自己的经验为证据，或是论证某项政策在个别学生身上产生的效果。与会男性则会从完全不同的角度进行论证，科学使用明确的陈述来讨论对错。

发生在家中的讨论也存在着同样的区别。一位男性告诉我，他发现自己妻子缺乏逻辑，并对此感到不满。例如，他记得在一次对话中，他提到自己在《纽约时报》上读到了一篇文章，断言今日的大学生不如 20 世纪 60 年代的学生那样具有理想主义精神。他自己是倾向于接受这个观点的。而他的妻子对此表示质疑，但她用于支撑自己论点的论据是，她观察到自己的侄女和她的朋友们都非常理想主义。他对她这种站不住脚的推论感到怀疑和不屑。在他看来显而易见的是，个例不能成为证据，无法论证任何观点，充其量算一则趣闻逸事。他没有想到的是，他面对的不是缺乏逻辑的现象，而只不过是另一种不同的逻辑体系。

他的妻子用来理解世界的是一种更为私人的逻辑——她观察并整合个人经验，并尝试与他人的经验构建联系。而被她丈夫视为理所当然的逻辑则是一种更为公开的尝试——更接近收集信息，展开调查，或是用形式逻辑的规则确定论点，就像我们在做研究时的方法。

另一位男性抱怨了女性讨论问题的方式，这种方式被他和朋友们称为"流沙式"。这些男性感到，他们会努力从逻辑出发一步步论证一个论点，直到它得到确立，女性却会频繁地在中途转向。他指出，我在前文中引用的《美国式离婚》的片段就是一个很好的例子。在他看来，当黛比·雷诺斯说"我现在不和你争，我要去把法式面包从烤炉里拿出来"时，她是在回避争论，因为她此前做出了一项指控——"你永远在吹毛求疵"，而那是她无法提供论据来证明的。

这位男性也从自身经历出发提供了一个例子。他的女友告诉他，她遇到了一个问题：老板要她做一件事，而她想做另一件。为了论证，他站在了老板的角度，指出她做自己想做的事会产生的消极后果。她反驳说，自己如果做了老板想做的事，也会造成同样的结果。他抱怨说，他们还没有在第一个问题——她做自己想做的事会发生什么上取得共识，她就转向了这场争论的另一片阵地——如果她遵从老板的意愿会发生什么。

谁来代表团队发言

在本章开头那个邀请了男性参加的女性小组讨论的例子中，一位健谈的男性说他沉默的妻子是"我们家能说的那个"。这让我们注意到关于公开和私下发言的最后一个谜团。在他们的笑声过后，小组里的其他女性评论说，这位女性通常没有这么安静。在只有女性出席的场合，她说的话和别人一样多。那么，为什么在这个场合里，她变得沉默了呢？

一种可能是，我的出席将原本私密性质的谈话转变为一次公开发言。那次讨论的另一个不同是，团体内出现了男性。从某种意义上说，大部分女性在周围没有男性时都会觉得自己身处"后台"。当男性在场时，女性就变成身处"舞台上"了，她们此时会觉得自己必须更注意自己的行为。另一种可能性是，影响这个女性行为的并不是一般男性出席小组讨论，而是她丈夫在场的事实。有一种解读是，在一定程度上，这个事实让她感到威胁，因此她被迫陷入沉默。但是还有一种解释：她觉得他们是一个团队。既然他已经说了很多，如果她也发言，这个团队就会占用太多时间。她也可能是认为，因为他已经代表了他们这个团队，她不需要再做些什么了。这就很像是如果丈夫在，很多女性都会让他们开车，但如果丈夫不在，她们就会自己开。

显然，不是每位女性都会在丈夫加入某个群体时变得沉默。毕竟，小组中有许多健谈的女性，不少还带着她们的配偶。但是，也有其他几对夫妻向我反映了类似的经历。例如，当一对夫妻一起上夜校时，男方永远都是班级讨论中的积极参与者，而女方就很少说话。但在某个学期，他们决定选不同的课，结果女方发现，她在自己单独参与的课堂上变成了一个积极发言的学生。

我们可以通过两种角度看待这样的变化。如果在小组中说话是一件好事——一种优势和享受——我们就会认为沉默的女性是被剥夺了说话的权利，被夺走了自己的声音。但是，并非所有人都觉得报告式沟通令人愉快，许多人都不希望在群体中发言。从这个角度看，一个女性如果因为有丈夫代表自己发言而觉得自己没必要说话，那么她就可能会觉得这是一件开心事，正如一位不喜欢开车的妻子或许会因为有丈夫在场，不用自己开车而感到幸运——同样，如果一位不喜欢开车的男性不得不开车，他就可能会为自己感到不幸了。

避免相互指责

我们可以从地位等级和人际关系的角度理解公开和私下发言——报告式沟通与情感式沟通之间的区别。所以不奇怪，女性在朋友和与她平等的人群中会有安全感与亲密感，她们在这时的发言最轻松自在；反之，男性在谈话中感到最自在的时刻，是当他们需要在某个群体中树立和维护自己的地位等级时。但实际情况更加复杂，因为我们为获取地位等级和人际关系，使用的是相同的"货币"。看上去像争取地位的行为的真实意图也许是为了表示亲密，而看上去像是刻意疏远的行为其实可能是为了避免给人留下以权压人的印象。通过理解异性的对话风格，我们可以避免误解造成的伤害与不公。

当男性在会议上抢占了几乎所有发言机会时，许多女性——包括研究者们——会将他们看作在"支配"会议，认为他们有意阻止女性参与其中，公开展示着他们更高的地位。但是，大部分发言来自男性的这个结果并不一定意味着男性有意阻止女性发言。对那些随时可以站起来发言的人来说，其他人也和他们一样自由。从这个意义上说，男性能够自由发言的事实证明他们认为女性也拥有同等的地位，他们传达出的元信息是"我们都在为发言机会平等竞争"。如果这是他们真实的想法（我认为这虽然不能说是通用情况，但很多人确实是这么想的），那么女性也许可以承认女性在会议中参与度不高，并采取行动去改善这种不平衡现象，而不是去指责男性故意抢走了她们的话语权。

所以，罪魁祸首不是男性个体，甚至不仅仅是男性的说话风格，而是男性与女性风格之间的差异。如果是这样，那么男女双方都可以做出调整。女性可以强迫自己未经邀请就大声发言，或者不去追求某种礼貌，在别人结束后立刻开始表达观点。但调整不能只是单方面的。男性也应当了解，某些不习惯在群体中大声发言的女性并不像他们那样可以自由地、毫无保留地发言。那些提问之前需要等待一段时间的女性是觉得自己的舞台还没被准备好，而那些能在前面的发言者停止后（甚至抢在对方结束前）立刻开口的人不理解这一点。那些被点到名才发言的人（"你还没怎么说过话呢，米莉。你怎么想？"）并不习惯上前争抢发言的机会。正如在许多领域中那样，一个人如果无法适应现行的游戏规则，那么即使其他人承认其是平等的一员，也不能保证其拥有平等的机会。就算得到许可进入舞会，我们也不能确保自己能立刻跟上另一种陌生的节奏跳起来。

第 4 章

八卦：女性友谊的精髓与义务

　　我们认为女性在私下场合的发言是肆无忌惮、滔滔不绝的。概括这一刻板印象的一个词就是"八卦"。虽然八卦可能具有破坏性，但这种行为并非总会造成破坏；它可以在建立亲密关系方面起到至关重要的作用——尤其在"谈论"而非"说坏话"的时候。

　　"八卦"这个标签揭示了女性对谈论我们生活细节的兴趣。这个术语的消极印象体现了男性对女性说话方式的误解，下文中玛吉·皮尔希（Marge Piercy）[1] 的小说《飞回家吧》（*Fly Away Home*）的节选便是一例。故事中，达莉亚爱上汤姆的一部分原因是他与她的前夫罗斯在这方面的差异。

　　　　令她感到惊讶的是他对周围人的了解。罗斯永远也不可能知道格里塔不喜欢她儿子的老师，或是菲伊刚刚赶走了她的男朋友，因为他醉倒在她儿子们面前。作为一个男人，汤姆对我们的生活细节有一种不同寻常的兴趣。在罗斯口中，这些就是八卦，但她却认为这只是对他人感兴趣的表现。

---

[1]　玛吉·皮尔西（1936—　　），美国诗人、小说家和社会活动家。

　　不仅男性蔑视这种对他人生活细节的兴趣，将其诋毁为"八卦"，伟大的南方作家尤多拉·韦尔蒂（Eudora Welty）[1]在回忆她在密西西比的童年时光时，也写到她的母亲试图阻止一位健谈的女裁缝在她面前讲当地人的逸事。"'我不想让她暴露在八卦之下'，"韦尔蒂记得母亲这样说，"就好像八卦是麻疹，我会感染它一样。"但是，韦尔蒂爱听的这些关于我们的八卦故事不仅没有给还是孩子的她造成消极影响，反而启发了她成为一位作家。当我们谈论日常生活的细节时，这种行为是八卦；当他们把这些事写出来时，就成了短篇故事和小说——文学。

　　玛丽·凯瑟琳·贝特森（Mary Catherine Bateson）[2]在八卦和人类学之间画出了另一条关联线，后者是一门以记录我们生活细节为事业的学科。她记得她的母亲玛格丽特·米德（Margaret Mead）[3]曾对她说，她永远都不可能成为一个人类学家，因为她对八卦没有足够的兴趣。

友谊始于八卦

　　对他人生活细节的叙述，一部分源于女性和朋友们对自己生活细节的叙述。当这些作为倾诉对象的朋友将这些细节重复给其他人——很可能是另一个朋友，这些细节就变成了八卦。讲述在

---

[1]　尤多拉·韦尔蒂（1909—2001），美国著名作家，以描写美国南方生活见长。她的小说《乐观者的女儿》在1973年获得普利策奖。
[2]　玛丽·凯瑟琳·贝特森（1939—　），美国作家和文化人类学家。
[3]　玛格丽特·米德（1901—1978），美国文化人类学家，美国现代人类学成形过程中最重要的学者之一。

你和你交谈对象的生活中发生的事情，是"诉说秘密"这种行为的成年人版本，是女孩和成年女性友谊的精髓。

我在第 2 章中引用了艾丽丝·马蒂森创作的故事《纽黑文》，故事中，埃莉诺告诉帕特西她爱上了一位已婚男性。在这些话出口的一瞬间，埃莉诺感到"突然失去自己的秘密，有点儿羞愧"，但是，"她也感到了愉悦；这一次，她不再需要守卫这个秘密了。而且，能谈论彼得，令她感到兴奋"。马蒂森的用词让我惊叹——"失去自己的秘密"抓住了拥有某个秘密让人感觉更强大，而说出它就像放弃了什么东西的感觉，这体现了"揭露"这一行为的语义特征，也体现了它暗含的拥有之意。马蒂森也抓住了不必隐藏什么，能谈论你心中真正所想之事的愉悦感。

倾诉秘密不仅是友谊的证明，当听者以讲述者预期中的方式做出回应时，它也创造了友谊。埃莉诺其实对帕特西不太熟，但她想了解她。她们之间有一种吸引力和初显端倪的友谊；她们已经习惯了在参加音乐小组的排练之后一起喝咖啡，吃冰激凌。通过告诉帕特西自己生活中正在发生的事情，倾诉自己的秘密，埃莉诺将帕特西从熟人推上了朋友的位置。

让朋友们及时了解自己生活中的事件不仅是这些人的一项特权，对多数女性来说，也是一种义务。一位女性解释说，她不喜欢一遍又一遍地讲述她和男友分手的故事，但她不得不这样做，因为如果她没能将如此重要的进展告知每一个密友，她们在发现这件事后一定会很伤心。她们会把她的遮遮掩掩当作她破坏她们之间友情的一个信号。而且，令这位女性感到难以置信的是，她发现她的男友没有告诉任何人他俩分手的消息。他去工作，去健身，去和朋友们打壁球，好像什么事也没发生，他的生活像是完全没有变化一样。

因为倾诉秘密对大多数女性来说都是友谊至关重要的一部分，一旦没有秘密可讲，她们可能就会觉得自己有麻烦了。例如，一位被我称为卡罗尔的女性表示，她有几个女性朋友，她们每隔几天就会聊一聊，讲讲各自的感情生活。她们会在一次新约会前分享兴奋感受，而在约会之后，她们也会对其他人讲述约会的细节。所以当卡罗尔坠入爱河，和一位男性进入了一段持久的关系后，她就再也没有可以告诉朋友们的事了。而且，她现在会把大部分的空闲时间花在男友身上，和朋友打电话聊天的时间也变少了。这就给她的友谊带来了一种压力，就好像她抽身了，违背了"八卦"这一友谊要素的无形约定。

一个人因为另一个人与他人建立了永久性的关系而产生被抛弃感觉的情况，并不仅限于女性好友之间。在安·帕克（Ann Packer）[1] 的小说《门多西诺》（*Mendocino*）中，叙述者布丽丝在拜访过她的哥哥后感到难过，因为他现在和一个女人同居了。布丽丝的哥哥和女友的亲密关系损害了他与布丽丝之间的亲密关系。布丽丝记得，他们曾经是那么亲密无间。

> 他们会交流工作中遇到的事，然后在打开第二瓶红酒后，向彼此吐露最近感情方面的不顺。令布丽丝感到惊讶的是，直到此刻她才意识到，正因为那些是失败，他们才会去谈论它们。现在，杰拉德拥有了他的成功，这件事揭示出他们之间关系的本来面貌：亲切，但是小心翼翼。

---

[1]　安·帕克（1959—　），美国小说家，代表作有《从克劳森码头下潜》。

因为他们现在不再在一对一的对话中交换感情方面的秘密，在布丽丝看来，她与杰拉德的对话现在是发生在由三个人组成的群体中了，需要亲切但小心翼翼地交流——在某种程度上，更像是公开发言。

当我们进入一段稳定的感情关系，很多事情都会让我们与单身的朋友们分离。我曾有一个男性朋友，他单身多年，与女性朋友们发展出广泛且牢固的关系网，常常与她们聊天。当他与某位女性确定关系并搬到一起住后，他的朋友们就开始抱怨他再也不对她们说任何事了。"不是我在向她们隐瞒什么，"他告诉我，"只是我和娜奥米相处得很好，没什么可说了。"然而，他的这句话却向我透露了他的人际关系中的一个问题——虽然这问题来自他的朋友们，而不是他的伴侣。

挽歌中的情感式沟通

民俗学家安娜·卡拉维里（Anna Caraveli）对希腊农村妇女的挽歌进行了研究。挽歌是一些希腊妇女唱诵的一种即兴的、仪式化的、口头形式的诗歌，用以表达因离散或死亡而失去所爱之人的悲伤。据卡拉维里描述，希腊女性通常会在其他女性的陪伴下唱诵挽歌。更为重要的是，她们觉得需要其他女性的参与，她们才能成功唱诵挽歌。一位妇女表演了一首挽歌给卡拉维里录音，她表示，如果有其他女性在场协助，她会唱得更好。

当希腊妇女们聚集在一起唱诵挽歌时，每一位成员对悲伤的表达都会让其他人想起她们自己的苦痛，这样一来便强化了彼此的感受。的确，卡拉维里和另一位研究巴厘岛地区类似挽歌传统的人类学家乔尔·库佩斯（Joel Kuipers）都发现，在这项民俗艺术中，女性会以感染其他人、让她们对悲伤产生共鸣的能力为标准来评判彼此的歌唱技巧。当她们失去所爱之人，对这份痛苦的表达会让她们彼此相连，而这种联系是一剂对抗失落伤痛的药。根据人类学家乔尔·谢尔泽（Joel Sherzer）的论述，哀悼所爱之人逝去的"音调优美的哭泣表演"，是世界各地不同社会文化中的女性的专属领域。

如今的西方女性聚在一起谈论烦恼的习惯与挽歌这种民俗有异曲同工之妙，前者同样流传甚广，只是没有那么正式。这些女性同样是在痛苦中与彼此相连。这或许解释了为什么烦恼是交谈的好素材。通过烦恼搭建的人际关系在女性之间相当普遍，在女性与男性之间也很多见，而在男性之间似乎很少见。

我采访过的一些男性曾表示，他们不会与任何人讨论自己遇到的问题。而告诉我他们会与别人讨论自己问题的男性中的大部分表示，他们倾向于找女性朋友倾诉。一些男性说他们拥有一个可以倾诉烦恼的男性朋友，但与大部分女性相比，这些男性朋友之间的亲密度更低。首先，这些男性只有一个，最多两个可以倾诉烦恼的男性朋友，而不像与我对话的许多女性那样有几个甚至许多朋友。其次，他们常说，他们与那位朋友已经有一段时间没交流了——几天、几周、几个月甚至更久——但他们知道，如果他们需要那个朋友，就可以去找他。大部分女性与最亲密的朋友们都保持着持续的联系，并频繁地与她们讨论生活中最不值一提的决定和进展。一位男性告诉我，他确实有一位可以倾诉烦心事的朋友，但如果没有什么严重的问题，他是不会打电话给他的；这就是为什么他们可以那么长时间不交谈。

有一位名叫雪莉的女性告诉我，某次她接到一个伤过她心的男人的电话，感到十分惊讶。那个男人说，他想过来和她谈谈。结果她发现，他想谈的是他刚刚被另一位女性伤害的事。雪莉问他为什么来找她。这个男人说，他没有其他可以倾诉这种感受的人了。他的朋友们呢？他觉得跟他们谈论这种事让他很不舒服。

当大部分男性与男性朋友通话时，他们可能会讨论工作、股市、球赛或是政治。他们也会谈论自己或其他人的生活，从这一层意义上说，他们确实在八卦（虽然他们不会用到这个词）。但是，他们倾向于谈论政治而非私人意味的关系：制度性权力、晋升与降级、一项不知能否在委员会通过的计划或一个赚钱计划。就算他们提起了妻子和家庭，也可能只是寥寥数语，而不会详述细节，进行深入、反复的讨论。就算他们提到了某种个人困境，也只会是极简、模糊的（"有点儿不顺"）。

一位男性向我讲述了他在感恩节的经历。那天，他妻子家的三代人齐聚一堂：兄弟姐妹、他们的孩子和父母。当女人们在屋里聊天时，男人们出门打球了。最后，那些年长的女性告诉最小的孙女，她太早结婚了。

之前我们看到，女性之间谈论烦恼的爱好让男性感到疑惑，这种行为本质上是一种挽歌仪式，他们却将其当成向他人寻求建议的举动。现在我们可以看到，谈论烦恼只是被称作"八卦"的亲密对话的一个方面。男性为小问题提供解决方案的行为不仅偏了题，还打断了对话，而对话本身才是重点。如果一个问题得到解决，那么就必须找到下一个问题，以保证亲密对话持续进行。

轻松闲聊的严肃目的

当我们没有什么特别话题要讨论的时候，闲聊对维持友谊而言就变得至关重要。女性朋友和家庭成员会通过谈论大小不同的话题来保持会话机制的正常运行。当女性知道她们可以进行这样的对话时，她们就会感到自己在生活中并不孤独。如果她们没有可以倾诉思想和感觉的对象，她们就会感到孤独。这一点在厄休拉·勒古恩（Ursula Le Guin）[1] 的短篇小说《进进出出》（*In and Out*）中得到了戏剧化的展现。小说中，一位女性对陶艺产生了兴趣，想从当地的一位制陶匠那里得到一些帮助和建议。但他给了她预料外的关注，让她觉得不胜烦恼。当她终于摆脱他，准备驾车离开时，他在后面叫住她。

> 他说，她如果想带一些陶罐来放到他的陶轮上试试，可以在任何一天晚上过来。这让她真心希望自己此刻是在办公室里，那样她就可以告诉所有人，"他说：'来吧，把陶罐放到我的陶轮上！'"

正如一位作家将她生活中的小事件看作某个故事的材料，勒古恩笔下的人物将自己的生活看作对话的材料。

在我关于性别差异的课程中，学生们录下了女性朋友之间和男性朋友之间的对话。要取得女性朋友间谈话的录音很容易，一部分原因是大部分学生都是女性，另一部分是她们的女性朋友和

---

[1] 厄休拉·勒古恩（1929—2018），美国作家，以其科幻及奇幻作品最为著名，也出版了许多诗集、文学批评、翻译和儿童读物。

家庭成员很容易满足"录下你和朋友的对话"的请求。但是，要求男性录下他们与朋友间的对话则产生了各种各样的结果。一个女生的母亲表示乐意接受这个请求，但她的父亲坚持认为他与朋友们不聊天。"你难道就没给弗雷德打过电话吗？"她母亲问道，点了据她所知是他好朋友的男性的名字。"不常聊，"父亲说，"如果我确实要给他打电话，那肯定是因为我有一些事情想问他，而且在得到答案后，我会立刻挂掉。"

另一位女性的丈夫极为满意与骄傲地交给她一盘磁带。"这是一段很棒的对话，"他表示，"因为这不是'嗨，你好吗？我前几天看了部好电影'之类的闲聊，而是一段解决了问题的对话。每句话都是有意义的。"这位女士听到，她的丈夫和朋友在对话中试图解决一个电脑问题。他们说的每一句话都是技术性的，不带有个人色彩。她不仅不认为这是"一段很棒的对话"，甚至根本不觉得是一次真正的对话。他理解的"很棒的对话"是一种在内容上不带个人色彩、讲求事实、以任务为中心的对话，而在她心目中，讨论私人问题的对话才是好的。

这些差异在父母与子女的关系中也有所表现。我的学生们告诉我，他们与父母通话时，大部分时间都在和母亲说话。他们的父亲一般只会在他们有工作上的事情需要讨论或汇报时才加入对话。这种现象不仅发生在口头，也发生在笔头，并明显不局限于美国家庭。一位德国学生向我展示了她收到的一张卡片，卡片上满是她的母亲手写下的"对话"。这位母亲询问女儿的生活和健康，并告诉她家里都发生了什么。夹在卡片里的是她父亲打出的一张简短的便条。他让她去找大学教务主任，获取他报税所需的文件。

作为对我一篇文章的回应，一位记者表示，我提出的"许多男性很少闲聊，因为他们相信谈话的目的是传达信息"的说法让他产生了一些共鸣。他本人就强烈反对闲聊，相信谈话必须有重要的内容，必须有趣味和意义。只要是在一个有许多正事可讨论的商业会议上，这样做就是可行的。但当会议结束，他不得不和一个陌生人沿着大厅走很长一段路时，他发现自己词穷了。他原则上反对闲聊，也完全不知道该如何进行闲聊，所以当他没有"正事"可谈时，他就会变得不知所措。

对大部分女性来说，聚在一起倾诉她们的情感和日常生活中正在发生的事是她们友谊的核心。拥有可以向其倾诉秘密的人，意味着你在这个世界上不是孤独一人。但倾诉秘密不是一种无风险的行为。知道你秘密的人拥有控制你的力量：他／她可以把你的秘密告诉其他人，并给你制造麻烦。这就是八卦的消极形象的来源。

当八卦变成谣言

对八卦行为而言，最严重的消极结果是，一种毫无事实根据的破坏性谣言得到大肆传播。埃德娜·奥布莱恩（Edna O'Brien）[1]的小说《寡妇》（*The Widow*）反映了这种情形的一个极端的例子。在这个故事里，一个名叫比迪的女性深爱的丈夫溺亡了，她最终发展了一段新的感情关系，收获了幸福。镇上的人们

---

[1]　埃德娜·奥布莱恩（1930—　　），爱尔兰回忆录作家、剧作家、诗人和短篇小说家。

盯着她的一举一动，批评着她的新恋情，盼着她结局悲惨，但她订了婚，认为是自己笑到了最后。婚礼前的一个星期，这对幸福的准夫妇造访当地的酒吧，请大家喝一杯。

　　然后，比迪有点儿醉醺醺的，她用订婚戒指敲响玻璃杯，说她准备了一段致辞。她没有再废话，站起身，挂上那种独特的顽皮笑容，舔了一圈嘴唇——这是她的另一个习惯——然后背诵了一首题为《我们将说起》的诗。那些恶意、下作之人嫉恨她获得了这小小的幸福，这是她对他们的反击。但是，可能正是——其实，许多人都说就是——这大胆的挑衅引发了接下来几个星期的浩劫。假如她能向一些本地女人倾吐内心，她可能会得救，但她没有对她们说过这些；她和她的男人站在一起，远离人群，她的双眼闪闪发光，她对自己的幸福深信不疑。

　　然而比迪的幸福不仅没有得到保障，反而被阴影笼罩。她被恶毒的、凭空捏造的八卦毁了。谣言四散，人们说她的首任丈夫是自杀身亡的，是被她逼得走投无路。比迪绝望地试图阻止她的未婚夫听到这些谣言，然而她为此所做的努力之一导致了她的死亡。奥布莱恩通过这个故事表明，散布恶毒谣言是小镇居民对比迪藐视舆论力量，疏远其他女人，不向她们坦白的惩罚——换句话说，他们用八卦毁灭了她，正是因为她没有对八卦行为表现出足够的尊重。

　　在许多方面，我们的社会正变得更为私人化而非公开化，公共领域内的很多内容变得更像八卦。大众传播的大部分形式，例如电视新闻和政府的记者招待会，在风格上变得更为非正式，言论变得像（或者说被变得像）即席发表的而非提前准备好的。这样做的一个后果就是，那些说话不谨慎，发表在私人交谈里常见但在公开场合不合适的评论的人会频繁地公开致歉，有些时候甚至会引咎辞职。社会私人化发展的另一个影响是，我们对公众人物私生活的兴趣增加了。这也许并不奇怪，这种兴趣的一个方面——或许是它的一个副产品——就是流言在公共生活中扮演的角色。

《华盛顿邮报》发表过一篇题为《流言的公共政治》（"The Public Politics of Rumor"）的文章。文章提到，虽然流言在很长时间内都是"政治的主食"，媒体不在意能否确认流言的真实性便一窝蜂地将其呈现给大众的趋势，却是最近几年开始的。这篇文章发表前不久，共和党全国委员会的新闻官编写并散发了一条备忘录，暗示而非公开声明众议院新任命的民主党发言人是同性恋，随后，这名官员便辞职了。这篇文章因此有感而发。其作者评论道，即使后来流言被证明是虚假的并被撤回，它仍然留下了影响；仅仅是它们的存在本身就能产生破坏，因为大部分人都认定了"无风不起浪"。美国的公共舞台已经变得有点儿更像埃德娜·奥布莱恩笔下的爱尔兰小镇了。

八卦的作用

前文列举了八卦的破坏性潜能的极端例子。诺拉·艾芙隆

（Nora Ephron）[1]在小说《烧心》（*Heartburn*）中展现，将个人秘密告诉朋友的危险可能会让你步步难行。女主角瑞秋在一趟从纽约前往华盛顿的飞机上遇见了朋友梅格·罗伯茨。梅格提到了她们的朋友贝蒂的生日聚会，瑞秋惊骇地意识到自己完全忘了这件事。其实她有一个无懈可击的理由：她离开丈夫飞去纽约，是因为发现丈夫疯狂地爱上了另一个女人，和她发生了婚外情。然而现在，她正和丈夫一起在回家的路上，试图挽救他们的婚姻。她不想用这个理由来给自己做解释，因为它实在太好，太适合八卦了。

> 唯一能让贝蒂原谅我的方法就是告诉她实话，但如果我告诉她了，她就会告诉华盛顿的每一个人，然后城里的每个人都会知道我的婚姻出了什么我不想让他们知道的问题。譬如，我就知道梅格·罗伯茨婚姻的一切风吹草动，因为梅格把她的秘密告诉了她的朋友安，安又告诉了贝蒂，贝蒂又告诉了我。

每个人都觉得，真正的朋友不应将朋友的秘密转述给其他人。泄露秘密的行为可能导致友谊告终。然而我们还是会经常把朋友们私下告诉我们的事转告给别人，为什么会这样呢？

在与高中女生们共处了一段时间之后，人类学家佩内洛普·埃克特（Penelope Eckert）了解了她们的社交世界。社会学

---

[1] 诺拉·艾芙隆（1941—2012），美国记者、作家和电影制片人。其作品中以浪漫喜剧电影剧本最为著名，代表作包括《丝克伍事件》《当哈利遇到莎莉》《西雅图不眠夜》《朱莉和朱莉娅》等。

家唐娜·埃德尔对初中女生也进行了同样的研究。两位研究者都注意到，女孩获得地位等级的方式是结交地位等级高的女孩：啦啦队长、漂亮女孩、受男生欢迎的女孩。如果结交地位等级高的女孩是一条为你自己获取地位的途径，你要怎么去向他人证明那个受欢迎的女孩是你的朋友呢？一种方式就是展示你知道她的秘密，因为正是在友谊的语境下，秘密才会得到传播。

几个高中女生告诉埃克特，她们更倾向于与男孩做朋友，因为男孩不喜欢打探隐私的细节，也不容易传播它们。这些女孩或许会认为这是男孩更有道德感的体现。但埃克特指出，男孩之所以较不可能去挖掘八卦并散布发现，是因为他们这样做好处寥寥。男孩是否能获得地位，很少取决于他们与谁亲近，而更多取决于他们的成就和技能，主要是在体育方面，以及在争斗中获胜的能力（虽然随着一个男孩年龄渐长，他的争斗也会倾向于从身体上的转变到言语上的）。

建立人际关系的愿望可能还会以另一种方式推动八卦的产生。谈论不在场的某个人，是与在场者建立亲密关系的一种方式。通过在对其他人的评价上达成共识，我们能使我们共通的价值观和世界观得到巩固。

八卦的社交控制作用

谈论其他人的行为对价值观的巩固，还有另一种表现形式。我们会根据我们被他人八卦的可能性来衡量我们的行为，我们能在脑中听到别人可能会怎样谈论我们。在考虑该怎么做的时候，我们会自动以这种想象中的对话为背景仔细考虑我们的行动，而影响我们做出行动决定的，是我们对别人会如何评价这些行为进行的预设。做出决定之后，我们会隐藏、调整或展示我们的行为，从而阻止他人的批评，保证自己得到赞扬。而那些本性叛逆或正处于叛逆期的人可能会对八卦中表现的期望做出反抗。无论我们对这些期望采取什么立场，"我们会说什么"这种假设已经让我们在心中对好人的行为方式做了预设。听到我们因为慷慨和谦逊而受到赞扬，我们就会明白这些行为是好的；听到我们因为吝啬、不忠和下作而受到批评，我们就会明白这些行为是不好的。

女孩和成年女性认为被同龄人喜爱是至关重要的事，这是一种关注对等人际关系的互动形式。男孩和成年男性觉得得到同龄人的尊重是关键，这是一种侧重不对等地位的互动形式。对女孩和女人来说，不受喜欢是一种更具破坏性的惩罚，因为她们需要人与人之间的联系。玛乔丽·哈内斯·古德温在对青少年和儿童做游戏的观察中发现，当某个女孩的行为受到极大的不认可时，其他女孩会将她排挤在外一个半月之久——这是社交控制的一种终极手段。对比之下，尽管男孩有时也会因为感到遭受了太多的屈辱而离开这一群体，但古德温没有发现男孩被长时期排挤的现象。

倾诉秘密的危险

被喜爱和认可的需要可能会与坦露秘密的需要发生矛盾，毕竟，秘密暴露了一个人的弱点。在我前文的例子中，一位女性的前男友情场失意，他想找人谈谈这件事。这种倾诉的渴望太强烈了，因此尽管他很久以前就离开了她，他还是去找她了。为什么他觉得和朋友们谈论这些问题会让他感到不舒服？这一现象或许与许多接受过凯瑟琳·科勒·里斯曼采访的男性不告诉任何人他们离婚的事实有着同样的原因。里斯曼采访的一位男性告诉她："我想每个人都不希望别人知道自己的问题……我们总会努力自己解决。"这些男性和其他许多男性一样，都敏锐地意识到倾吐秘密可能会造成权力失衡。一方面，那些表现出软弱的人能感觉到他们把自己放在了低人一等的位置上。另一方面，他们泄露的信息可能会被用来对付他们。

　　女性也意识到了这种危险。心理学家罗宾内特·肯尼迪（Robinette Kennedy）对克里特岛上一个村庄中的女性间的友谊进行了研究，她发现，这些女性敏锐地意识到了交换秘密可能导致恶意的流言。她让 12 位女生写下她们看重朋友的哪些品质，每个人都提到了"不泄露秘密"。肯尼迪发现，一些女性会因此而避免交友，但她们想念拥有朋友的时光。在一个社会中，如果女性与男性生活在不同的领域，而且必须扮演定义明确的角色，那么女性拥有一位同性朋友意味着她至少拥有一段可以展现真我并获得理解和接受的关系。如果没有一个能让她倾吐真实情感的对象，她就会痛苦地感到被孤立。

　　埃德尔和埃克特的研究中的希腊妇女和美国女生都面临着同样的困境：她们需要可以交谈的朋友，但是她们知道与朋友交谈是有风险的。女孩和成年女性比男孩和成年男性更愿意冒这个险，因为她们更在意友好感情的回报，不那么关注脆弱和失去独立性的可能性。男性则不太可能冒这个风险，因为对他们来说，防止脆弱性以及维护独立性是他们的重要目标，亲密感则没有那么重要。

许多男性讨厌妻子或女友向朋友披露他们的关系。对这些男性来说，把他们的私人关系告知他人是一种不忠诚的行为。我采访过的一位男性在这一点上有很多话可说。他表示在他看来，倾诉有关某段感情关系的细节——尤其是那些展现伴侣弱点的——纯粹是一种对信任的背叛。他鄙视任何为与朋友建立友情而做出这种牺牲的人。如此强烈的反应印证了研究希腊文化的人类学家吉尔·杜比什（Jill Dubisch）的论点——与非家庭成员谈论家庭事务是一种禁忌，因为这种行为破坏了内部和外部之间的神圣界线，把真正属于家里的东西拿到了外面。

杜比什还指出了语言污染和性污染之间象征性的连接：将家庭的秘密告诉陌生人就相当于允许他们进入家中，这就如同一种"非法的性侵犯"。这种观点似乎说明了希腊寡妇们的困境，正如卡拉维里所录挽歌中的一句体现的："屋内丧夫女，门外闲言语。"丧夫的女子被限制在房内，因为如果她踏出房门，她所做的任何事情都会让她受到与性有关的八卦的指控。

说许多男性都不会为建立亲密关系而交换关于自己和他人生活的秘密，并不意味着他们没有通过交谈与他人建立联系的需求和途径。如果说女性与他人建立联系的途径——对个人生活的谈论对男性来说是一件令人恼火的事，那么为了找到男性与他人建立联系的途径，我们可以检视他们的行为中让女性恼火的一个方面：早晨的报纸。

作为八卦的新闻

一位退休的教授每天都要和几位退休的男性朋友在当地一家餐厅见面。他和朋友们认为他们的聚会是为了"解决世界上的问题"——这充分暗示了他们谈话的内容。

男性对政治、新闻以及体育细节的兴趣就如同女性对个人生活细节的兴趣。在女性害怕自己因为不知道某个人的近况而成了局外人时，男性害怕的是因为不了解时事而被同伴排除在外。交换时事而非私人生活的细节的一个优势就是，这种行为不会让男性本人受到攻击：他们交换的信息与他们自己毫无关系。

在一本关于新闻史的书中，米切尔·斯蒂芬斯（Mitchell Stephens）指出，长久以来，男性都沉迷于交换有关近期事件的细节。实际上，他并没有说他是在谈论"男性"，而是说在谈论"英国人"，然而，通过他的描述我们可以清楚地看到，他的评论对象就是英国男性。

这事可能会令你颇为惊讶：在距今超过 275 年前，尽管没有收音机，没有电视机，没有卫星，也没有电脑，大部分新闻都是从咖啡馆里获得的，但那时的英国人却认为他们的时代特征正是对新闻的痴迷。当时的情况在 1712 年的一份报纸中被描写为"对新奇事物的狂热渴望"，而且，据说这种情况"被证明对许多家庭来说都是致命的；最会嗇的店主和手工艺人花上整天时间待在咖啡馆，就为了听新闻、谈论政治，而他们的妻儿却正在家中渴望面包……"相似的行为也曾出现在 17 世纪中叶的剑桥。"学者们对新闻如饥似渴，甚至为之忽略了其他一切。"一位忧心的观察家抱怨道。

书中写道，当妻子和孩子待在家里时，那些"英国人"却聚在咖啡馆里"谈论政治"，因此，这里的"英国人"指的其实是"英国男性"。但是，这幅男性聚在一起交换新闻的画面，与女性因为打电话聊八卦或是在厨房里喝咖啡小聚而放下家务事的刻板印象，是多么相似。

细节的力量

讨论新闻细节和交换私人生活细节的现象是一同出现的，正如报纸也变得更爱报道新闻人物的私生活。《人物》（*People*）杂志现象级的成功只是一个最极端的例子。让我们来看看这篇文章的开头。

查尔斯和珍妮·阿奇森夫妇住在靠近"牛仔城"舞厅的一条碎石路上，他们在那里有一座掉了漆的白金相间的活动房屋。门前，草叶在风中摇曳。这条街道给人一种穷困潦倒的忧伤感觉。这里是得克萨斯州的艾索镇，沃思堡市外围的一个小点。

几年前，他们的生活要美好得多。查尔斯（查克）·阿奇森是个成功人士。他赚的钱不少——每周超过 1000 美元——足以负担一座温馨的房子、新车和豪华旅行，但这一切都已消逝。他已经迟交了 6 个月的地租，更不要说法律账单了。

"就好像我正在高速前行，但是突然换到了倒车挡，"阿奇森先生带着一种懊悔的微笑说道，"所以，欢迎来到举报者的国度。"

阿奇森现年 44 岁，有着一张坚毅的面庞，留着稀疏的胡子。

这些语句并非出自什么短篇故事或是杂志文章，而是摘自《纽约时报》商业版块——最严肃的美国报纸上最严肃的版块的首页。阿奇森是一位质检员，他揭发了一家核电站的安全违规行为。在报道阿奇森的经历时，这位记者给出了自己对这位举报者的个人看法：他的相貌、他的房子——这些能让读者感到身临其境的细节。

根据专栏作家鲍勃·格林（Bob Greene）的说法，记者将注意力转向这些平凡细节的起点是在 1963 年，当时《纽约每日新闻》的吉米·布雷斯林（Jimmy Breslin）写了一篇专栏文章，题为《一号急诊室里的死亡》（"A Death in Emergency Room One"），描绘了约翰·肯尼迪（John Kennedy）的最后时刻。格林表示，布雷斯林的专栏"真正地将他的读者带进了帕克兰医院那一天的走廊和手术室"。格林发现，"今天的记者们训练有素，能迅速抓住这些细节"。据说，专栏作家拉塞尔·贝克（Russell Baker）的事业正是建立在这种新闻类型上。他对伊丽莎白女王加冕礼的报道关注的不是公开的盛典，而是后台的细节——一位评论家指出，"那些身覆动物皮毛和黄金编织物的殖民权贵排起了长长的队伍，等着使用威斯敏斯特大教堂的厕所"这样的描写便是一例。

为什么读者们希望感到自己正身处肯尼迪躺着的那家医院的走廊和手术室？为什么他们会对加冕礼上在厕所外排队的人感兴趣？因为这种细节给了他们一种参与其中、成为某件事一部分的愉悦感，这和那些谈论自己和其他人生活细节的女性从八卦行为中获得的乐趣是一样的。

参与感带来的愉悦

纵然新闻故事越来越倾向于描绘细节，却没有那么多人意识到日常对话中细节描述的作用。一位女性告诉过我，她的家庭成员在谈到她的祖母时，总会用那位老妇人最典型的一句话来指代她——"我吃了点儿火腿，我吃了点儿芝士"。这充满爱意却带有轻蔑的称呼表明，当祖母告诉他们她午餐吃了什么时，他们觉得很无聊。他们希望她能少说点儿细节，或者干脆别列举自己午餐的内容。

我的姨婆寡居多年，在 70 多岁的时候又收获了爱情。那时她肥胖、秃顶，手和腿都因关节炎而变形，并不符合我们心目中一个被爱着的女性的刻板印象，但她确实是被爱着的——被一个同样 70 多岁的男性。他住在养老院，但会不时来到她的寓所，与她共度周末。在向我解释这段关系对她的意义时，我的姨婆提到了一段对话。有一天晚上，她和朋友们去外面吃饭了。等她回到家后，这位男性朋友打来了电话，她就把晚餐的事情告诉了他。他饶有兴趣地听着，然后问她："你穿的是什么衣服？"讲到这里，她开始掉泪："你知道有多少年没人问过我穿什么了吗？"

当她说这话的时候，她其实是在说，已经很久没有人深切地——同时也是亲密地——关心过她了。交换无关紧要的日常生活细节的行为，传递了关心、在意的元信息。

对与某个人相关的细节的注意，往往暗示了爱情方面的兴趣。在西莉亚·弗雷姆林（Celia Fremlin）[1] 的小说《嫉妒的人》（*The Jealous One*）中，一个女人让她的丈夫杰弗里去邀请今天才搬来的新邻居吃晚餐。杰弗里兴奋地回到家，不停表达着对那位新邻居的仰慕，描述着她生活中的各种细节。他眼睛发亮地宣布，他们的邻居邀请他们去她尚未装修完毕的家中共进晚餐，然后，他问妻子能不能找到一个红色蝴蝶结，给邻居的哈巴狗戴。他说，那条狗叫"下海"，据说是"上海"的反义词。妻子的反应是讥讽的，但杰弗里没能迅速意识到，妻子为何要嘲弄邻居给狗戴蝴蝶结的矫揉之举。

她令人尴尬地独自咯咯笑了几分之一秒，杰弗里这才笑起来，但有点儿晚了，也有点儿大声了，而且也没能用下一个笑话接住这个。杰弗里嘀咕着"我都答应了……"，匆忙离开了厨房，跑出家门，没有拿上任何红色蝴蝶结。这个他们没有去找，没有发现，也很可能根本就不存在的红色蝴蝶结，成了他们之间再也不能被提及的第一件东西。

杰弗里对新邻居的非分之想，正是从他对她生活各项细

---

[1] 西莉亚·弗雷姆林（1914—2009），英国神秘小说家。

节——例如宠物狗的品种和名字——不加批判的兴奋叙述中泄露的。

如果记起某个细节或名字是关心的一种标志，那么想不起来某个名字就可以被看作缺乏关心的一个信号。我们经常听到一些人抱怨父母不认同他们的伴侣或朋友，而这种不认同的展现方式似乎总是微妙的——比如习惯性地叫错甚至想不起来那些人的名字。我们也可以利用同样的原理达成积极的目的。这样的例子就发生在接下来的这位女性身上。她与前夫的一个熟人的妻子一直保持着朋友关系。她的这位朋友一直坚持用"她叫什么名字来着"来指代她前夫的现任妻子。在她看来，这种叫法传递的元信息是："虽然我经常见到她，但我不在乎她。对我来说，你才是最重要的人。"不记得那位新妻子姓名的行为成了对她缺乏关心的证据，也就成了对这位前妻的忠诚的证明。

对一个人样貌细节的关注可以成为一种调情的手法。一位女性需要去见一位她曾只有短暂的一面之缘的男性。两人都是已婚人士，这次会面是公务性的。但是，那个男人开口时说的却是，他发现她看上去比自己记忆中的更年轻，发型也不同了。"你那时戴着一顶帽子吧？"他说，"你当时也穿着白色衣服。"仅仅说他在第一次见面时关注过她的形象，就具有调情的效果。她并没有因此不快，但当她向丈夫提起这件事时，她的丈夫却感到了不悦。

对细节的注意展现了关心，并创造了参与感。然而，男性常常觉得女性对细节的在意令人烦恼。因为女性首先关心并最关心的就是建立亲密关系，她们重视对细节的描述。

许多女性都抱怨男性讲述的细节不够多。在艾丽丝·马蒂森的小说《沉睡的巨人》(*Sleeping Giant*) 中，劳拉就因此而感到灰心。劳拉的女婿想买一座破旧的老房子，劳拉和丈夫丹都反对这个计划。以前，当劳拉试图与女儿谈论此事时，女儿站在自己丈夫一边。但是现在，丹向劳拉保证，女儿其实懂她的意思，因为她对自己倒了不少苦水。"相信我，"他说，"她并不喜欢这个主意。"劳拉想得到关于他们对话的更多细节，但是丹不愿说。劳拉问道：

> "好吧，那她为什么不告诉他自己真正的想法呢？"
>
> 丹没有回答。
>
> "她究竟说了什么？"劳拉在她的帆布包里翻找车钥匙。她还是觉得有点儿冷，汽车后备厢里有一件法兰绒衬衫。她等待着，抓着钥匙和背包，但丹还是没有回应，于是她把包丢到椅子上。"她说了什么？"
>
> "哦，我不记得了，一些很普通的事。"
>
> "那你说了什么？"
>
> "哦，我不知道，劳拉。"劳拉猛地转身，打开后备厢，朝里面瞪了好一会儿，为丹不肯告诉她更多信息而恼火。

劳拉听起来就是和我倾谈过的无数有血有肉的女性的缩影。有人这样说："男人不会把故事讲完整的，不会指明谁说了什么。"另一位女性抱怨她的丈夫说："让他告诉我什么事就像我要拔他的牙一样，'她说了什么？他又说了什么？'"

另一位女性回忆，有一次，她最好朋友的丈夫努力想要参与她俩的一段对话，却失败了。他打破传统，试图讲述一段与她俩正在讨论的内容相似的经历。两个女人问了一堆他无法回答的问题：那段谈话的具体内容是什么，是怎样讲述的，以及为什么那样讲。结果他从这个故事中退出了，没有再尝试做更多的倾诉。或许他也在问自己，为什么这些女人对这些无关紧要的细节感兴趣。

跳过细节

虽然许多女性在与亲密朋友的对话中都关注各种微妙的细节，但在某些情形中，听到或是被要求讲述过多细节会让所有人都感到很大的压力。如果对细节的兴趣是亲密关系的一个标志，那么当这种兴趣来自不想亲近的人，女性就不会愿意讨论细节。每个人都曾被告知自己并不想知道的细节——太多了，看起来毫无意义——或是被要求给予更长的时间和更亲密的关注，而他们并不想这么做。我收集的这种例子中的很多发生在老年人身上。这可能是因为老年人更渴望与年轻人交流，而年轻人对老年人的兴趣没有那么大，也可能是因为老年人往往听力不好，所以他们会通过讲述细节故事来保持互动。老年人也更容易追忆往昔，因此他们讲述的故事就更可能包含细节。

现代美国心理学的一个原则是，为获得心理健康，个体需要在心理层面上独立于父母。至少对一部分人来说，抵抗过度干预的一条途径就是拒绝讲述细节。例如，有一位女性曾告诉我，她的母亲试图过度介入她的生活，并已经成功地在她的姐姐简身上实现了这种介入。为了表明这一点，她说："我母亲对简的生活细节掌握到了令人惊愕的程度。"她随后描述了自己如何抵抗母亲想要过分干预她生活的企图。她表示母亲喜爱窥探她的生活，"她渴望了解各种细节。如果我告诉她我去了什么地方，她就会问：'你穿了什么衣服？'"

这个问题冒犯了这位女性，但也正是这个问题给我的姨婆带来了如此巨大的幸福。区别就在于，我的姨婆想与那个问她穿什么衣服的男性产生情感上的联系，而这位女性把母亲的行为看作过度干预她生活的企图，对此表示抗拒。不过，也许她的姐姐简在与母亲倾谈时并不觉得"你穿了什么衣服"这个问题有何不妥。也许和我的姨婆一样，简重视的是这种话表现出的关心和由此产生的情感联系。

公私不分

许多女性会把工作等重要的事情与服装等相对不重要的事情混在一起谈论。周一早晨，玛乔丽走进比阿特丽丝的办公室，询问她对一份合同的意见。在她们处理完公事后，甚至在那之前，她们就开始通报各自的近况：玛乔丽正忙着照顾她生病的婆婆；比阿特丽丝觉得自己的新恋情很有希望。

一位经营一家咨询中心的女性注意到，当她与自己的女性员工会面时，她们常常会将 75% 的时间花在谈论个人话题上，然后在剩下 25% 的时间里高效地处理完公事。在男性员工看来，这就是浪费时间。但这位管理者重视的是创造一个温暖、亲密的工作环境。她感到这种个人谈话有助于形成一种情感式沟通的氛围，从而让她的女性员工们在工作中感到愉快，并建立一种可以让她们相当高效地完成公务的工作关系。

私人谈话培养出的了解与信任可以帮助建立公务上的联系，而这种过程反过来也成立。一篇刊登于杂志上的文章描述了一家建筑公司的两位女性老板之间的合伙人关系。她们这段工作关系的种子早在生意创办多年前就已种下。当时，这两位女性会定期见面，一起喝咖啡和聊天。后来，当她们中的一位决定开始创业时，她与合作伙伴的工作关系已经水到渠成。

对频繁且定期与朋友们进行社交谈话的女性来说，当需要做出某个重大决定时，这种机制就会启动并运转起来。伊丽莎白·洛夫特斯（Elizabeth Loftus）[1] 专门研究目击者证言领域，当她被要求为一位被指控为"恐怖伊万"——一名臭名昭著的纳粹虐待狂战犯——的男性做证时，她陷入了一个道德上的两难境地。洛夫特斯认为，她已经在很多案子中做过证，那么也该在这个案子中做证，但她的朋友和家人们都表达了反对。而且一想到自己的证词有可能会削弱少数几个尚在世的、能揭发伊万恶行的证人的证词的可信度，她就退缩了——毕竟在伊万据估计高达100万的受害者中，仅有50位仍在世。这个道德难题终于在一位朋友来家里喝茶时得到了解决。洛夫特斯回忆说："我的朋友引用了爱默生的话，提醒我'愚蠢地遵从惯例不过是狭隘头脑生出的妖魔鬼怪'。"在这种安慰之下，洛夫特斯决定不出庭做证。如果说女性与男性有不同的社交谈话习惯，社交谈话对他们来说也有不同的用处。

---

[1] 伊丽莎白·洛夫特斯（1944—　），美国认知心理学家和人类记忆专家。她所做的研究表明，一些因素会导致记忆重塑，因此证人的证词有可能是不可靠的。

对社交谈话不同的利用方法也始于人生早期。一对与我谈过话的夫妻表示，对于他们的儿子与他最好朋友之间的关系，他们观点不一致。在母亲看来，奇怪的是，尽管男孩们花了相当多的时间在一起，比如一起打球，儿子却在查阅年鉴时才知道他最好的朋友上了哪所大学。还有一天，一个女生打电话给他，询问他的朋友是否有女伴参加舞会。这个女生是帮自己的朋友问的，她表示，如果他的朋友已经有了女伴就算了。这个男孩不仅不知道他最好的朋友是否有女伴，还因为那个女生竟认为他应该知道而非常恼火。他把朋友的电话给了她，建议她直接打电话去问。他稍后表示，如果他知道朋友要去舞会，他或许自己也会计划去了。没能获得这种私人信息剥夺了他参加舞会的机会。

所有这一切在他的母亲看来都非常奇怪。她无法想象，如果连对方生活的基本进展都不知道，算什么最好的朋友。而在父亲看来，这却很正常。

议论与非议

我们对八卦的积极与消极的看法，反映了我们对谈论自己或他人私生活细节这一行为或积极或消极的看法。一位男性评价道，他和我似乎对八卦有不同的定义。他说："在你的定义里，八卦似乎仅仅是交谈者对他们认识的人的私生活细节的讨论。在我的定义里，它是对某些不在场的人的弱点、性格缺陷以及失败的讨论，目的是让谈话的参与者们感到自己比那些人优越。这种行为是卑劣的，因此八卦没什么好处。"

一位女性与这位男性观点一致。她告诉我，在她工作的托儿所里，有一个女同事太喜欢搬弄是非，让她特别烦恼。但事实证明，这个同事喜欢讨论的八卦都是负面的：贬低和批判托儿所里的其他同事。所以，造成困扰的并不是"议论"本身，而是"说坏话"的行为。这种行为推远而非拉近了发言者与其讨论对象之间的距离。此外，我们会很自然地认为，那些对别人只有负面评价的人也会在我们不在场时说我们的坏话。

被克里斯汀·奇彭（Christine Cheepen）称为"替罪羊"的一种言语游戏反映了说坏话这种八卦行为。在分析了一些对话之后，奇彭发现，发言者对不在场的某人发表负面言论，目的是对已然发生的权力不平衡现象做出调整。"替罪羊"是发言者们通过组团一起反对另外某个人来实现平等的一条途径。

然而，在奇彭的例证中，对话者们组队反对的那个第三方并不是随机的什么人，而是他们的老板。这就将我们带回那位告诉我他为何认为八卦不好的男性的观点上来了。在某种程度上说，谈论某个不在场的人的行为将缺席的一方带进了发言者的房间，其效果便是建立起一种联系。但如果被带进房间的那一方是被带进来贬低的，那么这种做法就成了对地位等级的协商。一如既往，人际关系与地位等级在同时运作，因此两种观点都是合理的。它们是拍摄同一幕场景的不同镜头。

男女各行其道

如果在谈论八卦以及其他问题时，两性之间存在误解，那么解决的办法又是什么呢？我们该如何打开沟通的渠道呢？答案是，双方都需要尝试理解和接受彼此的立场，而不是用己方的标准去衡量对方的行为。这件事做起来并不顺手，因为我们总会认为"正确的"做事方式只有一种。可以理解的是，专家们也摆脱不了这种思维倾向。

在某期全美放送的互动型脱口秀节目中，一位心理治疗师作为嘉宾出场，回答有关伴侣关系的问题。观众中有一位女性抱怨说："我的丈夫会跟他母亲聊天，却不会跟我聊。如果我想知道他这一天过得怎么样，我只能听他和他母亲的对话。"这位治疗师告诉这位观众："或许比起你来，他更信任他母亲。"

这番评价加深了这位女性的怀疑，让她的噩梦成真了。放在女性间的对话框架中看，这位治疗师的言论完全是合情合理的：你每天都跟谁聊天，向谁倾诉你所有琐碎的经历，谁就是你最好的朋友。然而，从男性的观点出发，此番解读又有多少合理性呢？我愿意打赌，她的丈夫认为自己不需要为经营与妻子之间的亲密关系而做出任何努力，因为他每天都和她在一起。但是因为他的母亲是独自生活的，他需要告诉她那些她会想知道的不重要的小事，好哄她开心。作为儿子，他可以理解母亲对这种细节的需求，因为她孤独一人，需要这些转述的细节作为真实事件的替代品，就像透过窗户看着儿子的生活一样。但作为丈夫，他不理解为何妻子也想要并需要倾听这些细节。虽然他的这种做法的确有可能是因为他信任母亲更甚于信任妻子，但仅凭已知的证据，并不能得出这种结论。

这位治疗师是在用女性标准去评判男性的说话方式。从某种意义上说，心理治疗奉行的价值观更接近女性的谈话方式。这或许就是为什么一项研究显示，在缺乏经验的临床治疗师当中，女性比男性表现得更好。但是随着时间的推进和经验的累积，这种性别差异逐渐消失了。最终，或许可以说，男性治疗师——以及接受治疗的男性——学会了像女性那样与人沟通。这都是好事。另一方面，自信心训练则会帮助女性学习男性的谈话方式，这也是在向好的方向转变。女性与男性都会更好地掌握彼此阵营中具有代表性的策略——这不是要求他们彻底切换到另一种模式，而是说他们将可以采用更为多样化的策略。

习惯性的谈话方式是难以改变的，但学会尊重他人的谈话方式没有那么难实现。男性应当接受的事实是，许多女性认为交换个人生活的细节是亲密关系的基本组成部分；而女性应当接受的事实是，许多男性并不会这样想。接受彼此的观点，至少能够消除误解产生的痛苦，让你不会在用自己的方式行事时被他人指责。

第5章

"听我给你讲"：说教与聆听

在我的一本书出版后的接待会上，我注意到一位宣传人员在专心地听某个大热的电台节目的制作人说话。他告诉她，那个演播室的选址是如何确定的，以及他为何偏爱另一个地点。引起我注意的是，在她聆听的时候，他的发言时间很长。他在发表一段可能被称为讲座的独白，向她详尽地讲述两处选址的信号接收情况、建筑形式以及其他种种。我后来询问这位宣传人员，她是否对那位制作人提供给她的信息感兴趣。"哦，感兴趣。"她回答道。但在那之后，她又想了一会儿，说："他可能确实有点儿唠叨。"又过了一天，她告诉我说："我一直在思考你问我的那个问题。其实我一点儿也不在乎他在说什么。我只是太习惯倾听男人喋喋不休地讲那些我根本不关心的事了，甚至都没有意识到自己感到多无聊，直到你的问题让我好好想了一下。"

某次，我在派对上与刚刚认识的一位男性聊天。在我们的对话中，他透露出自己曾在 1944 至 1945 年间随英国皇家空军在希腊任职。鉴于我之前在希腊居住过几年，我就问起了他的经历：那时的希腊是什么样子的？希腊的村民们如何对待英国士兵？在战时的希腊驻军有什么感受？我也和他分享了希腊后来的改变以及现状。他没有留意我对当代希腊的评论，而且，他对我的问题的回答迅速地从对他自己经历的阐述，转变为对希腊历史的科普。我觉得前者是吸引人的，而后者虽然在理论上让我感兴趣，但在实际的会话场合却让我觉得很无聊。他的叙述越脱离个人生活，我就越感到折磨，仿佛身不由己地被钉在了聆听者的位置上。

在朱迪·芝加哥（Judy Chicago）[1]与团队协同创作的艺术作品《晚宴》（*The Dinner Party*）的展览中，站在某件展品前的一对男女给我留下了深刻印象：男性热心地向女性解释着他们面前织锦上的符号的意义，他一边说着话，一边用手指指点点。换作平常，我可能并不会注意到这个普通的场景，然而"晚宴"在概念上是彻彻底底女性主义的，试图反映的是女性的经历与感受。

一个夏日傍晚的薄暮时刻，我在家附近散步途中停下，与一位正在遛狗的邻居聊天。那时，我注意到我们前方的宽阔院子里飞满了萤火虫，在忽明忽灭的闪光下，院子变得无比美丽。我让他看这幅景象，赞叹其奇妙："就像独立日的景象一样。"他表示同意，接着告诉我，他在书中看到，萤火虫的萤光是交配的信号。然后，他开始向我解说这些信号是如何运作的——例如，一群群的萤火虫会在不同高度飞行，你会看到它们在院子的不同角落聚集。

在上述几个例子中，男性都有想要传授的知识，并确实在谈话中进行了传授。表面上看，这种现象丝毫不会令我们感到惊讶，也没什么可奇怪的。但奇怪的是，男性需要用大段解释向女性传授知识的情况是如此普遍，而反过来的情况却少之又少。

---

[1] 朱迪·芝加哥（1939— ），美国女性主义艺术家、艺术教育者和作家，其代表作包括一批展现出生与创造主题的大型装置艺术品，检视了女性在历史与文化中的角色。

时代的变迁改变了两性关系中的许多方面。今时今日，至少在很多圈子里，男性不大可能会说出"我是男的，你是女的，所以我比你优秀"的话。但是，即使不再听到男性做出这样的宣言，女性还是常常会在与男性打交道的过程中感到失望。其中的一种情形就是，一场对话神秘地转变成了一台讲座，男性向女性发表演说，而女性则变成了带着仰慕之情的听众。

女性与男性再一次发现，他们所处的阵营是不对等的。演讲者在地位等级与专业领域被定位为更高一级，被赋予导师的角色，而听众则被赋予了学生的角色。如果女性与男性轮流发表和听取讲座，那么这件事就不会令人感到如此不安。令人担忧的是这种不平衡。女性与男性总会落入这种不平衡的模式，原因就在于沟通方式的差异。由于女性想寻求的是支持，她们更倾向于不去彰显自己的专业知识技能。由于男性希望成为人群的焦点，喜欢学识渊博带来的感觉，他们会努力寻求收集和散布信息的机会。

如果说男性常常口若悬河的原因是他们拥有专业知识，那么女性就经常会惊愕而沮丧地发现，她们即使拥有专业知识，也不一定能获得话语权。

从我开始，以我结束

某次，我与我所在大学其他学院的教职工共进晚餐。我的右手边是一位女士。晚餐开始时，我们做了自我介绍，告知彼此我们各自所属的学院以及教授的学科。之后，她询问我在做什么方面的研究。我们讨论了一会儿我的研究内容。我问她在研究什么，她也回答了我。最后，我们讨论了我们的研究中重叠的部分。在此之后，像晚宴上通常会发生的那样，我们的交流向餐桌上的其他人拓展开去。我问桌子对面的一位男士，他是哪个学院的，从事什么工作。在接下来的半个小时里，我了解了很多有关他的工作、研究以及背景的信息。晚宴就快结束之前有一段间歇，他才问起我是做什么的。当我告诉他我是一位语言学家时，他兴奋起来，告诉我他开展过一个与神经语言学相关的科研项目。所有人站起身来准备离开餐桌时，他还在向我讲述他的研究。

这位男士与这位女士都是我在学术界的同事。那么，当我从学术圈转开，去与普通派对、社会活动等场合的其他人谈话时，情况是怎样的呢？经验告诉我，如果我向女性提及我的工作，她们通常都会打听这项工作的内容。当我向她们讲述谈话方式或这方面的性别差异时，她们会提供自己的经历来支持我的描述。这对我来说是一种十分愉悦的体验。她们的行为将我置于舞台中心，而不需要我自己去争取焦点，我还总能收集到未来可用的案例。但是，当我向男性描述我的工作内容时，他们当中的许多人都会给我来一场关于语言的讲座——例如，现在的人，尤其是青少年，如何错误地使用了语言。另一些人会质疑我，例如认为我的研究方法有问题。还有许多人会将话题转到他们更熟悉的某些事物上。

当然了，并不是所有男性都会用这种方式回应，但是经过了这么多年，我遇到的许多男性都会这样做，而这样做的女性少之又少。我并不是说这种沟通方式等同于男性的做事方式，而是说这是一种专属于男性的沟通方式。也有采取这种风格的女性, 而我们会认为她们在"用男性的风格说话"。

是炫耀还是隐藏

我观察社交中的这一系列行为有十几年的时间了。然而, 直到最近, 当我建立起地位等级与人际关系的框架后, 我才理解这种现象发生的原因。一项实验研究在我的思考中起了关键作用, 它揭示了专业知识技能并不能确保女性在与男性的对话中占据舞台中央的一席之地。

心理学家 H. M. 利特-佩莱格里尼 (H. M. Leet-Pellegrini) 想要确定被她称为"支配性的"沟通方式——例如, 说得更多、打断对方以及掌控话题——到底是性别还是专业知识决定的。她将被试以同性和异性搭配的方式结对, 并让他们讨论电视中的暴力对儿童造成的影响。她让某些搭档中的一人成为此问题的专家, 方法是向他们提供相关事实性信息, 给他们时间阅读和吸收, 等他们准备妥当后再开始讨论和录像。你可能会预测, "专家"会说更多话, 更频繁地打断同伴, 以及花费较少时间帮助那位在这个话题上掌握信息更少的同伴, 但事实并非如此简单。就平均情况来看, 那些拥有专业知识的人确实说得更多, 但其中男性比女性说得更多。

专业知识对女性和男性在支持行为方面也发挥着不同的效用。利特-佩莱格里尼原先预计, 那些不具备专业知识的人会花费更多时间向拥有专业知识的那一方提供赞同与支持。大部分情况确实如此，除了在女性是专家而她的搭档是男性的案例里。这时，女性专家们展现出的支持——使用"是啊""是那样的"等措辞的情况——远超过作为她们发言对象的男性非专家。观察员经常将男性非专家评估为比女性专家"更具支配力量"。换句话说，这项实验中的女性不仅没有将她们的专业知识当作行使权力的资本，还试图降低它的重要性，并通过额外的赞同行为进行补偿。她们表现得就好像她们的专业知识需要被藏起来一样。

或许它确实需要被藏起来。在绝大部分对话中，提起"专家"一词的都是男性，他们会说"好吧，你才是专家"。女性提到"专家"的情况只有一例。由此可见，女性具备更多知识的迹象激发的是愤恨，而非尊重。

此外，当一位男性专家对一位缺乏相关知识的女性说话时，这段对话的开始和结尾都是由他构建的，他从而扮演着掌控者的角色。然而，如果一位男性专家与一位缺乏相关知识的男性说话，他在开始时可以掌控对话，但结尾就不一定了。也就是说，如果对话双方是异性，拥有专业知识足以保证男性掌控对话，但如果对话双方都是男性，拥有专业知识也无法保证这一点。显然，如果一位女性判断与自己对话的男性拥有比自己更多的相关知识，她会顺从地扮演被动回应的角色。但是，换成一位缺乏相关知识的男性，他仍会用尽全力对对方形成威胁，并有可能在最后时刻占据上风。

读着这些结论，我忽然明白了，在我分别与女性和男性谈论语言这一领域时，对话为什么会有不同的走向。我在对话开始时的心理预设是，我已经得到承认的专业知识会赋予我权威地位。在对话另一方也是女性时，事实基本如此。但当我与男性对话时，如果我表现出自己在这一领域拥有专业知识，他们会对我进行挑战。如果我成功地将挑战者斩落马下，我或许就可以守护自己的阵地，但如果我没能成功，我就会处于不利地位。

对利特-佩莱格里尼此项研究的一种解读是：对女性而言，这是一场不公平的交易，她们没有获得应得的东西。在某种程度上说，这是事实。但其原因并非许多女性以为的那样——男性处心积虑想要否定女性拥有的权威。利特-佩莱格里尼的研究揭示了多数男性都有争夺和挑战他人地位等级的倾向，他们和男性对话时也一样。如果真是这样，像挑战男性一样挑战女性的权威就可以被视为尊重与平等待遇的象征，而非缺乏尊重和歧视。在此类案例里，待遇的不公平性不仅是男性行为导致的，也是女性与男性的风格差异的结果：大部分女性都缺乏应对挑战、保卫自己的经验，而那些挑战之举都被她们误解为针对她们个人可信度的攻击。

即使与那些乐于看到她们拥有社会地位的男性谈话，由于男女在社交互动中的目的不同，女性仍可能在争取应得评价的过程中步履维艰。正如高中男生不会把受欢迎的女孩的秘密转告给别人，因为那样做对他们而言没有意义，交谈中的女性也不愿意显露自己的知识，因为这样做也不能为她们带来想要的东西。利特-佩莱格里尼表示，在这项研究里，男性在做的游戏是"我赢了没有"，而女性在做的则是"我是否提供了足够的帮助"。我倾向于换一种表述方式：女性玩的游戏是"你喜欢我吗"，而男性玩的是"你尊敬我吗"。如果男性在寻求他人尊敬的过程中丧失了女性的喜爱，这其实是他们不想看到的副作用，就像女性在寻求他人喜爱的过程中可能会丧失对方的尊敬一样。当一名女性与一名男性进行对话时，她为凸显他们之间的相似性、避免自我炫耀而付出的努力，会被重视地位等级的男性轻易解读为她在将自己贬到低人一等的位置。在男性眼里，她会显得要么没能力，要么不可靠。

一种微妙的尊重

伊丽莎白·阿里斯（Elizabeth Aries）是艾姆赫斯特学院的一位心理学教授，她想证明聪明、受过高等教育的年轻女性在与男性同龄人的对话中不再扮演顺从的角色。她确实发现，在她安排的小组中，大学女生确实比男生说得多，但双方发言的内容并不一样。男性倾向于提供意见、建议以及信息，从而制定议程。女性倾向于给出反馈，表现同意或反对的态度。此外，她发现他们的肢体语言依旧不同：男性会伸开腿坐着，而女性则会将自己收敛起来。鉴于相关研究已经发现，使用开放的身体姿态的发言者更有可能说服他们的听者，阿里斯指出，女性说得更多并不能保证交谈对象会接受女性的意见。

在另一项研究中，阿里斯发现，在全部由男性组成的讨论组中，成员们在开始时会花费大量的时间确定"谁掌握了关于电影、书籍、时事、政治以及旅行的知识"，作为评估这场竞争和确立"他们在等级结构中的相对位置"的一条途径。全男性成员小组的讨论风格可以让我们大致体会到，为何男性比女性更看重展现知识和专业技能。与此同时，女性在阿里斯的研究中会花时间去做的事是"通过更亲密的展示自我的行为获得紧密联系"。

关键是，我们得记住，这些研究中的女性和男性都在努力建立朋友情谊，并且都很关心他们之间的关系。但是，他们在关系中最关心的方面是不同的：男性最关心的是他们在等级结构中的位置，女性最关心的是她们在亲密联系网中的位置。这些不同的关注点就造成了差异很大的沟通方式。

托马斯·福克斯（Thomas Fox）是一位英语教授，他对自己的写作新生班里的男女差异颇感兴趣。他观察到的现象几乎与阿里斯和利特-佩莱格里尼的实验结果完全一致。福克斯的写作教学方法包括让所有学生在课堂上向彼此朗读他们的文章，并在小组中进行讨论。他还让学生们撰写对论文和讨论小组进行分析的论文。他则作为老师，独自评阅这些分析论文。

为了举例说明他发现的两性典型风格的差异，福克斯选择了一名女生 M 和一名男生 H。无论是在讨论还是写作中，M 都对她掌握的知识有所保留，表现出不知情、不感兴趣的姿态，因为她怕冒犯自己的同学。H 在讨论和写作中都表现得很肯定、很自信，因为他急于说服同伴们。M 不关心能否说服他人，H 则不担心是否得罪人。

在 H 的分析论文中，这位年轻的男性描述了自己在混合性别小组讨论中的表现，他看起来就像利特-佩莱格里尼和阿里斯的研究中的年轻男性一样：

> 在我的小组里，我是领导。每次讨论开始时，我都像陈述事实那样声明我的观点。小组的另两名成员倾向于袖手旁观，同意我的意见。……我需要组员对我表示赞同。

福克斯评论说，H 先生显露了"一种自我意识，那是一种意在改变自己和他人的自我意识，似乎与 M 女士依赖他人并寻求与他人联系的自我意识完全不同"。

称 M 女士的自我意识"依赖他人"，暗示了一种否定她生存之道的观点——而且我认为，这种观点在男性中更为典型。这一观点反映了一种假设：我们只有独立和依赖两个选项。如果这确实是一种典型的男性观点，它或许就可以解释为什么那么多男性对与他人亲密接触有防备之心，于是他们坚持独立，是为了避免会让他们感到屈辱的依赖性。但我们其实还有另一种选择：相互依存。

这些选项之间的主要区别在于对等性。依赖是一种不对等的参与形式：一个人需要另一个人，但反之并不一定成立，所以有需求的那一方是低人一等的。相互依存是对等的：双方相互依赖，因此两者都没有高人或低人一等。其实，H 的自我意识同样依赖他人。他要求别人倾听、赞同，他们还需要允许他最先陈述自己的观点，从而成为掌控者。

从这个角度看，这个小组中的女性和男性都依赖着对方。他们的不同目标是互补的，虽然双方都不理解对方行为的原因。这种各取所需的情况看似不错，实则有害：他们的不同目标导致男性权威增强，女性权威被削弱。

不同的解读与误解

福克斯还描述了他班上的男生和女生对同一个故事的不同解

读方式。这些差异也反映了对个体相互依存或独立的假设。福克斯要求学生写下他们对纳撒尼尔·霍桑（Nathaniel Hawthorne）的小说《胎记》（*The Birthmark*）的读后感。在这个故事中，一个丈夫憎恶妻子脸上的胎记。这种厌恶让妻子也感到很痛苦，于是她改变了想法，同意了丈夫的建议，接受了丈夫的实验性手术。手术成功地去除了胎记，妻子却因此而死亡。

M 将妻子的同意解读为对所爱之人要求的自然回应：这个女人同意了她丈夫移除胎记的致命计划，是因为她想取悦并吸引他。H 将她的命运归咎于不安全感和虚荣心，他指责她自愿屈从于丈夫的权威。福克斯指出，H 认为她作为个体应该对自己的行为负责，就像他认为自己也应该对自己的行为负责一样。对他来说，这是个体独立性的问题：软弱的妻子自愿地扮演了一个顺从的角色。对 M 来说，这是一个相互依存的问题：这个女人和她的丈夫有着千丝万缕的联系，所以她的行为与她丈夫的行为是无法割裂的。

福克斯观察到，H 认为班上女生的写作是自发的——她们随心所欲地写下了脑海中闪现的内容。M 对她经历的描述却与其大相径庭：当她知道她的同学们会看到她的写作内容时，她会对脑海中闪现的内容进行审核。相反，在写一些只有她的导师才会阅读的文章时，她表达了坚定而清晰的观点。

对照来看，M 与 H 的风格存在着惊人而矛盾的互补关系。H 需要有人来倾听和同意，M 则去倾听并表示同意。但从另一种意义上说，他们相互契合的目的却没能达到一致的结果。H 错误地将 M 出于感情考量的赞同误解为对地位等级和权力的反映，认为她"优柔寡断""缺乏安全感"。她不像他那样阐述事实般坚定地发表意见，与她对自己拥有的知识的态度无关（虽然他以为有关），而是她对自己与同龄人的关系所持的态度导致的。

利特－佩莱格里尼和阿里斯的这些实验研究以及福克斯的观察都表明，通常情况下，与女性相比，男性可以更自如地向一个群体提供信息、意见以及使用权威方式发言，而女性能够更自如地给予他人支持。

有人在听吗

在朱尔斯·费弗（Jules Feiffer）[1] 的剧作《成年人》（*Grown Ups*）中，一个名叫玛丽莲的女性试图告诉她的父母杰克和海伦发生在她身上的某些事，但她始终没能成功地让他们倾听。作者用粗体字表示她想讲述故事的明显意图。

> 玛丽莲：**你一定要听这个！我星期三从费城乘公共汽车回家——**
> 杰克：没人跟我提过费城的事。
> 海伦：玛丽莲，要我帮你看看鸡肉怎么样了吗？
> 玛丽莲：别管了，妈妈。
> 海伦：你老妈想帮忙。
> 玛丽莲：我和你一样，如果有人开始帮助我，我就会忘

---

[1] 朱尔斯·费弗（1929—　），美国漫画家和作家，被认为是美国最受欢迎的讽刺作家。他于 1986 年获得普利策奖，成为美国著名的社论漫画家，2004 年被选入"漫画书名人堂"。

记之前在做什么。坐下，你会很高兴听到这件事的：我刚从费城回家——

杰克：[对海伦]你知道她出城了吗？

玛丽莲：就两天！

杰克：谁照顾我的外孙们？

玛丽莲：我怎么知道？眼不见心不烦。其实还好，鲁迪在呢。他早上负责让他们起床，晚上再让他们回床睡觉。至于这中间的时间，我甚至不想知道发生了什么事。**我到底还能不能好好跟你们讲我想说的那件事啊？**

海伦：[回到餐桌前]你要出城吗，玛丽莲？

玛丽莲没法让她的父母注意听她的故事。他们不断地转换话题，评论她的厨艺、她的家务、她的家庭、她的安全，还有她的哥哥雅各布：

海伦：雅各布在哪里？

玛丽莲：在路上呢。**所以我搭上了最后一班进城的巴士——**

杰克：我不喜欢你坐末班车，很危险。

玛丽莲：**根本比不上在这儿讲故事危险。**

就像那个给安·兰德斯写信说丈夫不和她说话的女性一样，玛丽莲感觉自己如同隐形了一般。在她看来，父母没有兴趣听她说话，这就意味着他们看不见她，也看不到她作为一个人的价值，正如她对雅各布解释的那样：

玛丽莲：至于你，至少他们还知道你活着。但不管我做
什么，你知道我是什么感受吗？我就这么说吧，如果你开着
自己的车带他们到了某个地方，你在他们看来是自己买得起
车的成功者；如果我开车带着他们去了什么地方，我就不过
是个司机。最可怕的是——你知道什么最要命吗？我最喜欢
的事就是你和妈妈在厨房里讲你们的故事。她讲一个，你讲
一个，她讲一个，你讲一个。我以为总有一天，我会长大，
可以拥有真正属于自己的经历，这样我也会有故事可讲了！
但直到今天，他们还是不让我讲任何故事。我现在还为这件
事感到烦恼，是不是很疯狂？

雅各布：我讲我的故事，是为了让她闭嘴。

雅各布对童年的他为何讲那些故事的解释，显露了他想要避
免陷入听者位置的渴望。与玛丽莲喜爱听母亲讲故事相反，雅各
布表示他学会了用自己的故事来争夺话语权，从而避免听母亲
啰唆。

正如玛丽莲相信她长大后会有故事可讲，我记得当我还是个
孩子的时候，我认为所有的成年人都拥有两种我没有的技能：吹
口哨和打响指。我以为随着年龄的增长，我会获得这些技能，并
热切地等待目标实现。但我在长大以后仍然不会吹口哨，也无法
让手指发出清脆的响声。童年的我从来没有想到，这些技能不会
像青春期的身体变化那样神奇地自己出现。我太晚才意识到，如
果我想知道如何吹口哨和打响指，我就得练习。《成年人》中那
位已经成年的女儿无法以一种能获得他人注意的方式讲故事，部
分原因是她小时候没有得到任何练习的机会。童年时，她所做的

就只是在母亲和哥哥讲故事时认真、入迷地听着。当雅各布练习获得注意的说话方法时,玛丽莲在练习倾听。

玛丽莲和雅各布从小磨炼的技能为他们成人后的职业生涯提供了基础。雅各布成为《纽约时报》的一名记者:他从事的工作是为千千万万的读者书写大量的新闻故事,这是对观众做语言展示的另一种形式。玛丽莲则成为一名社会工作者:她的事业是坐下来听别人说话。

在费弗的剧作中,玛丽莲确实不是一个像雅各布那样会讲故事的人——她沉溺于不重要的细节,纠结于对故事而言毫无意义的准确性而裹足不前。这一幕以雅各布宣告胜利的长篇大论作结,他完美地向全神贯注的观众们复述了玛丽莲刚刚讲得一团糟的故事。这暗示了她在讲故事方面的不足是她无法获得注意的原因所在。

但情况也可能是,即使玛丽莲能够讲好一个故事,她的家人们也不会去听,因为他们早就认定,雅各布才是讲故事的那个,而玛丽莲不是。基于同样的原理,更多男性在面对群体发言时会比女性更自在。这件事背后的原因很可能是,女性很难获得在舞台中心表现的机会,不管她们口才有多好,因为大部分人会认为男性而非女性才该去博得注意,这已经成为一种惯例。

像隐形人那样长大

人类学家弗雷德里克·埃里克森(Frederick Erickson)和苏珊·弗洛里奥(Susan Florio)记录了现实生活中的一段对话,这段对话完全可以成为朱尔斯·费弗在《成年人》中描绘的家庭关系的原型。埃里克森研究了他们录制的一段在晚餐桌上发生的对话，对话者是一个住在波士顿的意大利裔家庭。家里最小的男孩从自行车上摔下来了，他身上有一处瘀伤可以证明这一点。为了安慰他，他的父亲和兄弟们——以及在场的每一个人——都在向他讲述他们曾从车上摔下来的经历。在他们的故事中，他们不只是摔下来，他们"掀翻了"他们的车，给他们的事故增添了几分英勇的味道和魅力。其中最长也最有感染力的故事是父亲讲的，他有一辆最大的车：摩托车。通过这种方式，家中年龄更大的男孩和成年男性给最小的弟弟上了一堂关于勇敢，也关于如何讲故事的课。做危险的事情是男性的人生一课，撞车以及在其他男性和赞赏地聆听的女性面前讲述这件事也是。

在谈话的这一部分，男孩和成年男性讲述了故事，而女性——家庭里的母亲、男孩们的姐妹以及作为客人的研究员苏珊·弗洛里奥——则扮演了听众的角色。弗洛里奥是观众中尤为重要的一员，因为在一定程度上，是由于她——一位迷人的年轻女性，年轻的男性才会展示他们骑自行车、经历车祸以及讲故事的能力。当家中的女儿、小男孩的姐姐试图讲述她从自行车上摔下来的故事时，没有人注意到她，她也从没能说完第一句话——以下的节选中粗体字的部分。

> 父亲：[指着最小的弟弟吉米的瘀伤] 这可真棒，是吧？
> 母亲：是啊。
> 吉米：是啊，还有个擦伤，在——
> 爸爸：你应该在上面贴个补丁。

哥哥 2：去拿补丁——

哥哥 3：修补包。先刮一刮——［用补轮胎的工具包跟吉米开玩笑］

姐姐：我的自行车在山上翻了。

哥哥 1：上次我也摔了。那可真是次厉害的翻车。

哥哥？ ：/？？ /是我最后一次摔。

父亲：我也得给你买个头盔。

哥哥 1：［对哥哥 2］我想我最棒的一次翻车事故，是我骑了 20 码左右就撞你那次。

小弟弟的翻车事件——从自行车上掉下来——引起了很多人的注意。但是，女孩尝试讲述自己翻车事故的意图却完全被忽视了，就像在费弗的剧作里，玛丽莲想要讲述她经历的意图被她的家人们忽视了一样。

发生这种情况的原因有很多。这可能是因为女孩获取自己的发言机会的方式不同。在宣布她在山上翻了车以后，她可能是在等着大家鼓励她继续讲下去，而男孩们却只管说自己的，直到成功讲完自己的故事。也有可能是她说得太小声、太犹豫。又或者，仅仅是因为这一家人总体来说对女孩讲的故事不感兴趣，尤其是对女孩们的翻车事件不感兴趣。

在论文中，埃里克森指出，翻车故事是讲述男性行为的一堂课。通过对这种故事的关注，男孩们是在学习以及向最小的男孩展示，在骑自行车的过程中冒险是一件好事，受伤是不可避免的，勇敢地承受伤害是值得赞扬的，对车技的掌握和相关技巧是有用的（他们进行了很多关于刹车技术和道路设置的讨论），另外，讲述冒险事件、忍受伤害以及运用和展现技术专长是一种很好的引起我们注意、令我们对自己刮目相看的方法。也许，所有这些课程都被认定与这家的姐姐无关。不管怎样，最终的效果是，家中的男孩学到了通过讲话来占据舞台中心位置的方法；家中的女孩则学习了倾听。

聆听的下属

很明显，男性不总是说话的那一方，女性也不总是聆听的那一方。我曾经问过一些男性，他们是否扮演过倾听者的角色，由另一个男性对他们说教，以及他们对此有何感想。他们告诉我，这种情况确实会发生。他们可能遇到将信息强加给他们的谈话对象，因为对方态度强硬，他们只能屈服并倾听。然而，他们说，如果信息本身是有趣的，他们就不会太介意。他们可以把它储存起来，以备日后之需，比如记下某个笑话再讲给别人。事实信息对女性来说就不那么有趣了，因为它对她们来说没什么用。她们不太可能传递信息，而更在意做一个好听众。

有时候，男性和女性都会成为某些他们根本不想听的说教行为的对象。但是，男性告诉我，他们最有可能接受的此类情况，是当另一个男性处于更高地位的时候。他们知道，来自长辈和上司的说教是不能拒绝的。

一篇短文体现了男性屈居不情愿的倾听者位置的情况。文中，A. R. 格尼（A. R. Gurney）哀叹，自己常常"被一些自封专家的人逼得走投无路，他们高谈阔论，在永无止境的话题下抒发着他们反复思索而得的意见"。他认为，这种倾向显示了美国人的一种不会"交谈"的特点——他们无法投身到一种平衡的授受关系中。他引用了亚历克西斯·德·托克维尔（Alexis de Tocqueville）这位法国人对美国习俗的观察，作为对自己观点的支撑："一个美国人……对你说话时就仿佛在大会上致辞。"

格尼记录了自己对父亲的谈话方式的欣赏，认为他"是一位能热情地激发和回应他人观点的大师，尽管这种弹性并不总能被他的孩子们继承。事实上，我现在想来，有很多次他对我们说话，就像是在会议上致辞一般。"

格尼的父亲对孩子们说教并不奇怪。根据其定义，提供信息的行为会将人置于较高的地位，而倾听行为则会使人处于较低的地位。儿童也会本能地感觉到这一点，就像大多数男性一样。但当女性听男性说话时，她们却并不是在思考地位等级的问题。不幸的是，她们试图巩固感情、建立友好关系的努力，可能会被接受者从地位等级角度错误地解读为，自己被他们置于从属地位上了。可能许多男性都是这样认为的。

玩笑的不对等性

以笑话换笑声的行为惯例也具有一种类似机制。在对大学生讨论小组的研究中，阿里斯发现，全男生小组中的学生花了很多时间讲述他们曾对别人开过的玩笑，并再次被逗得大笑起来。她提到了芭芭拉·米勒·纽曼（Barbara Miller Newman）的一项研究，其中，不够"敏捷而聪明"的高中男生成了笑话的对象。取笑某人——以某人为对象开玩笑——显然是一种将自己置于更高地位的行为，这体现了开玩笑者作为知情者和掌控者的能力。讲笑话也可以成为对地位等级进行协商的一种方式，这点不太明显，但是真实存在的。

许多女性（当然不是全部）听到笑话后会笑，但之后并不会记得它们的具体内容。因为她们没有在一群人中寻求并维持关注的动力，她们不需要储存一堆需要为了这个目的甩出的笑话。一位名叫柏妮丝的女性以她的幽默感为傲。在一次鸡尾酒会上，她遇到了一位对她有吸引力的男士，因为他乍看上去好像同样拥有这种特质。他说了许多有趣的话，她自然而然地笑了。但当她说些有趣的话时，他却似乎听不出来。他的幽默感怎么了？尽管讲笑话和被逗笑都是幽默感的反映，但它们却是非常不同的社会行为。让别人发笑赋予你暂时压制他人的力量：正如语言学家华莱士·切夫（Wallace Chafe）指出的，在笑的那一刻，一个人是暂时失能的。柏妮丝遇到的那位男性只有在逗她笑的时候才感到舒服，却不能被她逗笑。当柏妮丝因他的笑话而笑时，她觉得自己在参与一场双方对等的活动。但对他来说，他参与的却是一项不对等的行为。

一位男性曾告诉我，大约在十年级时，他意识到自己更喜欢和女性而不是男性在一起。他发现他的女性朋友更容易表现支持，也没那么强的竞争性，而他的男性朋友似乎永远在互相开玩笑。如果我们能将开玩笑看作一种不对等的行为，我们就可以更清楚，为什么开玩笑在他眼中会是竞争性活动的一种。

地位、阶段与两性对话

听与说之间微妙的不对等现象也可以解释，为什么无论是哪里的男性在家里都不会喜欢和女性聊天。格里·菲利普森（Gerry Philipsen）是一位人类学家，他在意大利的一片城市工薪阶层聚居区花了两年半时间研究一群十几岁的男孩。一起在街角或当地酒吧打发时间时，这些男孩吵闹而健谈。但是他们不会和地位更高或更低的人交谈。如果他们想从一个拥有权威的人那里获得什么东西，他们会通过中间人来进行，就像他们会以一位圣人为祷告对象，而不会直接向上帝祈求一样。面对那些处于从属地位的人——儿童、妇女或是地位较低的男孩时，他们会通过展示自己的身体力量以及必要时采取暴力行为来达成目标。与地位较高的人交谈的行为被认为是厚脸皮、大胆、不遵守规矩的。与地位较低的人交谈则会被认为是软弱、徒劳无益的，或者有拉拢的嫌疑。

这些"大男子主义"青少年男孩的文化，与女孩和成年女性的文化有两种相似之处。与女孩一样，这些男孩通过友好关系获得地位：他们认识的有影响力的人越多，他们的地位就越高。但对他们来说，友好关系的重点是权力——他们会利用他们的关系来达成目标。而对女孩来说，友好关系就是目的：如果她们是地位高的女孩的朋友，她们的地位就会提高。这些男孩与女孩的另一个相似点是，在同龄人中，他们只有在感觉自在时才会说话。但他们为什么不想和女孩说话呢？这可能是因为他们认定女孩的地位是较低的，而女孩们却觉得——或是希望感受到——一位伙伴，即便是男性，也是与自己对等的人。

阶级差异在会话风格中的作用可能比我们想象的还要大。社会学家米拉·科马罗夫斯基（Mirra Komarovsky）[1] 在她的经典研究《蓝领婚姻》（*Blue Collar Marriage*）中发现，一对夫妇越是接近中产阶级，丈夫和妻子就越把彼此当朋友。拥有高中学历的夫妇中普遍有一种期望，认为丈夫应当与妻子交谈。而那些没有读完高中的夫妇认为，妻子不该希望丈夫和她们说话，这种要求是过分的。他们的期望是，妻子应该和她们的女性亲属交谈，不去打扰丈夫。

不同的倾听习惯

考虑到人际关系中的这些机制，许多女性会抱怨她们的伴侣不听她们说话就不足为奇了。但是，男性对女性也抱有同样的怨言，虽然这种情况较少一些。"你没有在听"这种指控，真正的意思通常是"你没有理解我想表达的意思"，或是"我没有得到我想要的回应"。倾听可以意味着理解和重视。

在我以前的研究中，我曾强调说，就算男性确实在倾听女性说话，女性也可能会产生男性没有在听的感觉。这种现象之所以产生，是因为男性彰显自己正在倾听的习惯性方式是不同的。人类学家马尔茨和博克尔解释说，女性更倾向于提出问题。她们也会给出更多表示倾听的回应——像"哦""嗯"和"是"这样的叹词。这些词穿插在对方的讲述中，提供了一套完整的反馈回

---

[1] 米拉·科马罗夫斯基（1905—1999），俄裔美国性别社会学先驱。

路。她们的反应也更为积极和热情，比如赞成和大笑。

所有这些行为都是在努力做倾听的工作，而且通过强调感情关系和鼓励更多交谈，也促进了情感式沟通的建立。与此对应的男性策略——给予较少的听者回应，发表陈述而非提问，以及质疑而非赞同——则可以被理解为一场争辩中初期发言者的行为，而非听众的行为。

根据马尔茨和博克尔的研究，女性不仅给出了更多的倾听信号，而且这些信号对男性和女性有着不同的含义，这与上文中说话者 / 倾听者的倾向是一致的。女性使用"是"表示"我在听你说，我跟得上你"，而男性只有在赞成时才会说"是"。这样一来，造成误解的可能性就很明显了。当一个男性面对一位一直在说"是"，结果却不赞成他观点的女性，他可能会得出"她不真诚"的结论。当一个女性面对一个不说"是"，甚至始终没开口的男性，她可能会得出他根本就没有在听的结论。男性风格更倾向于从字面意义关注话语的信息层面，而女性风格则侧重于人际关系或元信息层面。

对一位期待听众安静、全神贯注倾听的男性，一位持续不断地给予反馈和支持的女性作为听者来说就太健谈了。而一位期待着积极、热情的听众的女性希望的是对方能展现兴趣、关注以及支持，那么此时一位安静倾听的男性看上去就完全不像听者，而是已经结束对话，收起倾听的打算，在精神上离开了。

由于这些模式，女性可能常常会认为男性没有在听，但他们其实是在听。而我到不久前才明白，另一个事实是，男性倾听女性的频率比女性倾听男性的频率更少，因为倾听行为对他们有不同的含义。有些男性就是不想听大段的话，因为他们觉得那会将他们放在从属位置。许多女性确实想听，但她们期望这种行为是相互的——我现在听你说，你稍后就会听我说了吧？当她们发现自己一直都在倾听，"稍后"永远没有到来时，她们就会感到失望了。

相互不满

如果女性对自己总处于倾听位置不满，这种不满可能是相互的。女性觉得自己被赋予了安静听众的角色，这并不意味着男性认为是自己主动让她们扮演了这个角色，也不代表男性就一定喜欢这种僵化的安排。

我记得在写作这本书的时候，有一次我参加了一场读书会，与会者都是我不认识的人。我开始和一位迷人的年轻男子交谈，并发现他是一位画家。我询问了他的工作，并针对他的回答，问他：当代艺术中是否已经出现向具象绘画回归的倾向？在回答我的问题时，他向我讲述了艺术史方面的许多内容——讲得太多，以至于在他结束并说"我给了你的问题一个很长的答案"时，我早已忘记我曾问过一个问题，更别提那个问题是什么了。我不介意他说了这么长——我对这个题材很感兴趣——我只是突然意识到，他刚好是一个实例，印证了我的研究。

我决定冒着得罪这位意气相投的新朋友的风险，来更深入地了解一下他的观点。这里说到底是个读书会，所以我或许可以指望他纵容我一下，毕竟，我是出于写作一本书的兴趣去打破礼仪规范的。我问他，他是否经常意识到，别人在倾听他的长篇大论？他想了一会儿，说是，他是这样的，因为他喜欢详细地阐述各种想法。我问他这种情形在面对不同性别时出现频率是否一致。他又想了想，说："不是，和男性说话时比较麻烦。"我问他说的麻烦是什么意思。他答道："男性会打断我。他们想给我解释。"

最后，我发现这个年轻人非常真诚，他也想讨论一下我们刚才的谈话以及他自己是何种风格，于是我问他更喜欢一个安静、给予支持性倾听的女性，还是一个提供自己的观点和想法的女性。他说，他觉得女性能主动提供一些信息更好，这能让交流变得更有趣。

当男性开始对其他男性说教时，听众们会很有经验地尝试转移、应对或是扰乱话题。在这个系统中，发表权威性声明可能是开始信息交换的一种方式。但是女性并不习惯以这种方式做出回应。除了聚精会神地倾听，等待发言机会被分派给她们，而不是自己去争抢机会，她们几乎看不到任何其他的选择。如果是这样的话，一个男性想要开启一场信息交流的意图最后演变成了他的单方面说教，这可能会让他和聆听的女性一样感到无聊和沮丧。从他的视角看，女性听者被动地沉浸在信息之中，所以她一定没有什么要说的。男性与女性的交谈经常最后变成一场说教的原因之一，是女性容易全神贯注地倾听，而不会用质疑、转移话题或是相匹配的信息去打断他们。

在本章开头那段我与男性和女性同事的对话中，这种差异可能是至关重要的。当我与那位女性谈话时，我们会鼓励对方多讲一些，因此双方都会讲述自己的研究内容。当我与那位男性谈话时，我鼓励他讲自己的研究内容，他讲了，但他并没有鼓励我谈论我的。这或许意味着他不想听，但也有可能不是这样的。在对大学生讨论小组的研究中，阿里斯发现，那些说了很多话的女生会开始感到不自在。她们会退缩，并频繁地邀请那些比较安静的小组成员说话。这完美地反映了女性想要保持事物平衡，以使每个人都站在平等的立足点上的欲求。女性期望她们的谈话对象能鼓励她们继续。男性通常不会鼓励较安静的成员发言，他们认为任何有话要说的人都会主动说出来。男性可能会对一个表现得无话可说的谈话对象同样感到非常失望。

与此类似，男性对女性话题的厌倦程度可能与女性对男性话题的厌倦程度一样。虽然我希望那位英国皇家空军前成员告诉我他在希腊的个人经历，但他可能不明白为什么我要讲述自己那些无聊的经历，并对我对一个我生活过的国家的历史那么无知而感到惊讶。或许，如果我针对他有关希腊历史的解读提出了异议或发表了更高明的见解，而不是木讷地听着，他就会认为我们的对话是成功的。当男性听到我的工作内容时，他们会对我的研究方法提出质疑，他们是在邀请我为他们提供信息，向他们展示我的专业知识——这是我不喜欢在教室或演讲厅之外做的事情，却是他们自己可能很高兴也有动力去做的。

那位仔细地听完了关于广播电台选址的琐碎信息的宣传人员向我解释说，她是想对那位经理友好一点儿，说不定以后能安排她的客户去对方的电台做节目呢。与此相对，想要讨好女性的男性更可能尝试提供有趣的信息来吸引她们，而不是专注地倾听女性传递的任何信息。我回忆起自己在大学校友会上发表演讲之前的一次午餐会。那位和蔼的男主持在我演讲前给我讲了很多电脑方面的知识，希望能取悦我。对此，我礼貌地表达了些许兴趣，但内心却在尖叫，因为我感到无聊，也感到被这些我知道自己永远不会记得的无关信息压得喘不过气。不过，我敢肯定他觉得自己风趣极了，而且很可能的是，会有一些男性嘉宾也认为他有趣。我并不是说女主持就能完美地对待我这样的嘉宾。我记得在一场演说之前，我被一群女性带去吃午餐。她们对我的专业知识十分关注，问了我一大堆问题，让我在正式演讲开始之前就得在午餐期间进行一场令我疲惫不堪的讲解。与此相比，或许那位给我讲电脑知识的男性是在努力给我创造一个休息的机会。

男性常常发现自己处于说教者的角色，而女性常常发现自己处于聆听者的角色，这种不平衡不是互动关系中的某一方造成的。这不是男性对女性做的事。女性也不该受到责备，我们不该认为这是她们"允许"或"要求"的。这种不平衡是女性与男性沟通方式之间的差异造成的。

沟通方式的束缚

在弗雷德里克·巴塞尔姆（Frederick Barthelme）[1]的短篇小说《和日本的战争》（*War with Japan*）中，一个男人为逃避现实，转而对儿子说教。这不是因为他想说教，而是因为这件事令他感到熟悉和安全。这个故事始于叙述者的一段布告：他将搬出房子，住进车库上方的一间公寓，因为他和妻子"遇到了一定的麻烦"。他想到让他们 12 岁的儿子帮他搬东西。

---

[1]　弗雷德里克·巴塞尔姆（1943—　），美国作家，被誉为极简主义小说的开创者之一。

　　我想我会趁此机会解释我为什么要搬到车库里住，然后我又想，我可能还是不去解释了，因为这事不是能那么容易讲清楚的。我不知道我为什么想向他解释事情——我猜我是想要赢得他的赞赏。

当这位男性叙述者靠近儿子，并告诉儿子他想和他谈谈时，他是这么说的：

　　"我想告诉你的是，现在有这么多的事都出了问题，而这些事以前都是好好的。我觉得你很快就会注意到它们出了问题，然后开始想为什么，所以我想我应该先行一步——你知道吗？——履行我的职责。"

　　他看起来有点疑惑，所以我说："让我给你举个例子。我之前坐在这里思考着跟日本人打的一场战争。现在，查尔斯，我们不会再跟日本打仗了，你明白这个的，对吧？"

这段对话最后演变成父亲给儿子讲解关于日本人、俄罗斯人、美国政府以及社会的知识了。他给儿子说着笑话。他只字不提他自己、他的感受、他搬出家的事或是他与男孩的母亲以及男孩的关系。这个故事讽刺而悲哀，因为很明显，这位父亲用这种方式是不会"赢得"儿子的赞赏的。他讲授的关于和日本的战争的一课根本就引不起男孩的兴趣，也不是他真正想说的话。他下意识解释起世界上发生了什么事，是因为他觉得这让他感到更熟悉，因此更容易谈论，比解释家里正在发生什么事更容易。

　　这位父亲似乎已屈服于自己的恐惧——如果他想解释为什么

自己要搬到车库里去，是不会轻轻松松讲清楚的。他觉得自己应该提供准确的答案和解释，就像他能对政治话题进行解释那样。如果他不再固执地认为只有在将一切问题都解决后才能谈论问题，他也许就能更自由地说出自己内心的想法了。他的儿子就能通过听父亲讲述个人想法和感受获益更多，即使这些想法和感受并不完全清晰。这个故事里的男性被自己习惯的风格阻碍了。

　　另一方面，总是扮演回应者而不是发起者的角色，对女性来说也是一种局限。这一趋势在两性关系中造成了重大影响。菲利普·布鲁姆斯坦（Philip Blumstein）和佩珀·施瓦茨（Pepper Schwartz）在他们的研究《美国伴侣》（*American Couples*）中发现，女同性恋者的性生活频率低于男同性恋者和异性伴侣。两位社会学家认为，此种现象的发生是因为在异性伴侣中，几乎总是男性主动发起性行为，而女性要么顺从，要么行使否决权。在男同性恋者中，至少一位伴侣会担任发起人的角色。而他们发现，在女同性恋者中，两个人通常都不能自如地成为发起者，因为双方都不希望被看作在提出要求。

对未来的希望

　　对未来的希望是什么？我们必须按照分配给我们的部分表演到谢幕吗？尽管我们倾向于依赖习惯性的说话方式，重复旧的段落和熟悉的台词，但习惯是可以被打破的。女性和男性都可以通过理解和偶尔尝试使用异性的方式，让沟通变得更有效果。

　　女性如果不愿被塑造成听众，就应该试着摆脱这种角色，而不是耐心地等待说教结束。或许她们需要放弃"必须等待发言机会被移交给自己"的观念。如果她们对某一个话题有什么想说的，她们需要强迫自己主动发言。如果她们对某个主题感到厌倦，她们可以主动影响对话走向，将话题转到她们更愿意讨论的方向上去。

如果认识到自己不必总是倾听的事实能让女性松一口气，那么在发现自己不需要时刻收集有趣信息，准备随时向女性抛出，以展示自己或取悦对方后，男性也能感到宽慰。一位记者曾采访我，打算写一篇关于如何开始对话的文章。她告诉我，她采访过另一位男性专家，他的建议是，对话者应当准备一些有趣的信息。我发现这种观点很有意思，因为它正好彰显了男性心目中的优秀对话者的概念，但这不是女性心目中的。如果男性能意识到他们需要做的只有倾听而已，那么对话任务对他们来说或许会变得轻松太多。一位女性曾在给《今日心理学》（*Psychology Today*）的编辑的信中写道："当我遇到一个男性问我'你今天过得如何'并真想听我的回答时，我可是高兴到要起飞了。"

第6章

社群意识与竞争：沟通方式的冲突

两个人的道路相交，就必然会产生利益冲突：我们如果只能站在一个点上，就必然有一个人要站在另一个人的脚上。如果没人让开，就会有人被踩到。你和我不是同一个人，所以我们有些需求终归是不同的，冲突也就不可避免了。因为我们无法都让事情按照我们希望中的样子发展，我们就有可能陷入一场权力斗争。

乍一看，冲突似乎是与亲密情感和友好关系背道而驰的。大量描绘女性和男性风格差异的作品都声称男性具有竞争性并倾向于造成冲突，而女性具有合作性，希望发展友好的关系。但是，会陷入冲突也意味着冲突双方对彼此的关系十分投入。尽管确实有很多女性更习惯用语言表达友好与支持，而许多男性在用语言做自我展示时更自信，实际情况其实要复杂得多。因为自我展示在作为角力的一部分时，也属于一种人际关系。而且，冲突还可以被看作与他人建立联系的一种方式。

对大多数女性来说，冲突是对情感关系的一种威胁，无论如何都不能发生，因此最好在不直接对抗的情况下解决争端。但对许多男性来说，冲突是用来协商地位的必要手段，因此他们必须接受冲突，甚至有可能特意寻求、信奉和享受它。

文化语言学家沃尔特·翁（Walter Ong）[1]在著作《为生命而战》（*Fighting for Life*）中指出，将自己的需求、愿望或技能与他人的相较量是人性的一个基本组成部分，但是"显眼的或是可以外露的敌对性是一个在男性生命中比在女性生命中更重要的因素"。他论证道，男性的行为通常牵涉到竞赛行为，包括战斗、抗争、冲突、竞争以及争执。男性的行为中普遍存在着仪式性战斗，以粗野的游戏和运动为代表。而在另一边，女性则更有可能使用中间媒介，或为真实的而非仪式性的目的战斗。男性之间的友谊往往带有不少假装攻击的成分，很可能被女性误以为是真的攻击。

翁论证了口头表达与"竞赛"关系之间的紧密联系。口头辩论——从正式辩论到对形式逻辑的研究——内在都具有敌对的意义。考虑到这一点，我们就可以看到，许多男性在日常谈话中期望讨论与争辩都能遵守逻辑规则这一倾向是这个传统遗留下的痕迹。此外，自我展示中的口头表达——我一直称之为报告式沟通——属于一个更大的框架，在这个框架中，许多男性将生活视为一场竞赛。

由于女性的想象力没有被仪式化的战斗局限，女性会倾向于曲解许多男性说话方式中的敌对性，对其感到迷惑，从而忽略了假装攻击的仪式性。同时，社群法则的制定也可以像战斗法则的制定一样容易被仪式化。女性之间结成社群的表象可能会遮掩对权力的争斗，表面的相同性可能会掩盖不同观点间的巨大差异。男性同样会对女性的言语仪式感到迷惑不解，正如女性会对男性

---

[1] 沃尔特·翁（1912—2003），美国耶稣会牧师、英语文学教授、文化和宗教历史学家、哲学家。

的言语仪式感到困惑一样。伴侣之间的言语行为充满了这种困惑。

"别告诉我该怎么做"

　　一位名叫戴安娜的女性说话时常常以"让我们"开始。她可能会说"让我们今天出去吃个早午餐"，或是"让我们开始吃午饭之前先做次大扫除"，这让内森很生气。他觉得她是在对他发号施令，告诉他该怎么做。戴安娜不明白他为什么会那样想。在她看来很明显，她是在提出建议，而不是要求。如果他不想做她提议的事，他只需要直接说。只要清楚他的反感，她就不会将自己的喜好强加于他。

　　洛琳经常称赞西德尼，感谢他所做的事情，比如打扫厨房和洗衣服。然而西德尼并不领情，而是憎恨这种称赞。"这让我感觉每次都是你在要求我做这些事。"他解释道。另一个男性对他的母亲也做了类似的评论。她称赞他打电话给她的行为，说："你是一个很好的人。"他觉得她是在暗示，如果他哪次忘了打电话，他就是个坏人了，以此确保他能定期给她打电话。

　　在对美国伴侣私生活的研究中，布鲁姆斯坦和施瓦茨引用了一位年轻男子在谈论他与女友的性关系时说的话："我们在床上时，她会说'轻一些'或是'温柔一些'，然后我就告诉她，是我在主动跟她做爱，她得让我用我自己的方式去做……我不喜欢被别人牵着鼻子走……"

　　在这些例子中，男性都会抱怨他们的独立和自由被侵犯。他们的预警系统就是为了检测是否有人正在向他们发号施令，即使是在像做爱这样明显的亲密活动中。这样的抱怨令女性感到惊讶和迷惑，毕竟，她们的预警系统是为了检测另一种威胁的。在一个好斗的世界中，警惕对独立性的威胁是可以理解的，因为生活就是一系列竞争，测试着一个男性的技能，迫使他与其他人角力，那些人试图让他的意志屈从于他们。如果一个男性将生命视为一场为自由而战的斗争，他自然就容易抗拒那些想要控制他并支配他行为的企图。

这种世界观便造就了"妻管严"这个概念，让许多男性厌恶任何他们认为妻子想支使他们做事的迹象。历史上，女性的生活处处被他人的要求束缚——她们的家人，她们的丈夫——然而，尽管个别女性可能会抱怨专横的丈夫，却并没有对应的"夫管严"的刻板印象。为什么呢？因为女性将人类看作相互依存的个体，于是她们认为自己的行为就是会受到他人的影响，她们也期待彼此行动协调一致。她们努力的目标是保持牢固的联系，将每个人都纳入社群，并回应他人的需求，同时尽她们最大的努力不对她们自己的需求和喜好造成损害。如果一个男性奋斗是为了让自己变强，一个女性奋斗就是为了让社群变强。

让我们回到孩子身上

戴安娜和内森之间的误解可以追溯到典型的两性沟通方式差异中——这些风格是从孩子们在游戏中学会第一个单词时开始形成的。戴安娜以"让我们"为开头提出建议的倾向并不是特例。研究人员对游戏中的儿童进行研究后发现，所有年龄段的女孩都喜欢这样说话。

心理学家杰奎琳·萨克斯（Jacqueline Sachs）和她的同事们研究了 2～5 岁的学龄前儿童。他们发现，女孩倾向于使用"让我们"来表达提议，而男孩则经常相互下达命令。例如，在扮医生时，男孩们会说这样的话：

> 躺下来。
>
> 给我测心电图。
>
> 把你的胳膊伸过来。
>
> 给我开药。

在女孩们扮演医生时，她们使用的是"让我们坐下来""用这个"等说法。

玛乔丽·哈内斯·古德温在另一个完全不同的群体中也发现了完全相同的模式。这一个群体是年龄在 6～14 岁的非裔儿童，他们在费城一个社区的街道上玩耍。男孩们正在（好斗地）制作弹弓，为一场战斗做准备，他们对彼此发号施令：

> 把钳子给我！
>
> 伙计，别来我这儿。
>
> 把那个给我，伙计。搞定这个之后，你把它们砍掉以后再给我。
>
> 从我的台阶上离开。

女孩则在用瓶颈做玻璃戒指，她们中没有出现发号施令的现象。她们以"我们……吧"的句式提出建议。

> 我们去泡沫泡沫（街角的酒吧／餐馆）走一圈吧。
> 我们去问问她有没有瓶子吧。
> 走吧。我们去找点儿瓶子。
> 走吧。我们一起回去吧，这样我们就能好好保管它们了。
> 我们先把这些搬出去吧。

女孩提议活动的其他方式还包括用"我们要"（"我们要办一个全是戒指的展览"）、"我们可以"（"我们可以用一台针车"）、"也许"（"也许我们可以像那样把它们切成片"）以及"我们得"（"我们得再找些瓶子"）。这些都是在不命令他人的情况下让他们去做某些事的说法。同时，这些话也巩固了这些女孩作为一个社群的成员的身份。

像成人受到小时候所学知识的影响一样，孩子也可能受到父母风格的影响。心理语言学家吉恩·贝科·格利森（Jean Berko Gleason）[1]研究了父母是如何与年幼的孩子交谈的。她发现，父亲对孩子下的命令比母亲更多，而且对儿子的命令比对女儿的更多。社会语言学家弗朗西丝·史密斯（Frances Smith）在一个公开发言的场合中也观察到了类似的模式。在研究一所浸信会神学院的男女学生的布道实践时，她发现，当学生们在他们的解经中提及章节和诗句时，男生们经常给听众下命令，

---

[1] 吉恩·贝科·格利森（1931—　　），美国著名心理语言学家，她在理解儿童的语言习得、失语症、语言发展中的性别差异以及亲子互动方面做出了重要贡献。

比如"仔细听我读《路加福音》第十七章"。另一方面，女生们却很少说出命令的句式，而是倾向于邀请听众们参与，比如"让我们回到第十五和第十六节"。

因为存在这样一种模式，内森把"让我们"听成一种命令也就并不离谱了。那是让别人按自己的希望去做某事的一种方式。然而，当戴安娜说他不应该因此感到被强迫的时候，她也是对的。不同之处就在于女孩和男孩、成年女性和男性有着根本差异的社群结构。在男孩和成年男性认为自己所处的社群等级中，地位确实是通过告诉他人去做什么以及抗拒他人命令获得的。因此，一旦内森将戴安娜的"让我们"解读为她表达想让他做什么的方式，他的下一步就是抵抗她。但是，女孩和成年女性认为自己身处一个受到冲突威胁的社群，所以她们将请求表述为建议而非命令，以方便他人表达其他偏好，而不至于激起冲突。女孩并不习惯仅仅为了巩固支配地位就让他人屈从，因此她们学不会在原则上抗拒别人的要求，也不会期待别人在原则上抗拒她们的要求。

女性不是不希望其他人做些什么，只是不想以冲突为代价去换取。像戴安娜和内森之间的那种互动的讽刺性就在于，男性和女性沟通方式的不同注定了他们的努力是徒劳的。恰恰是女性为了避免冲突而采取的行动，在她们与一些男性的对话中起到了激发冲突的反效果。究其原因，当男性感觉到有人试图让他们做某件事却不直接说出来的时候，他们就会有一种被操纵和威胁的感觉。而他们的敌人由于拒绝公开坦白，会显得更加恶毒。

"我当医生，你当小孩"

这些对矛盾的处理方法上的不同，在沟通方式上还有许多其他体现。在对玩游戏的学龄前儿童的研究中，萨克斯发现，当小男孩玩医生游戏时，典型的姿态是"我来做医生"。在79%的时间里，男孩们都想得到医生的角色，而且经常会花很长时间去争论哪个男孩能得到这个地位高的角色。其他研究者也发现了类似的模式。语言学家伊莱恩·安德森（Elaine Anderson）让学龄前儿童用玩具手偶表演医生和患者的场景。她也发现，这些男孩通常都想扮演地位高的医生角色，而拒绝做患者或小孩。只有三分之一的女孩想当医生；她们总是想扮演患者、小孩或母亲。

在萨克斯的研究中，绝大部分情况下，男孩都会告诉彼此去扮演什么角色（"来吧，你来当医生"）。而女孩们通常会问对方想扮演什么角色（"你能当几分钟的患者吗？"）或是提出一个综合建议（"我来做护士，你是医生""现在我们都可以当医生了""我们可以都生病"或是"好了，我来做我孩子的医生，你做你孩子的医生"）。这其中的许多建议，除了避免面对面的冲突或对他人的直接命令之外，还是让女孩保持平等地位的创造性方法。

让孩子们在实验室环境里玩耍的这些实验研究能准确地反映孩子们在自然环境中玩耍时的情况吗？这一点在一位名叫罗杰·卡梅内兹的父亲所写的文章中得到了证实，文章是这样开头的：

我 6 岁的女儿安雅和她 7 岁的朋友罗斯玛丽正一起在安雅的房间里玩耍。门半开着，我听到一些柔声低语，于是朝里面偷瞄了一眼。我看到两个孩子各把一个椰菜娃娃抱在怀里。"现在你给你的宝宝换尿布，"罗斯玛丽对安雅说，"我也给我的宝宝换。"

在读到这篇文章时，女孩之间游戏的对等性给我留下了深刻的印象。罗斯玛丽建议她们两个同时参与相同的活动。她没有让安雅扮演地位更低的婴儿角色，而是把这个角色留给了不会提出异议的玩偶。

不同的社会结构

女孩和男孩试图影响彼此行为的不同方式反映并创造了不同的社会结构。在为弹弓之战做准备时，古德温研究中的男孩们呈现了一套层级分明的组织结构：领导者告诉其他人该做什么。下达命令并让其他人遵循，是某些男孩成为领导并维护领导地位的方式。一道命令，按照定义，理所当然地将说话者与听话者区分开来，并将说话者定位为更有权力的那一方。与此形成对照的是，女孩们的群体是以平等主义的方式组织起来的。根据古德温的观察，"在进行一项任务型活动时，即使是在 4 岁和 5 岁的儿童群体中，所有人也都共同参与了决策，而绝少见对地位的协商"。通过使用"让我们"和"我们"来制定建议，女孩们暗示了她们的群体是一个社群，服从的结果将增强社群的力量，而不会增强提出建议者的个人权力。

此外，这些男孩通常不会为他们的要求给出理由。例如，一个担任队长角色的男孩提出了这样的要求：

> 钳子！我要钳子！
> 听着，伙计。我现在就要线切割器。

但是女孩们却为她们的建议给出了理由：

> 莎伦：我们首先要洗一下瓶子。你知道。
> 帕姆：我知道。
> 莎伦：因为上面有细菌。
> 帕姆：要洗一下这些东西，以防它们携带细菌。

男孩们没有为他们的要求给出理由，由此，他们将命令强调为一场比赛中的一步。遵守表示服从领导人的权威，尽管服从是一种促进群体顺利运作的合作行为。但是，女孩们让事情如己所愿的方法却与此不同。她们不仅给出了理由，而且那条理由还是为大家好的：应该把瓶子洗干净，这样就不会有人受到细菌的侵害了。当帕姆通过附和莎伦的建议及其理由来与莎伦协作时，她更像是在参与决策，而不是遵循命令。然而，这并不意味着每个人的建议都能被平等采纳，或是建议经常得到采纳的某个女孩不会因此获得个人满足感或在群体中获得威望。

男孩和女孩维持的不同社会结构的形成与他们偏爱的不同活动有关。男孩通常喜欢玩公开竞争的游戏，如足球和篮球。即使是本质上不具备竞争性的活动，男孩也经常分成几支队伍，以促进竞争。女孩对有组织的运动或游戏不太感兴趣。她们更偏爱集体性的活动，如跳绳和跳房子。

古德温发现，男孩群体会根据参与不同活动的技能对成员进行排名，他们也经常吹嘘自己的能力和占有的东西。就像在萨克斯所做的研究中小男孩们争论谁将成为医生那样，在古德温的研究中，青春期前和青春期的男孩在为地位等级争论——争论相关技能高低以及谁有权力告诉谁该做什么。女孩则为谁比谁漂亮、她们和其他人的关系以及其他人对她们的评价争论不休。与男孩夸耀自己更优秀相反，如果一个女孩表现出自己比其他人更优秀，她就会被其他人批评为"吹牛"或"炫耀"。

男孩不仅会指挥，还会侮辱和威胁彼此。他们如果对另一个男孩有意见，会在他在场时说出来。但是，女孩的意见却通常是在被指责的那个人不在场的情况下提出的。

女孩避免直接对抗的倾向导致了一种在传统中受到鄙视的行为——在背后说坏话。一位男性在表达对这种行为的反感时表示，女孩为了和谐而牺牲了真诚。对"不真诚"的指责在跨文化交流中是普遍存在的，因为来自不同文化背景的人不会以看上去明显合适的方式交谈。对那些认为对抗能帮助发展友谊的人来说，通过表达批评意见来激发直接的对抗也许是"真诚的"，但在一个对抗会导致裂痕的体系中，这个命题不成立，因为直接表达批评意见和点燃战火会传递这样一种元信息：有人想要削弱友谊的纽带。

"你没有说为什么"

这些儿童活动中体现出的差异导致两性的期望、假设和态度出现分歧，使得成年人的对话更加复杂难解。例如，以下争论的起因是，一位女性想从一位不习惯解释理由的男性口中听到理由。对话双方莫琳和菲利普正在尝试为一场晚宴定日期。

> 莫琳：我们唯一有空的周末似乎就只有 10 月 10 号了。
>
> 菲利普：那时候狩猎季开始了。
>
> 莫琳：好吧。那就让我们安排在星期六或星期天晚上吧。
>
> 菲利普：好，那定在星期六吧。
>
> 莫琳：星期六你第一天去打猎，会来不及赶回来吧。
>
> 菲利普：（生气）我说了星期六，所以很明显，我想选的就是星期六。
>
> 莫琳：（现在也生气了）我只是想照顾一下你的想法。你没有给我你选择星期六的理由。
>
> 菲利普：我星期四和星期五请假去打猎，到了星期六晚上应该已经玩够了。
>
> 莫琳：好吧，那你为什么不早说呢？
>
> 菲利普：我不知道我为什么非得把理由说出来，而且我发现你的问题很有侵犯性。
>
> 莫琳：我还觉得你的反应很无礼呢！

因为菲利普没有说明选择星期六的理由，莫琳设想他可能是在迁就她，认为她想定在星期六，就像她也可能会迁就他一样——事实上，她确实在迁就他。她想让他知道，他没必要迁就自己，而当她表达自己对他的体贴，却遭到他的反对时，她受到了伤害。对菲利普来说，莫琳让他解释这么选的理由，会让他有一种被迫说明自己时间安排的感觉。他认为每个人都会小心维护自己的利益，所以她在他的利益中四处窥探时，就会显得特别具有侵犯性。她试图改善一处潜在利益冲突的愿望实际上却引发了一场冲突。

一场激烈的论战

　　我们能在日常对话中看到两性对冲突本身的不同态度。盖尔不喜欢争论，如果诺曼生起气来并提高了嗓门，她就会非常不安。"如果你大喊大叫，我是没法和你说话的，"她说，"为什么我们在讨论这个问题时不能成熟一点儿呢？"诺曼永远想不通这件事。在他看来，能和什么人吵架正是亲密的表现。相反，他非常反感她所重视并当作亲密证据的那种无止境的单调讨论，它们只能让他感到筋疲力尽。在一场激烈的论战之后，他会感觉很好，而她却只剩下疲惫与失败感。他认为这样的战斗是一种仪式性的战斗，并将其视为感情投入的一个标志，因为只有那些关系密切的人才会争吵。

　　世界上许多文化都认为争吵是亲密关系的一种令人愉快的迹象，同时也是一种游戏。身处希腊的美国人经常会感到本地人在争吵，这是一种错觉。他们听到的其实是一种希腊式的友好谈话，只是比美国式的友好谈话显得激烈得多。语言学家黛博拉·希夫林（Deborah Schiffrin）指出，在费城的东欧犹太裔工人阶级（无论男女）的对话中，友好的争论是一种社交手段。语言学家简·弗兰克（Jane Frank）分析了一对犹太夫妇的对话，这对夫妇倾向于在社交场合中观点两极分化，采取针锋相对的立场，但他们并不是在吵架。他们是在上演一场公开的论战，而两个人实际上站在同一边。

希腊人经常通过告诉我们该做什么来展现关心。一位在美国学习的希腊女生就因为这样做才惹得她的室友们既诧异又恼怒："你为什么把冰箱门开了这么久？""你为什么吃这么少？你应该多吃点儿。"这些问题在希腊的朋友中是很常见的，而且是作为一种关心和感情投入的表现而受到重视的。但对美国人来说，这些问题具有侵犯性和批判性。作为回应，她的美国室友们称这位希腊女生为"妈妈"。她用来表现亲密关怀的言语，被理解成一种类似母亲对孩子说话的风格，是一种地位等级特征的表现。

社会学家威廉·科萨罗（William Corsaro）和托马斯·里佐（Thomas Rizzo）对美国和意大利幼儿园中年龄在 2～4 岁的儿童进行了研究。他们发现，意大利儿童最喜欢的活动之一就是进行那种被意大利人称为"discussione"的激烈辩论，而美国人则将这种行为视为争吵。研究人员描述了一个每星期都会上演几次的典型事例，发生在孩子们理应安静地用毛毡记号笔画画的时候：一个男孩罗伯托夸张地表现出正在寻找一支红笔的样子。在确定自己这张桌上的所有孩子都在注意他的情况下，他试了试桌上的所有红笔，把它们都丢掉，然后站起身，从另一张桌子上拿走了一支红笔。坐在另一张桌子周围的孩子们不是没有注意到这件事，就是假装没注意到（这种情况更有可能）。但是没过多久，坐在那张桌旁的女孩安东妮娅大声问起来："红的在哪里？"同时，她也摆出要找一支红笔的样子，并对所有她和她的同桌们能找到的红笔表示了不满。

然后，戏剧性情节开始了。科萨罗和里佐是这样描述的：

> 安东妮娅用手掌拍着自己的额头，喊道："他们抢了我们的！"
>
> 这一声感叹同时引发了几件事。罗伯托停止画画，抬起头来，对坐在他桌旁的其他孩子微笑，他们都捕捉到了他的眼神，也都向他报以微笑，表示他们知道接下来要发生什么。同时，坐在第三张桌子周围的几个孩子看了看安东妮娅的桌子，然后迅速地看了看罗伯托的桌子。最后，坐在安东妮娅桌旁的玛丽亚跳了起来，指着罗伯托喊道："是罗伯托抢的！"紧接着，安东妮娅、玛丽亚和其他几个孩子走向罗伯托的桌子。就在他们到达的时候，坐在这张桌旁的另一个女孩路易莎抓住七八支记号笔（包括罗伯托拿走的那一支），把它们藏在桌下她的腿上。一到桌边，安东妮娅就指责罗伯托偷了红笔。罗伯托不承认，并挑衅地邀请她和其他人来找他偷的记号笔。于是，安东妮娅和玛丽亚开始寻找那支红笔，在第三张桌子的其他几个孩子的支持下，布鲁娜也介入了争端，宣称罗伯托确实偷了红笔，正藏在路易莎那里。路易莎喊道："不，这不是真的！"但是安东妮娅把手伸到桌子底下，抓到了路易莎藏起来的记号笔。此刻，教室里的很多孩子在喊叫、做手势和互相推搡，老师必须再一次介入并解决争端。

这些孩子并不是在为红笔争吵——桌子上有足够多的笔可供他们使用。用科萨罗和里佐的话来说，孩子们宁愿争吵也不愿画画。这种情况似乎对意大利学前班的男孩和女孩都适用。

不打不相识

虽然意大利学前班的男孩和女孩都很喜欢进行 discussione，即为了享受争吵而大声争吵，但在美国，男孩和女孩对冲突的态度却没有那么统一。美国的男孩更有可能通过对抗来表现和制造联系。欺负是男孩采取一种激越的姿态来对女孩表达爱意的方式。男孩拽他喜欢的女孩的辫子这一经典场景便是一个常见的例子。我不知道有哪个女孩喜欢被人拽辫子，但如果女孩喜欢这个男孩，可能比起被他忽视，她会更喜欢受到他的攻击。波兰女作家伊娃·霍夫曼（Eva Hoffman）[1]的经历就是这样的。她在自传中回忆起自己的童年玩伴马里克。

> 我爱上他了。我离不开他，尽管有时他会对我开些孩子气的拙劣恶作剧：当我经过他的窗口时，他会把一大本书砸到我的头上。还有一次，他试图把我塞进森林里的一个洞中，后来我才知道那个洞是原先德国人留下的，里面可能还埋着一些地雷。

1　伊娃·霍夫曼（1945—　　），美籍波兰犹太裔作家，代表作有《回访历史：新东欧之旅》。

马里克的玩闹方式具有潜在的杀伤力。尽管如此，霍夫曼回忆，"我们没完没了地闲聊，在与其他孩子的游戏中，我们也是一伙的"。事实上，"尽管我们玩了这些危险的游戏，但我坚信他更强健的体力是可以保护我的"。

对男孩和成年男性来说，有攻击性并不代表不存在友谊。恰恰相反，攻击是一种开启互动和制造参与感的好方法。一位女性告诉我，她作为一支男女混合队伍中的一员去密歇根大学参加篮球比赛的时候，曾目睹令她惊诧的一幕。当时，虽然他们的票上是注明了座位的，但这所大学的学生通常的做法是随意坐在他们找到的任何座位上——先到先得。根据这条不成文的规则，学生们占据了看台前排的座位。没过不久，密歇根州立大学的一群人来了。他们认为自己有权坐在票面注明的座位上，所以在发现有人占了他们的座位时，他们就命令那些人离开。密歇根大学的学生们拒绝让出座位，随后就发生了一场激烈的争吵，两边阵营的男生互相谴责和威胁，女生无力地坐着。过了一会儿，到访者们最终选择了他们争抢的座位旁边的位置。然后，两群刚刚发生了激烈口角的男生开始谈论球队、学校和即将开始的比赛，气氛甚至是友好的。这件事让女生们目瞪口呆。她们永远都不会卷入这样的一场骂战。而且她们认为，如果这样的事件真的发生了，那将会让两群女生成为一生的敌人，而不是一眨眼就成了朋友。

当我读到科萨罗和里佐的研究中的文字记录时，我意识到一种可能性：争斗可能是一种开启而不是排除友谊的方式。对我来说，幼儿园男生的同伴文化就像一个异国风情的世界。例如，他们描绘了一段发生在美国学龄前男孩中的小插曲：

两个男孩（理查德和丹尼）正在学校通往楼上游戏室的楼梯上玩机灵鬼[1]。在他们游戏的过程中，另外两个男孩（约瑟夫和马丁）进来了，站在最下面一级楼梯旁。

丹尼：走开！

［马丁跑开了，但是约瑟夫站在原地没动，最后还爬到了这段楼梯中间。］

约瑟夫：这双鞋真大。

理查德：我要一拳打在他的眼睛上。

约瑟夫：我要一拳打在你的鼻子上。

丹尼：我要用我的大拳头打他。

约瑟夫：我会——我——我——

理查德：他会砰砰砰地，被揍得从楼梯上滚下去。

约瑟夫：我——我——我会——我可以用我的枪把你的眼睛挖出来，我有一把枪。

丹尼：一把枪！我会——我——我——就算——

理查德：我也有一把枪。

丹尼：我也有枪，比你的还大，还可以射出便便。那可是便便。

［三个男孩都开始嘲笑丹尼提到的便便。］

理查德：现在快走开。

约瑟夫：呃，我要让你把——把枪插在你的头上，然后便便就会喷出来喷到他脸上。

1　机灵鬼是一种预压缩螺旋弹簧玩具。把它放在楼梯上，它就会在重力及其自身动量的作用下沿着阶梯不断伸展再复原。该玩具起源于美国，由海军工程师理查德·詹姆斯在 20 世纪 40 年代初发明。

丹尼：唔——

理查德：机灵鬼也会打中你的脸——

丹尼：我的枪也会打中——

截至此刻，理查德和丹尼似乎正在与约瑟夫进行一场激烈的争吵，因为约瑟夫试图破坏他们的"机灵鬼游戏"。丹尼因为提到"便便"而让他们的争吵带上了些许幽默感，让三个男孩都笑了。但是，他们仍然在互相威胁。科萨罗和里佐描述了接下来发生的事情：

这时，一个女孩（黛比）进来了，说她是蝙蝠女，并问他们是否见过罗宾[1]。约瑟夫说他就是罗宾，但她说她想找的是另一个罗宾，然后就跑开了。黛比离开后，丹尼和理查德走进了游戏室，约瑟夫也跟着进去了。从这一刻开始，直到这个小插曲的结尾，这三个男孩都在一起玩。

在这次愤怒的争斗中，三个男孩威胁着要挥拳相向，朝彼此开枪，还要用机灵鬼互相打脸，最后又友好地玩在了一起。他们的争吵不仅没有妨碍他们在一起玩，而且最终还促使他们在一起玩。我怀疑挑起一场战斗是约瑟夫与另两个男孩进行接触的方式，而将约瑟夫拉入战斗则是丹尼和理查德让他加入他们游戏的一种轻松的途径。

---

[1]　蝙蝠女（Batgirl）和罗宾（Robin）都是美国 DC 漫画旗下的超级英雄。

搞好关系

在这个学前班的插曲中，小女孩黛比扮演的角色也很有趣。正是她假扮成蝙蝠女出场的事件导致男孩们结束口角，转而和平地一起玩耍。黛比仿佛执行和平任务的蝙蝠女那样飞进了争执现场。

如果男孩们制造了争吵，那么这个女孩就设法避免了直接拒绝的行为，即使她确实想拒绝。当黛比说她在找罗宾，而约瑟夫说自己就是罗宾时，她没有回答"不，你不是"，相反，她接受了他的声明，然后说自己在找另一个罗宾。

女性在生活中始终扮演着和平缔造者的角色。在简·夏皮罗（Jane Shapiro）的小说《伏尔朋》（*Volpone*）的一幕中，一位女儿在她的母亲和弟弟之间的一场冲突中扮演了和平缔造者的角色。这场冲突之所以爆发，就是因为母亲和儿子在表现关心的行为中一个关注亲密感，一个重视独立性。

在这个故事中，叙述者正在拜访她上大学的儿子扎克。扎克一直在参加反对大学在南非投资的示威，因此睡在学生们在校园里建造的许多棚屋中的一间里。在与来访的家人（包括姐姐诺拉、父亲威廉以及祖父佩普）共进晚餐时，扎克解释说，他很沮丧，因为与其他大学里"学生们经常被打破头"的情况相比，他们学校的管理人员恰恰相反。他们的校长容忍甚至支持学生抗议者的活动，却不对受托人施加压力，要求他们撤资。

下面这段是扎克母亲的视角，她是这个故事的叙述者：

停顿了一下，我说："好吧，很遗憾你没能吓住受托人，但是站在一个母亲的立场上说，有时候我真的很高兴你不在伯克利或者其他什么地方，不会经常被打破头。"

扎克不可思议地看了我一眼。诺拉向后一靠，给了我一个顽皮的眼神。"'站在一个母亲的立场上'，"她说，"你什么时候会用这个句式了？"

诺拉似乎在通过向后靠坐，提醒母亲她平时总会避免说这种话来让母亲不要用这种方式说话。但是叙述者继续说下去，结果是灾难性的：

我说："我是说，我觉得左右为难。很明显，我支持你，也为你感到骄傲，我认为你坚守自己的信念这件事很重要，而且很明显，我相信不应该阻止我的孩子独立行动，做他们认为正确的事情。但与此同时，我内心也有一部分在说，我真的不希望你被打破头。"虽然这话可能有点儿做作，但对我来说，它听起来是如此合理，无懈可击。威廉心不在焉地点着头，仿佛在表达支持。"这是一个我还没能解决的矛盾，"我说，"而且——"

"妈妈，你是不是想阻止我们以某种方式'行动'这事不重要，"扎克说，"我们是人。我们已经开始'行动'了。你能努力以一种'开明'的方式来表达反对，这真的很好。但是妈妈，你关于你是否应该让我们做什么事的想法，有点儿，我觉得，不是很恰当。"

随后，威廉插话进来开始管教儿子，为妻子辩护，父亲和儿子都生气了。直到诺拉介入平息愤怒，让大家重新好好说话：

> 诺拉歪过身子，把手放在佩普的前臂上，她说："好啦，伙计们。"
>
> 大家默不作声。诺拉把手伸到扎克的盘子里，拿起他最后一只虾卷，用一种温暖的声音对他说："这个你还吃吗？"扎克摇了摇头。诺拉把虾放进嘴里，说："无可否认，这是一只来自佛蒙特的虾。"她对佩普咧嘴笑了笑说："这只虾对一切表示遗憾。"

当开玩笑不起作用时，诺拉会尝试一种直接请求，她使用了对扎克的昵称，强调了他们之间的紧密关系："行了，Z。"

扎克的愤怒反应出乎他母亲的意料。她以为她是本着亲人间的体贴在关心他，但他却从地位等级和控制的角度来解读她的意见：如果他自主行事的权利需要得到她的许可，那么他的自主权便不是真的，而是她给予的。扎克注意到保护行为暗示的优越性，对母亲把他定位为孩子的做法做出了反应。他的父亲试图通过彰显权力的方式来解决这场冲突，强化了扎克较低的地位：他告诉这个男孩，不要这样与他的母亲说话。但是，女儿扮演了和平缔造者的角色，试图通过表现他们之间的亲密联系来安抚扎克的愤怒情绪。

对分歧的不同态度

和平缔造者的作用反映了女性倾向于追求共识的总体趋势。当玛吉告诉约翰她想到的某件事情或是别人做出的什么评论时，约翰的回应通常都是指出这一立场的弱点，或者提出另一种观点。这让玛吉心里有点儿不舒服。有一天，她复述了某个人的一句论调，刚好呼应了约翰几天前还在论证的一个观点。她确信他会说："哦，是的，这是对的。"事实上，她重复这个言论的主要原因是想通过支持约翰的立场来让他感到高兴。但令玛吉感到吃惊和苦恼的是，约翰指出了这个论调忽略的另一面。即使在确信自己一定能获得共识的时候，她还是收获了满满的反对意见。对约翰来说，在讨论中提出一个不同的观点比采取认同的态度更有趣，但他的异议让玛吉感到不愉快，因为它给对话带上了一股敌对意味。

对玛吉来说，意见分歧带有"对亲密感造成威胁"这一元信息，约翰却不认为分歧是一种威胁。恰恰相反，他认为能够表达不同意见是关系亲密的一种信号。一位男性曾向我解释说，他觉得当有人表达了一个观点时，他有责任指出这个观点的另一面；而如果有人抱怨了别人的某个行为，他就应该说明那个人的动机可能是什么。当一个人采取一种立场时，他觉得他应当尝试挑战它，并扮恶人唱反调，从而帮助对方探索其立场。在做这一切的过程中，他觉得自己是在支持对方，在某种程度上，他也确实是在支持对方，但这是一种以敌对姿态为模式的支持。这一姿态更多地受到男性的期待和欣赏，而不是女性通常会喜爱的。

成为挑战者

这种对待认同与挑战的不同方式也出现在教育语境中。我的一位同事让他语言学课堂上的学生阅读我的书《我不是那个意思！》，把它作为教材使用。他给学生们布置的作业是向我提问，之后他发来问题让我回答。在向我提出问题的 12 个学生中，10 个是女生，2 个是男生。这 10 个女生的问题都是支持性或探索性的，她们请求我澄清和解释某些问题，或是提供一些个人信息。例如，她们的问题包括"您能再解释一下……吗？""您能再举一个例子吗？""这些差异是生物学意义上的，还是社会学意义上的？""您是从哪里获得这些例证的？""如果每个人都接受您的观点，社会将如何改变？""您为什么会嫁给您的丈夫？"男生们提出的两个问题却很有挑战性。一个人问，从本质上讲，"您书中的很多内容都是关于心理学的，那您为什么不认同一位心理学家在您的研讨会上向您提问的方式？"另一个人问道："您书中的很多材料难道不是与修辞学和传播学领域而非语言学领域联系更紧密吗？"

对我来说，女生的问题看起来很迷人，而男生的问题却显得咄咄逼人。我对我的丈夫谈到了这一模式。"这些都是陷阱。"他评论道。"怎么说？"我问。他回答："他们的教授告诉他们，'你们的机会来了——这是一位专家'。于是，他们抓住了质疑你的机会，制造了陷阱式的问题。"于是，相似的模式又出现了：他也认为挑战一名专家是很自然的事，而我则和这个班上的女生一样，认为接触专家是一个学习内行知识和建立个人联系的机会。

那么，挑战的"意义"是什么呢？在我听来，这些男生的问题透露着试图削弱我的权威的意图。这两个人似乎都在说："你不是一个真正的语言学家。"其中一个人甚至还质疑我对我自己的案例的解读。我不喜欢这种方式。我更喜欢女生们的问题：我觉得它们巩固了我的权威性。我甚至不介意那个打探我婚姻状况的侵扰性的问题，我可以用幽默的方式回答。但是，挑战在某些时候也是一种表示尊重的方式。一位男性同事指出，当涉及严肃的问题时，"垒球一样软绵绵的"问题是没有意义的。另一位男性同事在谈到他写过的一篇颇具批判性的书评时也发表了类似的观点。他说："在某种程度上，与一个人搏斗，表明你尊敬他（是的，还有她）。"令我十分感兴趣的是，这两个人都选择了敌对性的隐喻——取自运动和战斗——来解释为什么在学术交流中，挑战显然（对他们来说）是具有建设性的行为。我想我在女性中绝非少数，像我这样的很多女性会认为挑战行为的真实意义比其仪式性意义更大，并会认为问题是针对我个人的，是在企图削弱我的权威，而非通过与我"搏斗"来增强它的可靠性。

现在在我看来，那些提出挑战性问题的年轻人很可能是在尝试与我进行一番纯粹的学术交流。但是，他们陷入了一种"跨文化"鸿沟：在感到我的权威得到尊重时，我肯定会享受理性的学术交流，但在感到自身受到挑战时，我便会不喜欢跟他们"搏斗"了。如果那些问题的措辞变成"您能否深入解释一下，为什么您会反对您例证中那位心理学家的行为"或者"您能否多讲讲您的研究与修辞学和传播学之间的关系"，我其实会很愿意回答。有一个类似的问题是这样问的："我同意您的观点，但是当人们问我为什么我所做的工作属于语言学时，我很难回答。您会如何回答提出这种问题的人呢？"用这种方式组织问题的人探寻的是同样的信息，但是采取了一种盟友而非对手的立场。

以争斗实现友好目标

自从认识了这些模式之后，我便惊讶地发现，男性常常希望通过争斗来实现友好的目标。例如，在我的一堂课上，一位特邀演讲者想要论证的观点是，看似奇怪的行为可能有很多种不同的解释。为了证明这一点，他说："现在，我们拿第一排的这位年轻女士举例。假设她突然站起来，开始死死地掐住坐在她身旁的另一位年轻女士的脖子……"在寻找意外行为的例子时，他偏偏想到了一个攻击行为。

另一位男性准备开始一场大约有 30 个人参加的培训，而他们所在的教室足以容纳 50 人。这些听众都坐在了靠后的位置，在教室前方留下了好几排空荡荡的座位，如护城河般围绕在演讲者周围。演讲者起初表示希望听众坐到前面来。当这个要求没有得到回应时，他动用了一种戏谑的威胁："如果你们不往前坐，等你们离开时，我会跟踪并杀了你们。"

一位男性催眠师试图帮助一名女性恢复她的日语知识。这名女性曾十分熟练地掌握日语，但是自从她可以流利地使用中文以后，她就忘记怎么说日语了。在引导这位女士进入轻度催眠状态之后，催眠师建议道："想象一下有人在用日语对你发号施令，试图控制你的一举一动。你要用日语对他们大声喊'滚出去！'"在需要向催眠对象暗示一种能引发情绪的场景时，他想到的是一个对大多数男性来说至关重要的情况。但我很好奇也很怀疑这种想象能否让这位女性入戏。后来，催眠师在解释他的做法的时候说："我想看看我们能不能让她脑中的日语和中文掰手腕，并且掰赢。"

披着羊皮的狼语

在男孩和成年男性频繁利用对立来建立人际关系的时候，女孩和成年女性可能会利用表面上的合作和友好关系来进行竞争和批判。例如，古德温发现，女孩们尤其喜欢一种能让她们数出自己跳了多少次的跳绳口诀。"八卦"也可以是具有竞争性的，比如，有些人可能会争当第一个知情者。

在玩一种叫作"四方格"的游戏的四年级和五年级女生中，发展心理学家琳达·休斯（Linda Hughes）看到了合作与竞争的微妙平衡。在这个游戏中，四个女孩分别站在一个画在地上的方格里，轮流拍一个球。任何没接住球、把球打出方格或是拍了两下球的人都会出局。她会离开游戏，队伍里的下一个女孩会进入游戏。虽然这个游戏原则上是一个人玩的，但在实践中，这些女孩就像是在组队玩一样：她们试图让她们的朋友入局，让其他人出局。

休斯解释说，女孩们在一个复杂的系统中玩耍。用她们自己的话说，这个系统要求她们做到"友好"而不是"刻薄"。让别人出局是刻薄的，但如果这么做的目的是对其他什么人友好——让自己的朋友入局——就不算是真正的刻薄。女孩们必须表现得有竞争性：如果总是很友好，从不让任何人出局，那就是对所有排队等候着却永远也不能玩的女孩刻薄。但是，她们必须在合作的框架内进行竞争。所以，举例来说，一个女孩如果准备用力击球，让某个人出局，她可能会向她的朋友喊："莎莉，我会把你弄进来的！"这就向所有听到她说话的人宣布，她并不希望残忍地对待那个将被她打出局的女孩，而只是在友好地对待自己的朋友。女孩们把这种必需的行为称作"友好的刻薄"。她们告诉休斯，她们不喜欢和男孩一起玩，因为男孩只想让每个人都出局。

人类学家佩内洛普·布朗（Penelope Brown）展示了一些引人注目的事例，显示了墨西哥特内哈帕的妇女如何利用表面上的同意来表达反对。在墨西哥的玛雅印第安人社群中，女性不会明确地表达愤怒或反对。如果她们感到愤怒，她们会通过微笑、触摸或拒绝说话来表达。那么，在形势需要她们发生冲突的时候——例如在法庭上——她们是如何做的呢？布朗录下了一桩针对一则罕见丑闻的法庭判例。事件中，一位年轻的新娘抛弃了她的新婚丈夫，嫁给了另一名男性。新郎的家人向私奔的新娘的家人提起诉讼，要求他们按照习俗归还新郎家送给新娘家的礼物。

这两个家庭在法庭上的代表分别是新娘与新郎的母亲。在案件陈述环节，两位女性愤怒地争吵起来——她们的争吵方式是用讥讽和挖苦的腔调互相表示赞同。例如，当新郎的母亲声称她给了新娘一条价值两百比索的腰带时，新娘的母亲回应说："说不定是一百左右吧？"这句话颇为讽刺地暗示了"这条腰带只值一百比索"。她还贬低了女儿收到的一条裙子，说："或许是因为那条裙子是真的羊毛吧，或许吧！"——嘲弄般地宣称那条裙子并不是用真羊毛做的。新郎的母亲反驳道："也许不是因为当时太贵了吧？"暗示说："那条裙子在当时很贵！"另一位又回嘴："真的很贵，[因为]它本身就贵，大概吧，嗯？"——这是在挖苦地暗示："它很不值钱！"

因为被禁止直接表达愤怒和异议，这些乡下妇女如果想要表达自己的想法，就只能通过她们可以运用的途径——礼貌以及表达同意的措辞。这个来自异国文化的例子或许会显得有些极端，但这种模式与现代西方女性在某些时候以表面上的肯定方式达到否定目的的做法并没有太大的不同。社会期望女性展现的一切"友善"的措辞方式，既可以被用来疗愈，也可以被用于伤害。

一种常见的、状若无心的伤害他人的方式就是复述另一个人对其的批评言论，以"我想你应该知道"等话开头，体现一种"都是为了你好"的感觉。例如，希尔达告诉安妮玛丽，安妮玛丽的小姑子曾经向一屋子的女人讲述安妮玛丽和她青春期的儿子之间的矛盾。得知她的家庭问题成了公开讨论的话题之后，安妮玛丽感到非常羞耻。她既无法要求她的丈夫不向妹妹吐露隐私，也不想找对方吵架，因此她觉得自己只能把这件事咽下去。如果没有人告诉安妮玛丽这件事，她是不会受到伤害的，所以伤害她的人其实是她的"朋友"希尔达，而不是她的小姑子。

让情况变得更糟的是，此后每次安妮玛丽见到希尔达时，希尔达都会盯着她，满脸关切地问道："你还好吗？事情进展如何？"这让安妮玛丽觉得自己就像是一个精神病患者，而不是一个与孩子发生了每对母子都会发生的问题的母亲。任何形式的支持都可以被用作伤害他人。对他人的感受表现出刻意关怀的行为可以将你定位为一个社会工作者：你无比正常，而他们是你的病人。

提供有益建议的行为也可以间接地成为批评的暗示。例如，一位名叫莎拉的女士向她的朋友菲莉丝建议，菲莉丝的父母下次来看她时，她可以安排他们住进酒店而非她的一居室小公寓，这样或许能让他们舒服一点儿。菲莉丝并不感激这个建议，而是精准地领会了莎拉的意思：她是认为她和父母的关系太近了。

如果赞美可以暗含批评之意，那么它便带有很大的杀伤力。例如，"你的新任情郎很棒——他没上一个那么无聊"这句话看起来是在夸奖你的新男友，却会让你在走开时感受到对方对你前任的鄙夷。同样，"你的演讲非常出色，比你上一次演讲更容易理解"这种恭维会让你看到听众在你上一次演讲中迷惑不解地挠头的样子。

另一种可以让批评者无须为后果负责的方法就是揣测他人的动机。例如，帕特里夏不明白，为什么她认识的某个男人没给她打电话。纳丁听到后有了个想法："也许是因为你让他喊你帕特里夏而不是帕蒂，他觉得你有点儿傲慢吧。"虽然帕特里夏依然不知道那个男人的想法，但她已经知道纳丁对她坚持使用全名的看法了。

争吵中的信息与元信息

虽然女性倾向于不直接争吵，而男性可能更喜欢以争吵促进感情，但在许多情况下，两性之间确实会进行公开、严肃的较量。通常，这样的争论使我们不仅会对争论的主题感到沮丧，还会因对方的争论方式感到失望。信息与元信息的区别再次成了问题的关键。

　　一位男性曾向我转述下面这次争吵，他认为这体现了他觉得与女性争吵令人沮丧的典型原因。那次争吵前，她在半夜突然叫醒了他。

　　　　他：怎么了？

　　　　她：你挤得我没地方睡了。

　　　　他：对不起。

　　　　她：你总是这样。

　　　　他：什么？

　　　　她：占我的便宜。

　　　　他：等等。我睡着了。你怎么能让我为我在睡觉时做的事负责呢？

　　　　她：好吧，那上次……

　　然后，她对他过去的几次冒犯进行了责难。

　　这对伴侣很难在他们的争吵中找到一个共同的立足点，因为他们是在不同的层面上行动的。男方站在信息本身的层面说话：他占了太大地方。而女方的注意力则集中在元信息层面：他睡觉的状态体现了他总在占她的便宜，他在他们的关系中占据了"太多的空间"。她以这一具体罪行为机会，开始讨论它代表的行为模式。他觉得以这个无意中犯下的过错为契机翻开一串旧账的行为是不公平的，这就像在变戏法时从帽子底下扯出各种颜色的手帕一样。

安·泰勒（Anne Tyler）[1]在小说《意外的旅客》（*The Accidental Tourist*）中也做出了类似的情节安排，用一段对话表达了与此完全相同的观点。梅肯和穆里尔一直在同居，但梅肯还没有跟妻子离婚。梅肯不经意间提起了穆里尔的儿子亚历山大。

"我认为亚历山大没有得到良好的教育。"一天晚上，他对她这样说。

"哦，他现在挺好的啊。"

"我们今天买牛奶时，我让他算一算店员该找给我们多少钱，但他根本就没有一点儿概念。他甚至不知道该用减法。"

"他才上二年级。"穆里尔说。

"我想他应该转到私立学校去。"

"私立学校要花很多钱。"

"那又怎样？我来付。"

她停下煎培根的手，看着他。"你在说什么？"她说。

"什么？"

"你是什么意思，梅肯？你是说你要负起责任来了吗？"

穆里尔接着告诉梅肯，他必须决定是不是要和妻子离婚，跟她结婚。她不能就这样把她的儿子送进一所新学校。万一梅肯回到他的妻子身边，她又得把儿子弄出来。在这段对话的结尾，梅肯难以置信地说："但我只是想让他学会减法！"

---

[1] 安·泰勒（1941—　），美国当代小说家、文学评论家，代表作包括小说《思家小馆的晚餐》《意外的旅客》《呼吸课》等。

就像那对在半夜争吵的伴侣一样，梅肯关心的是信息，仅仅是亚历山大的数学水平。但穆里尔关心的是元信息：如果他开始为她儿子的教育买单，那这件事对他们之间的关系来说意味着什么？

现实生活中夫妻之间的争论也呈现出相同的模式。艺术家简·弗兰克（Jane Frank）从不同的角度记录和分析了类似的一场争论。一位丈夫回到家，抱住妻子，说："你要不要认个错，收回自己的话啊？"因为她曾经表示，他不可能找到她想要的那种尺寸和型号的画。现在他找到了一幅，希望她承认她错了。相反，妻子声称，她说的是要找到那样的一幅画会比较难，而不是不可能。她提出了一个折中方案：他的解读并不是她说那话的本意。但他对这些解释一点儿都不买账。她说过那句话，他已经证明她是错的，她就应该承认自己错了。他们的争论变得非常激烈，无法得到解决。那是因为他始终站在信息层面上——针对的是她所说的话的字面意思；但她很快就转向了对她来说似乎重要得多的东西——他的立场传达的关于他们关系的元信息："你为什么总是想证明我是错的，排除我的看法呢？"

"这让我想起一个故事"

这些不同的世界观塑造了我们沟通方式的方方面面。语言学家和人类学家研究的一个方面是如何讲故事——我们在谈话中交流的对个人经历的叙述。我们在谈话中听到和讲述的故事塑造了我们的观点。通过倾听彼此讲述他人的遭遇，我们掌握了正确的行为方式。男性和女性谈论生活中事件的不同方式反映并创造了两个不同的世界。

每一年，我课上的学生都会记录下他们偶然参与的一次普通对话，并转录我们讲述个人经历的一个片段。有一年，两名学生分析了班级成员转录下的全部故事，用以比较两性叙述风格的不同。他们发现了一些与我所研究的模式相符的差异。

男性讲述的 14 个故事都是关于他们自己的。而在女性讲述的 12 个故事中，只有 6 个是关于她们自己的，其他的都是发生在其他人身上的事件。男性讲述的故事中存在主人公和敌人，女性讲述的故事中没有这些角色。在很大程度上，男性讲述的故事让他们看起来很棒。例如，两位男性讲述了他们通过出色的表现为自己的团队赢得比赛的时刻。许多女性讲述的故事是让她们看起来愚蠢的。例如，一位女性讲述自己的鼻子曾经骨折，而直到多年后一位医生告诉她，她才发现这件事。另一位女性说，她的轮毂盖滚进了坑里，这让她非常生气，于是她停下车，在一堆遭遇了同样命运的轮毂盖中做着徒劳的搜寻。然后，她因为不想空手而归，就拿走了一个对她毫无用处的奔驰轮毂盖。

我的学生对男性和女性的故事进行了非正式的比较，其观察结果与语言学家芭芭拉·约翰斯通（Barbara Johnstone）的一项研究结果相似，约翰斯通研究了由她的学生们记录的 58 则会话叙事，发现：

> 女性的故事往往是关于社群的，而男性的故事往往与竞争有关。男性讲述人与人的竞争——如打架等身体竞争，也讲述社交方面的比拼——他们如何使用语言和 / 或智慧捍卫

他们的荣誉。他们还会讲述与自然的竞赛——狩猎和捕鱼。与人或动物竞赛的故事可能会以吹牛的形式呈现，这种叙事本身就是讲述者和听众之间的一种竞赛。当男性叙事者不是他故事的主角时，他的主角仍会是一位男性；男性很少讲述涉及女性的故事。

另一方面，女性的故事总是围绕着社群规范，以及不同群体的联合行动而讲述。女性会讲述她们违反社会规范并因此感到害怕或尴尬的事件，会讲述帮助他人走出困境的事迹，会讲述疑似看见鬼魂后得到他人解释的经历，也会讲述遇到自己的伴侣或养猫的故事。女性们讲述特殊的人，将他们非正常的行为戏剧化，并含蓄地使其与社会规范形成鲜明对比。她们讲述自己、其他女性以及男性的故事。

在约翰斯通的研究中，不仅男性讲述他们单独行动的经历更频繁，而且当男性和女性都在讲述各自的单独行动时，故事的结局往往还是不同的。绝大多数讲述自己单独行动的男性都提供了积极的结局，而绝大多数讲述单独行动的女性却形容结局令她感到痛苦。只有极少数（21 个中的 4 个）男性故事中的主人公接受了他人的帮助或建议，而在更高比例（26 个故事中的 11 个）的女性故事中，主人公得到了别人的帮助或建议。

约翰斯通的结论是，在男性生存的世界里，他们认为权力来自个人与他人或自然力量相对抗的行为。对他们来说，人生是一场竞赛，他们要不断接受考验，并必须努力表演，以规避失败的风险。约翰斯通表示，对女性来说，社群是权力的源泉。当男性从竞争，从自己与自然或其他男性斗争的角度看待人生时，在女性眼里，生活就是一种为避免自己被隔离在社群外的危险而做的斗争。

相互误判

这些模式提供了一种新语境，可以让我们在这种背景下理解托马斯·福克斯对他写作班上的男女生的观察。H 先生试图对大家施加影响。M 女士则尽力避免表现突出以及冒犯他人。H 的自我定义的一大部分都揭示了他将世界看作一个竞争和冲突的舞台的观点。根据福克斯的报告，H 的文章描述了"他在待了一年时间的西点军校里与其他学员之间产生的竞争和冲突，包括和篮球队、军官、同学，以及最重要的，根据 H 先生的说法，和他哥哥之间的"。

如果说 H 表现出来的是自信，那么他的文章就揭示了他因为居住在一个充满斗争性的世界中而体验到的痛苦。因为他总是处于等级结构中，当他身处令他感到自己低人一等的情境中时，他便会承受巨大的痛苦：在他短暂的从军经历中，所有人都合谋着打击新入伍的学员的自尊；而在他的家里，他也觉得哥哥姐姐更受宠爱。福克斯解释说：

> H 先生的文章是对一个又一个等级结构的枯燥冗长的陈述。从西点军校的学员等级，到他对一场篮球比赛的描述——在这场比赛中，军官不公正地惩罚了球员——再到他从特权等级结构出发对自己家庭的认识。在他家里，父母在最顶端，接着是他的哥哥，然后是他的姐姐，最后才是身

处最底层的 H 先生。所有这些等级结构都对 H 先生产生了不利影响，而正如他用一个非常恰当的错别字表述的那样，他们"扁低"了他。

换句话说，男性展现出的自信，和女性表现出的不安很相似，其根源也可能是过去的痛苦。

女性和男性都容易以自己的方式来解释对方的言行，因为在我们的设想中，我们都生活在同一个世界里。福克斯的写作班上有另一位年轻男性注意到，他的女同学们拒绝在发言中用权威来向他人施压。他猜测，原因是她们害怕犯错。对他来说，重点是知识，这是个人能力的问题。他没有认识到，她们害怕的不是犯错，而是冒犯他人。对她们来说，重点是人际关系：她们与群体的关系。

H 和 M 都对他们学习扮演的角色表达了不满。M 将她的角色的根源追溯到她父亲身上，是父亲告诫她不要让别人知道她懂得多少的。H 则认为是好斗的世界把他塑造成那种角色的：

> 我曾经是一个开放的、非常善良和敏感的人；在内心深处，我现在仍然是。然而，通过与家人的竞争和学校中的人际关系，我改变了自己的个性，让自己"强硬起来"，把其他人挤了出去。

尽管对抗可以作为一种达到友好目的手段，但是男孩们等级分明、充满竞争性的世界也会导致情感上的痛苦，并对人际关系的建立形成干扰。

复杂性的不同

在回应这一章中描述的两性差异时，人们常常会问或是直接告诉我他们认为哪种风格更好，连研究人员有时也会做出价值评判。珍妮特·莱弗（Janet Lever）比较了五年级男孩和女孩（10～11岁）玩耍时的表现，得出的结论是：男孩们的游戏能更好地让他们为职场生涯做准备，因为他们的游戏涉及更复杂的规则和角色扮演。但是，女孩们的游戏也具有复杂性——表现为在言语层面对人际关系的掌控。佩内洛普·埃克特（Penelope Eckert）在对一些高中生进行观察后指出，男孩们用来判定他们社会地位的方式是简单而直接的——他们的个人技能和成就，尤其是在体育方面。但是，女孩们"必须从她们的整体性格出发，用一种复杂得多的方式来判定她们的社会地位"。

莱弗描述了五年级女生玩的一种在她看来很"单调"的游戏。一大群女生围成一圈，一起表演规定的动作，同时念诵一首名为《尼克博克医生九号》的儿歌。一个女孩闭着眼睛在圆圈中央旋转，然后伸出一只手臂停下来。被她指的那个女孩就得和她一起站到圆圈中央，然后这个女孩开始转圈，并以同样的方式选出下一个女孩。当圆圈中央聚集了九个女孩时，第九个女孩就变成新一轮游戏的第一个人，其他八个女孩则回到外围的圆圈里。

这有什么好玩的呢？莱弗解释道："当圆圈中央的女孩们发现有朋友被选中来和自己站到一起时，她们就会爆发出欢乐的叫声。事实上，一个女孩可以通过这些叫声的响亮程度来衡量她受欢迎的程度。"换句话说，这个游戏之所以有趣，是因为它掌控并比较了对女孩们来说很重要的一项价值——她们友谊的深度。

这就正如男孩们的游戏比拼了他们重视的价值——技能。女孩们的游戏是对不断变化的友情联盟所做的实验。她们的游戏确实是一场竞赛，只不过不是关于技能的，而是关于受欢迎程度的。

玛乔丽·哈内斯·古德温和查尔斯·古德温（Charles Goodwin）[1]描述了一种复杂的语言习惯，在他们生活和开展研究工作的非裔工人阶级社区中，这种习惯是青春期前和青春期的女孩主要关注的对象之一，被这些女孩称作"他说她说了"。当一个女孩告诉另一个女孩有人在她背后谈论她时，这种习惯就会"被激发"。古德温夫妇观察到，"被试的男性中不存在类似复杂程度的语言扩展结构"。

因此，事实并不是男孩的行为总体上更复杂，而是男孩和女孩在学习用不同的方式处理复杂性：男孩方式的复杂性表现为复杂的规则和活动，女孩方式的复杂性则表现为复杂的关系网络以及使用语言调解这些关系的复杂方式。

谁的方法更好

男孩们的游戏真能更好地帮助男性在职场上取得成功吗？当然，对那些需要迅速做出决定的女性来说，不能也不应该单独采取行动的信念可能是一种障碍。但对男性来说，必须独立行动，不依靠他人来找到出路的信念也是一种障碍，毕竟有时候，他们并没有掌握做决定所需的全部信息。此外，研究表明，在传统上

---

[1]　查尔斯·古德温（1943—2018），加州大学洛杉矶分校传播学教授，为社交互动领域贡献了突破性的理论。

看男性占据优势的商业和科学领域取得成功的人，无论是男性
还是女性，都不是特别争强好胜的类型。更确切地说，他们是在
"工作能力"或"工作精通程度"方面表现出色，即把本职工作
做得非常好而已。

女性喜欢寻求赞同的倾向在管理层面甚至可能成为一种优
势。许多人认为，女性能成为很好的经理人，是因为她们更倾向
于征求他人的意见，让员工参与决策。而且所有人都同意，如果
员工们认为自己在制定某项政策的过程中起到了一定的作用，那
么他们就能更有效地执行这项政策。有一位男性将妻子的小企业
描述为"一个开放的舞台"，在这里，员工们可以对她直呼其名，
随便不打招呼就走进她的办公室，他们觉得自己是一个作业团队
的一员，而不是她的下属。在他自己的企业中，他表示，员工要
称呼他为"先生"，也从来不会不敲门就闯进他的办公室。他还
觉得，他的员工对他们的工作环境并不太满意。

虽然保持一种社群的氛围而并非等级制度在某些场景下可能
是具有优势的，但在许多情况下，我们不免会遇到异议，这时，
不害怕冲突的人就具有优势了。与他人针锋相对的意愿可以让人
充满力量。这里有一个不起眼但很有说服力的例子。

在一座大型音乐厅里举行的音乐会上，听众寥寥无几。许多
人坐在最远的楼座上，而离舞台较近的整整一片座位都是空的，
于是，最后一排楼座上的一些人起身，移到了离舞台更近的空座
上。正当人们重新落座，而音乐会也刚刚开始时，一位引座员走
了进来。她选中了一对被她看见换了座位的夫妇，用手电筒照着
他们的脸，让他们回到自己的座位上去。那位妻子已经准备好按
她的话去做，但是丈夫开始怒气冲冲地朝引座员大喊大叫。引座

员迅速离开了，只有这样，她才能让这场骚动立刻停止。

在另一个例子中，一名销售人员向他的同事吹嘘，他是销售部最有权势的成员之一。每当他在会议上发言，很少会有人反驳他。他颇引以为豪，将此归功于他的高地位。事实上，没有人反驳他，是因为众所周知他脾气暴躁、言语恶毒，没有人想成为他发火的对象。恐惧与尊重的效果有时是无法区分的。

那些无法发火的女性就不能以这种方式施展权力了。更糟糕的是，她们回避正面冲突的行为让她们很容易成为剥削的受害者。一言以蔽之，她们不会为自己的权益挺身而出。女性名人也不能幸免于此模式。例如，名嘴奥普拉·温弗瑞（Oprah Winfrey）就曾说："我最大的缺点是不能与别人正面对峙。在做过那么多节目，读过那么多书，和那么多心理学家谈过话之后，我仍然会在对峙中被逼到退无可退的境地。我需要花好几天时间拖延和挣扎，才能鼓起勇气说出些什么。有时我觉得，我宁愿跑出去被卡车撞倒，也不愿面对一个咄咄逼人的对手。"

这不是奥普拉·温弗瑞特有的缺陷，而是无数女性都在忍受的问题。事实上，与其说这是一个缺陷，不如说它是一种在对立语境中无法起到作用的长处。成功女性可能特别容易出现这样的弱点，因为她们取得成功的途径很可能是与他人的和睦相处而非斗争。为了与他人相处并受到对方的喜爱，许多女性学会了避免正面对抗。但是，比起一个习惯站在对抗立场上看待世界的人，一个试图避免正面对抗的人更容易受人宰割。

某个星期日，我在家里接到了一个学生打来的电话，她问了我一大堆关于她正在写的毕业论文的问题。在花了很长时间回答她的问题后，我指出她其实应该去问她的"导师"——我的同事。

他才是主要负责指导她的人（署名导师的也是他）。这位学生回答说，她必须在那一天得到这些问题的答案，而她不想在他休息时打扰他。

为什么打扰星期日在家的我就可以，而用本该他做的工作打扰他就不行呢？我们发现，大多数女性都比男性更好说话。这种现象有很多可能的解释。也许女性的时间看起来似乎没有男性的那么宝贵。我们中的许多人都记得那种感觉：好像母亲的时间是可以任由我们支配的，而父亲的时间却是为家庭之外更重要的追求保留的，我们要等他有时间分给我们——所以，当我们拥有这样的时间时，我们就会认为它是宝贵的。但是，女性更为平易近人的另一个原因是她们对冲突的回避，这意味着即使她们感到不悦，她们也不太可能做出严厉的回应。

总是采取敌对立场的人会无法获得他们可能喜欢的某些体验，而总是迁就他人的人可能会忍耐实际上令自己感到痛苦的某些体验。有一位男性向我描述了被他和前妻称作"我喜欢鸡肋"的现象。当他们家晚餐吃鸡时，总得有人吃鸡肋，在他们家，这个人一直是他的妻子。她会安慰其他人说："我喜欢吃鸡肋。"但是，正如这位男性对我说的那样，没有人真的喜欢鸡肋。是她让自己相信她喜欢鸡肋——还有摔破的蛋黄和烤焦的吐司——目的就是迁就其他人。但经年累月的迁就会让失望感越积越多，他们都认为正是这种不断累积的失望导致他们最终离婚。

即使在没有离婚的夫妇中，迁就行为也会产生消极影响。一位名人提供了一个例子。女演员杰恩·梅多斯（Jayne Meadows）[1]

---

[1] 杰恩·梅多斯（1919—2015），美国舞台、电影和电视女演员，作家和演讲家。

在接受采访时说，在他们的婚姻早期，她的丈夫、喜剧演员史蒂夫·艾伦（Steve Allen）[1] 就已经"操控"她拒绝了许多大片约。例如，她表示："史蒂夫阻拦我在《成功之道》（*Will Success Spoil Rock Hunter?*）[2] 中出演主角。"在一档脱口秀节目中，被问及这件事时，艾伦说他只是评论了一句"那段开场戏有点儿重口味"，于是梅多斯自己拒绝了这个角色。杰恩·梅多斯显然是推断出——这推断极有可能是正确的——丈夫更希望她拒绝这个角色。但她必须尊重他的意愿吗？当时她觉得是有必要的，但是回头看，她后悔了。

对冲突的不同态度

对许多女性来说，公开反对他人的意愿，无论是他人明确表示过还是她们判断出的，都是一件不可想象的事。具有讽刺性的是，比起当面冲突，一些人更倾向于离开。这种情况就发生在一位名叫朵拉的女性身上。等她意识到违背她丈夫的意愿并不会导致家庭解体，而处处迁就他的行为在她心中累积的挫败感会时，已经来不及了。

朵拉挫败感的一个源头是一辆又一辆的二手车。是她开着这些车去上班的，也是她把这些车送去修理厂，然而却是她的丈夫汉克负责决定买哪辆的。汉克总是喜欢便宜、有趣但需要频繁修理的汽车。在朵拉差点被一辆刹车失灵的破雷诺车害死之后，

---

[1]　史蒂夫·艾伦（1921—2000），美国电视及电台名人、音乐家、作曲家、喜剧演员以及作家，他是美国王牌脱口秀节目《今夜秀》的联合创始人和第一任主持人。
[2]　美国喜剧电影，1957 年上映。

他们又开始在市场上寻找另一辆二手车。

汉克看上了他认识的一位机械师正准备卖出的一辆车龄 15 年的阿尔法·罗密欧（Alfa Romeo）[1]，朵拉却想利用这个机会从一位即将离开美国的朋友那里购买一辆新款的大众汽车。她决心通过协商达到一致来做出决定，于是想尽一切办法劝说汉克不要买那辆时髦的老阿尔法·罗密欧，去买那辆虽然无趣但是可靠的大众汽车。但汉克很顽固。

如果这件事发生在以前的任何时候，朵拉都会听从丈夫的意愿，然后每次开着阿尔法·罗密欧上班或是去修理厂时都在心里诅咒他。但这件事发生在他们的婚姻已经告急的时候，她没有什么输不起的了。于是她就从朋友那里买下了大众汽车，并做好准备迎接她确信这一举动会招致的盛怒。令她惊讶的是，汉克没有一句抗议。当她将自己预料的事情告诉他时，他告诉她是她太傻了：如果她真的特别想做一件事，她应该从一开始就去做。他不明白，为什么她想做自己认为正确的事还必须得到他的首肯。

关于迁就他人是实现家庭和谐的最好方法这个信念，我遇到的最极端的例子来自另一位女性。她曾经对我谈起她的第一段婚姻。她的第一任丈夫会对她和孩子们施加暴力，她常年活在担心被杀的阴影里。在向我解释她为什么会忍受他的殴打时，她说他经历过一段痛苦的童年，从小就失去了爱，而她觉得自己只要提供给他无条件的爱，就可以治愈他的创伤——并修复他们之间关系的裂痕。有一次，他下手太重，打昏了她。等她醒过来，他说："我想我们之间一切都结束了。"她却回答说："我还是爱你

---

[1] 意大利著名轿车与跑车制造商。

的。"他以为这一次狠狠的打击肯定会把她赶走，但她却认为这是一次机会，可以一劳永逸地证明她对他的爱是无条件的。即使面对这样的挑衅，她也没有把反抗或挑战当作一种可用的回应。

我们无论对得到的结果多么不满意，都很少会质疑我们在争取结果时使用的手段。当我们的所作所为起不到作用时，我们不会尝试换另一种完全不同的方式。相反，我们只会更加努力、频繁地尝试那个在我们看来绝对正确的做法。但是当双方的风格存在差异时，一方越固守己见，另一方的固执也就越会变本加厉。结果，我们的努力不但没有解决问题，反而使事情变得更糟。

这种情形就出现在莫莉和乔治讲述的经历中。莫莉无法忍受乔治大喊大叫的习惯，但大喊大叫对乔治来说似乎是很自然的事，因为在他成长的家庭环境里，他和他的两个兄弟以及他的父亲永远都在互相对抗。他们争斗，扭打，吵架。莫莉偶尔也以大喊大叫回击时，乔治就会很吃惊。她讨厌对他喊，但他喜欢。乔治解释说："当我对某件事情感到愤怒并进行攻击时，我会期待对方反击。如果我没有得到反击，我就会灰心丧气，然后就会变得更愤怒。"

如此例所示，如果一方将冲突看作一种有价值的沟通方式，一旦另一方试图避免冲突，其实反而可能会引爆冲突。一位性情稳重的美国交换生在西班牙的塞维利亚与房东谈话时发现了这一点。那位房东喜欢在言语中攻击加泰罗尼亚人——生活在西班牙东北部的一个族群，而她也知道她的美国客人不同意她的观点。她有一次想刺激他，说："加泰罗尼亚人都是狗娘养的。"这位年轻的美国人试图达成和解："好吧，你有你的观点，我也有我的观点，所以我们不必再争论这个问题了。"这种拒绝参与辩论的行为非但没有避免争论，反而激怒了她，并引发了一场愤怒的攻击。他们不得不协商了一个小时才达成部分谅解——协商内容与对加泰罗尼亚人的态度无关，而是关于对言语冲突的态度的。

寻求变通

当一个人习惯的沟通方式不起作用时，加大力度并不能解决问题。相反，男性和女性都可以从变通中获益。那些不惜一切代价避免冲突的女性，如果能认识到一点冲突没什么大不了的，她们的处境就会大为改善。而那些习惯与人针锋相对的男性如果不再沉溺于冲突，情况也是一样的。

我们是不同的，不仅性别不同，文化背景也不同，因此对言语对抗的态度差异将会在朋友、伴侣和陌生人之间持续存在。而这些差异在长期关系中尤为明显，并格外令人烦恼，毕竟长期关系本质上就受到控制和双方欲求矛盾等问题的影响。处理人际关系本来就很难，如果你们还遵循着不同的规则，甚至玩的是不同的游戏，就更难了。因为冲突的意义以及应对冲突的自然方式，对女性和男性来说本质上是不同的。在这个角斗场上，男性和女性的不同风格格外容易引发冲突。实际上，仅仅是意识到看似不公平或非理性的行为可能是另一种沟通方式的产物，都可以帮助双方减轻挫败感。冲突还会继续产生，但至少你们的争论焦点会变成真正的利益冲突，而不是不同的沟通方式。

第7章

谁打断了谁的发言：支配与控制问题

下面是我父亲喜欢讲的一个笑话。

一个女人向法院提请与丈夫离婚。当法官问她为什么要离婚时，她解释说她的丈夫已经两年没和她说过话了。法官问丈夫："你为什么两年不和你妻子说话？"他回答说："我不想打断她说话。"

这个笑话反映了一种普遍的刻板印象：女性说话太多，并喜欢打断男性的话。

与这种刻板印象正好相反，在性别和语言相关研究中，被引用最为广泛的发现之一其实是"男性会打断女性的话"。在关于这一主题的热门文章中，我从未见过一篇没有引用这一发现的。这一发现令人感到欣慰，因为它推翻了指责女性说话太多的歧视性刻板印象，而且也解释了大多数女性都有的一种体验：她们觉得自己的话经常被男性打断。

双方都声称对方打断自己说话的现象反映并支撑了这样一种观点：打断他人是一种不友善的行为，是一种语言层面上的欺凌行为。打断他人者被视为恶意的侵略者，被打断者则被视为无辜的受害者。这些假设建立在这样一个前提之上：打断他人是一种侵犯行为，是对他人发言权利的践踏，是一种想要占据支配地位的企图。

对对方打断自己说话的指控在亲密关系中尤其令人痛苦。在这种关系中，打断说话的行为携带着大量的元信息——伴侣不够关心你，不爱倾听，不感兴趣。这些抱怨正是触及了亲密关系的核心，因为我们大多数人寻求的和最渴望的，就是得到重视和倾听。但你会有被打断的感觉，并不一定意味着有人存心要打断你。而如果你并非有意要打断对方，却受到了这样的指责，这就像别人不给你任何机会表明你的观点一样，令人无比沮丧。

因为"你打断我"的抱怨在亲密关系中十分常见，而且因为它提出了性别政治中的基本问题——支配和控制，打断和支配之间的关系值得进一步的检视。为此，我们有必要更仔细地审视是什么造成并构成了沟通中的打断现象。

男性是否真打断了女性的话

研究人员是通过给谈话和发言被打断的情形计数而得出男性打断女性说话这一结论的。在鉴定发言被打断的情形时，他们没有考虑到他们研究的对话的本质：对话者讨论的内容、说话者的意图、他们给予彼此的反应以及这种"打断"对对话产生了什么影响。相反，他们鉴定对话被打断的标准是僵化的。进行计数的研究人员需要一套标准，以鉴定什么该被纳入统计。他们与人种学研究者不同。后者需要去观察我们如何在自然环境下做出研究人员想要了解的某种行为，对操作标准的态度十分谨慎，而进行计数的研究人员却恪守着僵化的标准。这种用来鉴定被打断的发言的僵化标准，是造成这些观点差异的一个因素。

语言学家阿德里安·班尼特（Adrian Bennett）认为对语音重叠的判断便是僵化标准存在的一例：听一段对话或其录音时，任何人都能判断出对话双方是否出现了语音重叠观象。但是，如果要做出发言被打断的鉴定，必然涉及对某人权利和义务的解读。要确定一位发言者是否侵犯了另一位发言者的权利，你必须对两位发言者及其语境都有足够多的了解。例如，发言者在说什么？每个人说了多久？他们过去是什么关系？他们对被打断发言是何态度？而且，最重要的是，第二位发言者针对第一位发言者的评论属于什么内容：是支持、反驳还是对话题的转移？换句话说，第二位发言者想做什么？表面上的支持可能是一种不易察觉的抨击，而表面上的话题转变又可能是一种间接的支持手段——例如，当一名青春期男孩放弃了一次对他朋友表示同情的机会时，他其实是为了避免强化朋友低人一等的地位。

以上所有以及其他一些因素都可成为依据，影响我们判断一个人的话语权是否受到侵犯，以及如果受到侵犯的话程度又有多深。有些时候你觉得自己的话被打断了，但你并不介意；另一些时候，你却会非常介意。最后，不同的发言者有不同的会话风格，所以即使对方不是有意的，被打断的人也可能会觉得自己被打断了。

坎迪斯·韦斯特（Candace West）和唐·齐默尔曼（Don Zimmerman）列举的一个例子，展现了一位男性打断一位女性说话的情况。在这种情况下，我认为仅从互动权的角度来说，将以下情形定义为打断发言是合理的。（垂直线显示了语音重叠的部分。）

> 女：所以你在同一天经历了那一切以后，真没什么可抱怨的，不过我问了物理教授，能不能改 | 一下 |
>
> 男：　　　　　　　　　　　　　 | 不要 | 碰那个（1.2）
>
> 女：什么？
>
> （停顿）
>
> 男：我把关于那个计划的所有想法都记在那本笔记本里了，你那样乱翻会把它弄得乱七八糟。

韦斯特和齐默尔曼认为这是打断发言的一个例子，因为第二位发言者开始说话时，第一位发言者一个词（"改"）还没说完。但考虑到所说的内容，第一位发言者的权利或许并没有受到侵犯。虽然这位男性语气中的某些其他因素让他看起来像是交谈中的恶霸，但他打断对方，让她停止翻看他的笔记本的行为本身并没有侵犯她说话的权利。很多人在看到有人擅自处理他们的所有物，破坏他们辛勤劳动的成果时，会觉得有理由要求对方立即停止。他们为避免产生进一步的损害，不会等到句法和修辞合适的时候才去行使自己的发言权。

社会学家斯蒂芬·默里（Stephen Murray）列举了一个被他视为典型的打断发言现象的案例。其中，第一位发言者连一个观点都还没有表述完全，第二个人就插嘴谈论另一个话题了。以下是他举的例子。

H：我认为 | 是这样

W：　　　| 你想再来点儿沙拉吗？

　　这段简单的交流展示了我们的对话可以有多么复杂。许多人都认为，主人即使没有义务，也有权利提供食物给客人，无论客人是否在说话。提供食物，就像要求把盐或其他调味品递过来一样，是占优先地位的行为，因为如果主人等到没人说话才提供食物，而客人等到没人说话时才去索要他们够不到的菜品，那么对话越精彩，很多客人就越可能饿着肚子回家。

　　这并不是说主人在任何时候都可以打断他人发言，提供食物。如果一位主人习惯性地在伴侣刚开始说什么时打断对方，或偏偏在一位发言者正讲到某个故事的高潮或正准备抖包袱时提供食物，那么这种行为看起来就像是对一些权利的侵犯，或能体现一些不善的动机。但是，单就上面这一个例子，我们不能断言它就是打断发言的情况。

　　两性沟通方式的差异让情况更加复杂。也许在某个人的成长环境里，对话始终连续不断，而一切提供食物的行为都可以与正在进行的谈话并行；而在另一个人的成长环境里，对话是稀少、零散的，而且主人只会在交谈的间隙提供食物。如果这样的两个人住在一起，那么其中一个很可能会在对方发言时提供食物，并认为对方应当继续说话，但不喜欢和人同时说话的那一方就会感到自己的话被打断了，甚至会拒绝交流。这两个人的做法都没错。打断发言不是一个僵化的类别，反而事关个人对权利和义务的认识，因为它们是从个人的习惯和期望中产生的。

没有语音重叠，却打断了发言

在上面的例子中，语音的重叠——两个人同时说话——不一定属于打断发言的情况，也就是说，不一定侵犯了某人的话语权。但在另一些情况中，发言者确实感到他们的权利受到了侵犯，甚至在没有语音重叠的情况下也有这种感觉。艾丽丝·格林伍德对一段发生在晚餐桌上的对话的分析为这种情形提供了一个例子，这段对话发生在她的三个孩子（12岁的双胞胎丹妮丝和丹尼斯，以及11岁的斯泰西）和他们的朋友之间。在下面的示例中，丹妮丝和斯泰西为她们的兄弟邀请来吃晚餐的客人——14岁的马克——进行了一次表演。这种对话，被格林伍德称为"贝蒂笑话"，是姐妹俩经常一起表演的。在开始之前，她们先争取到了马克的注意。丹妮丝说："听听这个。马克，听这个。"之后，丹妮丝和丹尼斯都宣称"这太有趣了"。但马克并不同意：

丹妮丝：［用贝蒂的声音］不好意思，你是贝蒂吗？

......

斯泰西：哦，听听。

丹妮丝：［用贝蒂的声音］哪个贝蒂？

斯泰西：［用贝蒂的声音］贝蒂咬了点儿有点儿苦的牛油——

［丹尼斯、丹妮丝、斯泰西都在笑。］

马克：什么鬼东西？

［丹尼斯、丹妮丝、斯泰西歇斯底里地笑起来。］

虽然这段表演激起了三个孩子的欢声笑语，在其他场合也引起过朋友们的欢笑，但马克没有笑，并表示没理解笑点在哪里。丹妮丝和斯泰西试图向他解释：

丹妮丝：我说"哪个贝蒂"，你说"贝蒂·琼斯"，然后她说，"贝蒂咬了点儿有点儿苦——"

→丹尼斯：有人吃过这个吗？

马克：没有。其实我刚刚就想说，我能试试那个汤吗？看上去不错。

丹妮丝：听着，听着，听着，听着。

马克：你能慢点儿说吗？

斯泰西：贝蒂买了一点点苦牛油，她说："这点儿牛油有点儿苦。如果把牛油放进面糊里，我的面糊会变苦。"所以贝蒂买了一点儿更好的牛油——

→丹妮丝：你以前从来没有听过这个吗？

马克：没有。从来没有。

丹妮丝：不可能吧，马克？

马克：真的。

丹妮丝：这是个有名的绕——|

→斯泰西：　　　　　　　　　　|绕口令。

马克：不，有名的绕口令是"彼德·派柏摘——"|

→丹妮丝：　　　　　　　　　　　　　　　|一回事。跟那个一样。是一种类型的绕口令。

马克：你一直在打断我。

在这段节选中，丹妮丝和斯泰西反复打断对方的话，如箭头和垂直线所示，但是，没有任何迹象表明她们讨厌被打断。她们似乎的确有些介意丹尼斯跟她们同时说话，询问关于食物的事（"有人吃过这个吗？"），因为他打断了她们的解释（于是丹妮丝抗议说"听着，听着，听着，听着"）。女孩们彼此支持，站在同一个队里说话。

最引人注目的是马克的抱怨"你一直在打断我"。这很有趣，因为马克被打断时说的话（"不，有名的绕口令是'彼德·派柏摘——'"）实际上是被用来打断女孩们的解释的，尽管他并没有和她们同时说话。同样的情形也适用于上一次他们"打断了"他的时候：正当丹妮丝说"好了，看这个"的时候，马克说"这很好笑吗？像一个——"，他没能说完自己的话，因为丹尼斯已经笑了起来，而丹妮丝则开始讲起那个笑话。因此，马克的抗议看上去就像是真实生活中的一个例子，印证了那句笑话"在我打断你的时候你不要说话"。

马克也采取了反对的立场，尽管他事实上是在支持而非反对。女孩们刚刚说，她们的绕口令"是个有名的绕口令"。如果马克仅仅补充"有名的绕口令"的内容（"彼德·派柏摘了一撮泡菜"），那么他的打断就会是支持性的，补全了丹妮丝的解释。然而，他开口就说"不对"，就好像她们在声称她们的笑话就是那个著名的绕口令似的。

在这次谈话中，女孩们试图将马克纳入她们友好的玩笑之中。在研究自己的孩子与朋友们的谈话的过程中，格林伍德发现，谈话被打断的次数越多，孩子们在谈话中就感到越自在，也就越喜欢这段交流。但是马克拒绝成为这个快乐群体的一员，坚守他不被打断的发言权。造成这种现象的一个原因也许是他的年纪比其他孩子大了几岁，也许是他不喜欢扮演听众的角色，也许是当丹妮丝说"你以前从来没有听过这个吗？……不可能吧，马克"时，他感到自己受到了鄙视。不管是出于什么原因，丹妮丝、斯泰西和丹尼斯都在进行情感式沟通，而马克想要做的是一些更像报告式沟通的事。后来，丹妮丝告诉母亲说她不喜欢马克，这也就不足为奇了。

虽然丹妮丝的确"打断"过马克，告诉他他说得没错（"一回事。跟那个一样"），但是没有证据显示她试图控制他。此外，虽然丹妮丝和斯泰西也在互相打断，也没有证据表明她们试图控制彼此。然而，有一些证据显示，马克可能是在试图控制斯泰西和丹妮丝，例如，他拒绝因为她们的笑话发笑，拒绝接受她们对她们的笑话的解释，尽管他并没有抢着和她们一起说话。因此，决定控制性质的并不是打断发言的行为，而是发言者在相互交谈时想做什么。

语音重叠，却没有打断发言

认为打断发言是控制权的一种体现，其实是在假定对话是一种一段时间内只有一个人发言的活动，但这种观点反映的更多是一种观念，而非实践中的行动。大多数美国人认为一个人的发言不该被打断，但他们在实际情况下却未必是这样做的。在我录下的谈话中，许多声音会同时出现，而且很明显，大家相谈甚欢。当我稍后问他们对刚刚的谈话感觉如何时，他们都告诉我他们聊得很好，但当我为他们回放磁带时，他们听到大家在同时说话，都感到十分尴尬。"天哪，我们真的是这样做的吗？"他们说，就好像脱掉言语的遮羞布时被当场抓住一般。

在我此前出版的一本名为《会话风格》(*Conversational Style*)的书中，我分析了6个朋友在晚餐桌上进行的两个半小时的谈话。在回顾这次谈话时，这群朋友中的一些人告诉我，他们觉得其他人"控制了"这场谈话——而我第一次听这段录音时也以为情况是这样的。但是，遭到指控的人却辩解说自己是无辜的。他们声称自己无意占据支配地位，相反，他们还想知道其他人为何如此沉默寡言。只有通过比较这段谈话的不同部分，我才能解决这个谜题。

无意打断以及有关控制的印象产生的原因，是这些朋友拥有不同的沟通方式。我把这两种方式称为"高度体贴"和"高度投入"：前者优先考虑他人，避免将自己的意见强加于人；后者则表现出热情的参与积极性。一些明显的打断现象之所以发生，是因为高度体贴的发言者期望两轮发言之间的停顿更长，而在他们等待适当的停顿出现时，高度投入的发言者误认为他们无话可说，为了避免令人尴尬的沉默，他们立即填补了空当。

其他的无意打断，是在高度投入的发言者伺机插话以表现支持和参与的时候产生的。高度体贴的发言者会将这种"伴唱"性质的支持误解为剥夺自己发言权的行为，于是他们停下来，避免与对方同时说话，这在他们看来无异于嘈杂的噪声。具有讽刺意味的是，这些"打断"不仅仅是这些表面上的受害者的解读，也是他们自己的造物。当高度投入的发言者对彼此使用完全相同的技巧时，效果就变为积极而非消极的：紧跟着上一个发言者插嘴的行为并没有阻止任何人说话，反而润滑了对话的车轮，活跃了参与的气氛。

我的研究中有两个例子说明了这两种迥异的情形，以及语音重叠对谈话造成的不同影响。第一个例子是一段发生在三名高度投入的发言者之间的对话，展现了语音重叠的积极效果。第二个例子展现了高度投入的发言者与高度体贴的发言者语音重叠的现象扰乱了对话的消极影响。虽然在这些对话中，性别并不是影响这些语音重叠模式的因素之一，但是理解语音重叠现象起作用（或不起作用）的机制，对理解性别和打断之间的关系是至关重要的。

响应式语音重叠的成功例子

第一个例子是在讨论电视对儿童影响的背景下进行的。6 个朋友中只有 3 个开口了，他们都是高度投入的发言者：史蒂夫（主人）、彼得（史蒂夫的兄弟、客人）以及黛博拉（我，也是客人）。史蒂夫声称电视对孩子们不好，作为回应，我问史蒂夫和彼得是不是在电视的陪伴下长大的。作为一名女性，我将焦点从一种抽象、客观的陈述转移到了个人经历上，这可能并非巧合。

> 史蒂夫：我想电视对孩子们造成的基本上都是伤害。它带来的好处远远不及它造成的损害。|
> →黛博拉：　　　　　　　　　　　 | 你们两个是在电视的陪伴下长大的吗？

彼得：几乎不算。我们住在匡西特[1]里的时候才有电视
机——　　　｜

→黛博拉：｜你们父母弄来那台电视机的时候，你们两
个有几岁了？｜

→史蒂夫：｜我们有一台电视，但我们不是总看。我们那
时很小。父母买一台电视的时候，我才四岁。｜

→黛博拉：　　　　　　　　　　　　　｜你当时四岁？

彼得：我还记得那件事。｜我可能记不太清了 / ？？ /[2]

→史蒂夫：　　　　　　　　｜我记得我们在搬出匡西特之
前买了一台电视机。那是 1954 年。｜

→彼得：　　　　　　　　　　　｜我记得我们住在匡西特
里时有了一台电视机。

黛博拉：［咯咯笑］你住过匡西特？那时你多大了？

史蒂夫：你知道吗，我爸的牙医问他："匡西特是什
么？"于是我爸说："天哪，你一定比我的孩子们还小。"他
还真是，比我们两个都小。

如竖线和箭头所示，这段对话包含许多语音重叠以及"紧扣"
的现象——第二个发言者没有留下任何可供察觉的停顿便开始说
话。然而，发言者们没有表现出任何不适或气恼的迹象。所有 3
名发言者都轮流紧扣或插入他人的发言。在这段对话中，作为兄
弟的彼得和史蒂夫表现得如同二重唱，很像是之前的例子中丹妮
丝与斯泰西所做的那样。

---

[1]　一种用预制金属构件搭成的半圆长拱形活动房屋。
[2]　此处表示发言者这句话的后半段没有被听到。

　　这个例子包含的一条线索可以解释为什么高度投入的发言者不介意语音重叠。这些发言者如果想立刻听其他人说的话，就会在被打断时停下来，但如果不愿意，就会晚一些回应甚至完全无视对方的插话。例如，当彼得说"我们住在匡西特里的时候才有电视机"时，我打断了他，问："你们父母弄来那台电视机的时候，你们两个有几岁了？"史蒂夫没有马上回答我的问题。相反，他先是将彼得的陈述说完："我们有一台电视，但我们不是总看。"直到此时，他才转而开始回答我的问题："我们那时很小。父母买第一台电视的时候，我才四岁。"还有一次，史蒂夫忽略了我的问题。我问："你住过匡西特？那时你多大了？"史蒂夫甚至没有向我确认这个问题，只是提供了匡西特活动房屋这个话题令他想起的一个关于他父亲的小插曲。史蒂夫不觉得我的问题具有侵犯性，一部分原因是他没有被强制回答的感觉——恰恰是这个假定让我能放心开口，兴高采烈地抛出这些问题。这些语音重叠的现象具有响应性质的另一个原因是，它们没有让话题转移，而是针对同一个话题进行了详细阐述。

响应式语音重叠的失败例子

　　这段简短交谈的成功与说话者是否同时说话或打断对方无关。它之所以成功，是因为说话者对语音重叠抱有相似的习惯和态度。下一个例子则展示了一段同样风格的餐桌对话，结果却是失败的。彼得和我再次出现在这里，但我们的交谈对象不再是史蒂夫，而是大卫，他的风格是高度体贴型的。

　　大卫是一位美式手语[1]翻译，当时正在给我们讲解这种技能。作为听众，彼得和我使用了语音重叠和紧扣来提出支持性的问题，这些问题和先前的示例中我问彼得和史蒂夫的问题类似。此处，我们的问题也显示出对发言者所说内容的兴趣，而不是为了转移焦点。但效果却大相径庭。

　　　　大卫：所以，这就是伯克利地区的手语。这个伯克利式手势表示的是 | 圣诞节。

　　→黛博拉： | 你是自己琢磨清楚那些，那些，嗯，对应词的吗？还是说——|

　　　　大卫：　　　　| / ？ /|

　　　　黛博拉：——在你学这些手势的时候，有什么人教过你吗？

　　　　大卫：哦，你是说 | 通过观察吗？就像——

　　→黛博拉：　　　　　　| 因为我能学会那个手势，却想不到它跟"装饰"有什么关系。

　　　　大卫：不。你知道这个手势跟"装饰"有关。|

　　→黛博拉：　　　　　　　　　　　| 是有人专门告诉你的，还是你自己想 | 明白的？ |

　　→大卫：　　　　　　| 不 是。 | 噢。你，你是说我吗？

　　　　黛博拉：是呀。

　　　　大卫：还是说聋哑人？ |

---

[1]　美国和大部分加拿大英语区的聋哑人使用的主要手语。

→黛博拉： 　　　　　　　　　| 你。你。

大卫：我？呃，通常是有人告诉我的。但很多手势我能看出意思。我的意思是，它们很明显。水平提高以后，就能看懂更多了。我从事这份工作的时间越长，就越能明白他们在说什么了。| 不用 | 认识那是个什么——

→黛博拉：| 嗯，| 挺有意思的。

大卫：——手势。|

→彼得： 　　　　　| 但你是如何学会一个新手势的呢？

大卫：我怎样学会一个新手势？ |

彼得： 　　　　　　　　　| 是啊。我的意思是，假设维克多正在比画，然后他突然间用了一个表示感恩节的手势，是你以前从来没见过的。

正如箭头显示的那样，彼得和我的所有评论都紧扣或重叠了大卫的发言。但是，大卫的 7 条评论中只有 2 条重叠了我们的。此外，这两句话中一句是听不见的（用斜杠之间的问号表示），另一句是"不是"——可能是在试图同时回答我的双重问题的第一部分（"你是自己琢磨清楚那些，那些，嗯，对应词的吗？"）。大卫通过停顿、犹豫、重复和婉转措辞表现出了不自在的迹象。当我为他回放这段谈话时，他告诉我，这一整段谈话无论是总体上的还是具体到各种问题上的快节奏，都让他措手不及，倍感压力。

对我来说，通过没有人情味的白纸黑字来审视这次谈话是很困难的，因为它使我看起来盛气凌人。然而，我记得我对大卫的好意（他仍然是我最亲密的朋友之一），还有我对他的回答的含糊性感到的困惑。将我的"机关枪式的问题"对大卫造成的影响与对史蒂夫和彼得造成的影响相比较后，我感到松了一口气，因为当我用"机关枪式的问题"来与高度投入的发言者交流时，其效果完全是符合我本意的：它们被视为一种兴趣和友善的表现，为发言者带去鼓励与支持。但当这些问题被用来与高度体贴的发言者交流时，它们会造成干扰和打断。导致发言被打断以及发言者不适感的并不是语音重叠或是快节奏的询问，而是沟通方式上的不同。风格差异其实是快节奏和停顿等具体表现下的本质。快节奏这样的特征并不是与生俱来的，而是发言者相对于彼此的风格异同决定的。我可能得补充一点：由于做了这项研究，我学会了在与那些不善回应的人交流时避免使用机关枪式的问题或响应式的语音重叠——这是增强对沟通方式的理解的一项切实的好处。

打断现象的文化差异

在我对餐桌谈话的研究中，3 名高度投入的发言者都是犹太裔的纽约本地人。而在 3 名高度体贴的发言者中，2 名是来自南加州的天主教徒，1 名来自英国伦敦。尽管仅仅 3 个人的样本不能证明什么，但是几乎每个人都同意的是，许多（显然不是所有）犹太裔纽约人、许多非犹太裔纽约人和许多来自纽约以外地区的犹太裔都具有高度投入的会话风格，并且经常被认为在与来自不同背景的发言者（如我的研究中的加州人）交谈时有打断对方的行为。但是，许多加州人比许多中西部或新英格兰人更习惯较短的停顿，因此在他们之间的对话中，加州人会变成打断人的那一方。正如当我生活在纽约时，本地人认为我非常有礼貌，但在加州，我有时就会被认为粗鲁；我认识的一位有礼貌的加州人在搬到佛蒙特州[1]后被指责粗鲁，这让她感到震惊和难过。

这种循环是无止境的。语言学家罗恩和苏珊娜·斯科隆（Ron & Suzanne Scollon）[2]夫妇指出，那些与美国东部人谈话时会被打断的中西部人，在与阿萨巴斯卡语系[3]的印第安人交谈时反而变成了富于侵略性的插话者，因为阿萨巴斯卡人习惯更长的停顿。许多美国人在与斯堪的纳维亚人交谈时会打断对方发言，但瑞典人和挪威人在停顿时间较长的芬兰人眼中又成了打断发言的那一方，而芬兰人内部也存在停顿时间和说话频率的地区差异。因此，根据芬兰语言学家贾科·莱托宁（Jaakko Lehtonen）和卡里·萨迦瓦拉（Kari Sajavaara）的研究，来自芬兰某些地区的人有语速快且咄咄逼人的刻板印象，而我们认为来自另一些地区的人语速慢而愚钝。

人类学领域的很多论文阐述了在世界上的许多文化中，人们认为在非正式谈话中同时说话是一件好事。比起欧洲北部崇尚的不打断他人的惯例，打断的现象在世界上更多地区更普遍。卡尔·雷斯曼（Karl Reisman）创造了"对位对话"这一术语，用来描述他在安提瓜[4]观察到的语音重叠方式。凯伦·沃森（Karen

---

[1]　位于美国东北部新英格兰地区的一个州。

[2]　罗恩·斯科隆（1939—2009），美国乔治城大学语言学教授，他最广为人知的成果是在跨种族交际领域的研究。他与妻子苏珊娜有很多研究合作，他们有关跨文化交际及话语分析的著述颇丰。

[3]　北美原住民语言的一大语系。

[4]　位于加勒比海小安地列斯群岛的岛屿。

Watson）借用了这个术语来描述夏威夷儿童的言语习惯：他们一起开玩笑，参与"讲故事"活动。沃森解释道，对这些孩子来说，轮番参与的行为体现的不是个人的表演，而是"伙伴关系的表演"。迈克尔·莫尔曼（Michael Moerman）针对泰语对话也得出了类似的观察结果。林礼子（Reiko Hayashi）发现，日语发言者非正式交谈中同时说话的现象要远多于美国人。

杰弗里·舒尔茨（Jeffrey Shultz）、苏珊·弗洛里奥和弗雷德里克·埃里克森发现，一个在学校被视作有严重行为问题的意大利裔美国男孩其实只是在插话而已，而这种行为在他家里被认为是合适而正常的。在上述研究者的记载中，这些语音重叠现象不具破坏性，并非旨在行使控制权，也没有侵犯他人权利。相反，它们是具有响应性质的，是一种表现投入、参与和发展人际关系的手段。简而言之，同时说话可以成为情感式沟通的一种途径。

当女性主动插话

根据有关男性打断女性发言的研究，一种对我们这里的讨论来说矛盾且最重要的现象是，另一类被发现喜欢同时说话的群体是女性。民俗学家苏珊·卡尔西克（Susan Kalčik）是最早通过对一个女性群体进行录音来观察女性如何在交谈中利用语音重叠的研究者之一。语言学家黛博拉·詹姆斯（Deborah James）和珍妮丝·德拉基奇（Janice Drakich）回顾了那些对全男性和全女性群体互动进行比较的研究后发现，在那些报告了差异的研究中，研究者们观察到的绝大部分打断发言的现象存在于女性中。

在一系列教师委员会会议上，语言学家卡罗尔·埃德斯基（Carole Edelsky）打算看看谁说的话更多，却无意中观察到了女性更喜欢同时说话的现象。她发现，当一个人在说话而其他人都在安静地聆听时，男性说的话比女性多，但在很多人同时说话的情况下，女性说的话就和男性一样多了。换句话说，当女性感到谈话环境更接近报告式沟通时，她们参与的可能性就会较小，而当她们感到谈话环境更接近情感式沟通时，她们才更有参与的可能。响应式语音重叠在某种程度上将会议定位为情感式沟通。

以下是一个反映女性在非正式交谈中以高度响应与协作的方式进行语音重叠的例子。这个实例来自语言学家珍妮丝·霍尼亚克（Janice Hornyak）在厨房餐桌上录下的一段对话，她正是参与对话的一方。珍妮丝和她的母亲佩格来自南方的一个州，她们正在北方拜访亲戚，珍妮丝在这里第一次看到了雪。珍妮丝对雪的好奇让佩格和她的嫂子玛吉回忆起在下雪的地方抚养孩子的艰难经历。（珍妮丝的母亲在北方抚养了珍妮丝的兄姐，但是在珍妮丝出生前就搬到了南方。）

佩格：坏处是，我得给每个孩子穿雪裤、靴子 | 和

→玛吉：　　　　　　　　　　　　　　　 | 噢，是啊，那是最讨厌的地方，

佩格： | 还有围巾

→玛吉： | 还有靴子什么的，给每个孩子全副武装，然后他们在外面待上半个小时，他们再进屋的时候，全身都沾满了雪，掉得到处都是 |

→佩格：　　　　　　　　 | 全身都湿了，然后

→珍妮丝：所以大人都不喜欢下雪吧？

玛吉：没错。

佩格：要把所有东西都扔进烘干机里，然后他们只会在屋里坐上半 | 个小时

玛吉： | 不到一会儿他们又想出去了。

佩格：然后他们就又想出去了。

就像此前我描述的发生在史蒂夫、彼得和我之间的对话那样，本例中的三位发言者不是紧扣前面的人，就是打断她。就像前例中的丹妮丝和斯泰西，以及史蒂夫和彼得一样，佩格和玛吉表演了一段"会话二重奏"：她们共同承担了同一个会话角色的任务，互相重叠覆盖，没人表现得（或报告说）因为被打断而感到不满。

霍尼亚克还指出了另一个更有趣的事实：这些发言者经常以连词"然后"来结束一句评论，制造出被打断的假象，而其实并没有出现打断的行为，如当佩格说"全身都湿了，然后"。霍尼亚克表示，她的很多家人都会运用这一策略，它很有效，我们也因此感到满意。然而，她在与其他人的谈话中使用了同样的策略后却受到了批评。这些人抗议说，这一策略让他们感到迷惑。他们甚至会认为一个人用"然后"结束一个句子，说明他 / 她自己都不知道自己是不是说完了。

在发言没有被打断的时候，为什么会有人想要制造一种被打断的假象呢？来自某些文化群体的发言者倾向于在轮番发言时只留下极短的停顿，甚至完全不留下任何停顿，其中一个原因便是，他们将友好谈话中的沉默视为支持性不够的表现。同时说话

是一种保持谈话进行，避免出现尴尬沉默的方式。不过，我必须提到的是，在霍尼亚克的录音中，她和家人在交谈时音量不高，语速也不算很快，也没有出现所有人同时说话的情况。她们之间的语音重叠虽然频繁，却很简短。在存在极少量重叠的情况下，她们会用"然后"来结束句子，形成被打断的假象。

虽然霍尼亚克觉得，通过使用"然后"结束一个句子来制造语音重叠的假象是她家族特有的策略，但其他人评论说，他们认识的人也有这样做的。至少有一位与我交谈的男性曾表示，（令他父亲感到懊恼的是）他的母亲经常用"然后呢"结束一句话。她的母亲和她所有的姐妹都是这样的，但她的父亲和兄弟却不会这样说话。这位男性也将此视作一种家族风格。虽然这种风格很明显是在家族中流传的，但它似乎是性别与文化混合作用的结果。

在另一则反映发言被打断的假象的例子中，性别与文化也是吻合的。威廉·拉波夫（William Labov）[1] 和大卫·范谢尔（David Fanshel）对一位名叫罗达的 19 岁患者与一名社会工作者之间的心理治疗环节进行了研究。研究表明，罗达从未以沉默结束一轮发言。相反，当她说完所有想说的话之后，她就会开始重复自己说过的话。她的重复是对治疗师的一种邀请——邀请治疗师通过打断她的方式开始说话。在这个例子中，患者与治疗师都是纽约犹太裔女性。

---

[1]　威廉·拉波夫（1927—　），美国语言学家，宾夕法尼亚大学语言学系名誉教授，社会语言学的代表人物之一。

文化阐释是把双刃剑

"具有相似文化背景的人有着相似的谈话方式"这种认识，对那些认为自己有怪癖甚至是心理问题的人来说，经常可以成为一种启示与解脱。例如，我曾就研究交谈的委婉性采访过一位希腊裔美国人。他在生命中遇到的每个朋友和女友都说他不正常，因为他说话时总是拐弯抹角的，不会直接说出自己的想法。他告诉我，他的父母就是这样说话的，我也告诉他，我发现希腊人的说话方式往往比美国人的更委婉，而希腊裔美国人则处于中间的某个位置。这令他感到非常欣慰，他说我的解释听起来很熟悉。他接着表示：

> 我认为这要么是一种天壤之别的差异，要么真的是一种语言障碍……大多数时候我都认为这是个问题。我无法真正从我的家庭和背景出发来消除这个问题……我不知道这是不是我的希腊背景的问题。我只认为这是我的问题。知道这是文化背景的问题让我感觉好多了。

将自己的"家庭"风格看作一种民族风格的影响减轻了个体的心理负担，否则，他和大多数与他交流的人的不同会暗示他，这种反常是他个体的问题。

但是，如果我们认为来自相似文化背景的人拥有与彼此相似，且与来自其他文化背景的人不同的说话习惯，那么这种观念也会制造不幸甚至悲剧性的后果。如果那些从文化角度被认定为与他人不同的人拥有不同的沟通方式，这些方式就成了消极刻板印象的基础。正如我前面提到的，一般来说，反犹太主义将吵闹、气势汹汹以及"咄咄逼人"划归为犹太人的属性——一跃从说话方式层面跳到了人格层面。例如，劳伦斯·达雷尔（Lawrence Durrell）[1] 在给亨利·米勒（Henry Miller）[2] 的一封信中描述了一位犹太作家："他这个人不可靠，飘忽不定，判断力糟糕，夸夸其谈，咄咄逼人，庸俗粗野，是个彻头彻尾的犹太人……"

认为犹太人（或者说纽约人，这两个类别在许多人心目中往往是同义词）吵闹、咄咄逼人，就是简单粗暴地将他们在与使用其他沟通方式的人互动时的风格产生的效果归咎于这个少数群体本身。人类学家托马斯·科赫曼（Thomas Kochman）指出，一种极为相似的风格差异也导致我们赋予了"集体"意义上的非裔不体贴、飞扬跋扈和吵闹的刻板印象。当一个群体的成员获得迫害另一个群体的成员的权力时，这种错误判断的结果会是真正的悲剧。

如果文化差异有可能会在个人环境中导致误判，那么在国际环境中，这种差异就一定会导致误判。我敢打赌，南希·里根（Nancy Reagan）[3] 和赖莎·戈尔巴乔娃（Raisa Gorbacheva）[4] 之间广

---

[1]　劳伦斯·达雷尔（1912—1990），英国小说家、诗人、剧作家和旅行作家，被誉为20世纪最伟大的实验派作家之一。他最著名的作品是《亚历山大四重奏》。

[2]　亨利·米勒（1891—1980），美国作家，以其与现有文学形式的决裂、对道德等传统的违背、整体艺术风格的叛逆闻名于世，代表作品有《北回归线》《黑色的春天》《南回归线》等。

[3]　南希·里根（1921—2016），美国演员，美国第40任总统罗纳德·里根的妻子，于1981年成为美国第一夫人。

[4]　赖莎·戈尔巴乔娃（1932—1999），俄罗斯社会活动家，苏联领袖米哈伊尔·戈尔巴乔夫的妻子。

为人知的不和是沟通方式上的文化差异造成的。南希·里根说："从我们见面的那一刻起,她就说个不停——滔滔不绝,我甚至插不进一个字。"我猜如果有人问赖莎·戈尔巴乔娃,她可能会说,她一直在想为什么她的美国同伴总是不发一言,让她一个人做了所有的谈话工作。

当然,并不是所有的俄罗斯人、犹太人、纽约人或非裔都是高度投入的发言者。许多人在某些场合才会采用这种风格,但在另一些场合则不会。有些人摈弃、改善了这种方式,或从未采用过。没有一个群体是同质的,例如,我所描述的高度投入的风格在东欧人中比在讲德语的犹太人中更常见。但犹太语言的许多使用者确实在某些情况下使用了一些高度投入的风格,有同样经历的还包括许多讲意大利语、希腊语、西班牙语、南美语言、斯拉夫语言、亚美尼亚语、阿拉伯语、非洲语言和佛得角语言的人,以及我没有提到的许多其他群体的成员。

一句告诫

上述探究沿着两条线索进行:一条是性别与打断发言现象,另一条是沟通方式的民族性。将两者混为一谈造成了一种令人不安的关键矛盾。我们看到有人因为某些人在与来自不同的、更为"主流"的民族背景的发言者交谈时似乎有打断谈话的现象,就声称来自特定族裔的发言者咄咄逼人、专横霸道或不体谅他人。如果这种行为在理论上是错误的,在经验上是站不住脚的,在道德上是不合理的,那么我们还能因为男性看似在对话中经常打断女性，就接受那些"证明"男性控制着女性的研究吗？如果那些发现在谈话中男性打断了女性发言的研究人员来"分析"我对纽约犹太人和双方发言者之间对话的录音，他们无疑会得出这样的结论：纽约犹太人"打断"并"控制"了后者——这就是听者对录音中双方的印象。然而，这并不是纽约人的意图，而且更关键的是，这也不仅仅是他们一方行为的结果。相反，表面上的打断模式是由沟通方式上的不同造成的。简言之，这样的"研究"只不过是将多数群体的种族中心主义标准强加于少数群体与其有文化差异的行为之上而已。

　　与此类似的是，因为男性在谈话中打断了女性发言的现象就声称男性控制女性，也是因为接受了"交谈中一次只能有一位发言者"的假设。这一错误的假设对女性具有重大的消极影响。许多女性在非正式、友好以及注重密切情感关系的场合中交谈时，会使用响应式语音重叠的谈话风格：听者响应着发言者一起说话，以表示投入与支持。当他人无意中听到女性间的谈话时，正是这种方式导致男性赋予了女性"吵闹的、咯咯叫的母鸡"这样的刻板印象。以后再这样交谈时，喜欢这种谈话方式的女性可能就会感到尴尬与内疚，因为她们接受了"一次只能有一位发言者"的道德规范。这种规范更适用于男性的公开发言型沟通风格，也就是报告式沟通，而不适用于强调情感式沟通的女性的私下发言型风格。

　　将那些声称男性打断女性说话的研究，与我所做的餐桌谈话的研究并列，我们能看到一种语言学意义上的相似，但结果从政治角度看却是相反的。犹太人在美国是少数群体，非裔和我提到的具有高度投入风格的其他族群的成员也是。少数群体处于不利地位。而在男女组合中，女性才是在社会和文化上处于劣势的那一方。这就将指责一个群体控制另一个群体这一行为的政治后果改变了。

大多数人都会赞同的是，与世界上大多数（如果不是全部）文化一样，在美国文化中，作为一个阶级的女性是被男性控制的。因此，许多人会声称，将性别差异视作跨文化交流是一种避重就轻的做法，是用文化差异的粉墨掩盖了真正的控制权问题。虽然我赞同这种观点，但是我的良知告诉我，我们不能两全其美。如果我们接受一种范式的研究——男性打断女性发言的研究——那么我们就会被迫采取一种立场，断言高度投入的发言者，如非裔和犹太人，以及在许多情况下还有女性，都咄咄逼人、气势汹汹，或自我中心、愚蠢而吵闹。

对那些来自偏爱高度投入的沟通方式的民族或地区背景的美国女性来说，这种立场会带来格外危险的后果。美国人就见证过这种后果的一个戏剧性的例子：有意大利血统的纽约女性杰拉尔丁·费拉罗（Geraldine Ferraro）[1]在竞选副总统时，被芭芭拉·布什（Barbara Bush）[2]——一位背景更加"主流"的女性——贴上了"泼妇"的标签。我们从男性打断女性发言的范式中得出的"高度投入的风格是一种控制手段"观点，又产生了一个令女性反感的结论：许多女性（包括我们当中许多来自非洲、加勒比

---

[1] 杰拉尔丁·费拉罗（1935—2011），美国律师和民主党人，曾于美国众议院任职。1984年，她是第一位代表美国主要政党参选副总统的女性。
[2] 芭芭拉·布什（1925—2018），为1981—1989年时任美国副总统的乔治·H. W. 布什的妻子。

海、地中海、南美、黎凡特[1]、阿拉伯以及东欧的）都是强势、好斗且咄咄逼人的。同样，这些品质出现在女性身上时，比出现在男性身上时得到的评价要消极得多。

许多女性都表示，在与男性（特别是在公开场合）的一些互动中，她们很难获得话语权。作为一名亲身经历过这种情况的人，我很想欣然接受男性打断女性发言的研究，因为那可以让我把我的遭遇归咎于他人。然而，我是一名高度投入的发言者。某些人基于那些不赞同或不理解我风格的人的标准，给我的沟通方式的一个特征贴上了"令人厌恶"的标签，这令我有受到冒犯的感觉。

作为一个在纽约长大的犹太女性，我不仅为纽约人、女性和犹太人的消极刻板印象感到恼火，同时也感到惊恐。当学术研究被用来支持对来自某个群体的发言者的刻板印象，判定他们拥有消极意图和性格时，我不能欣然接受。作为一名语言学家和研究者，我知道对话的运作机制要比这种判定复杂得多。作为一个人，我想理解这中间到底发生了什么。

谁打断了发言

至少从一定程度上说，理解这个问题的关键，是区分情感式沟通与报告式沟通——这两者分别是大多数女性使用语言创建社群，而许多男性使用语言来组织竞赛的典型方式。正是因为这种

---

[1]　历史上一个不精确的地理名称，目前位于此地区的国家有叙利亚、黎巴嫩、约旦、以色列和巴勒斯坦。

差异的存在，尽管男女双方都抱怨说自己被对方打断了，但他们抱怨的对象是不同的。

在我从受访者处听到的许多评论中，男性感到自己被女性打断时，女性是在用语音重叠的方式表达赞同、支持以及对他们的话语和想法走向的预判。如果一位女性为了支持一位男性讲故事的行为，抓住一点进行详细阐述，而这一点却不是这位男性想强调的，后者就会觉得他讲述自己故事的权利受到了侵犯。他会将这次入侵解读为一场为控制谈话而进行的斗争。

例如，一位男性正在讲述他在一家慈善跳蚤市场担任收银员时做的一些志愿工作。在一天结束时，他的收银机里的金额出现了缺口，他不得不自掏腰包来补。一位听他说话的女性不断插入评论和表达同情的言语，详细表达了她对他自愿付出自己的时间时还不得不付出金钱的代价这件事感到多么不公平。事实上，这位男性讲述自己经历的目的并不是为了强调这件事的不公平，而他感到自己被这位女性打断和"操纵"了，认为她试图抢占话语权。他被冒犯的感觉就来自这种（对他而言）过剩的情感式沟通。

这让我想起了我的父亲，以及为什么他特别喜欢讲那个男人不愿意和妻子说话是因为不想打断她们的笑话。我父亲坚信每个人说话时其他人都应该闭嘴，因此常常难以在有我和母亲以及我两个姐妹参与的谈话中找到发言的机会，因为我们经常会同时说话，也不会在句与句之间留有停顿。他同时也觉得，一旦他开始说话，他就有权利说到他觉得已经把自己的想法解释清楚为止。我和我母亲、姐妹却觉得，在朋友或家人之间非正式的谈话中，当你认为你知道别人想要表达什么的时候，大家是可以接受你插话的。如果你说的是错的，他们可以自由地纠正你，但如果你是对的，每个人都会喜欢这种不需要说明全部就能得到理解的情形体现的亲密与支持。

几年前，当我母亲在我父亲说话时插话时，我父亲表达了他对这种情况的看法。他伤感地叹了口气，对我母亲说："亲爱的，你有一种本事。如果我想说什么，我得等到别人都不说话了才开口，你却可以随时说出你想说的。"而我母亲不能理解为什么我父亲说个话都需要特殊权限——他为什么不像我们其他人一样直接插进来呢？我还记得我十多岁的时候听我父亲说话时的感受。他是一名律师，当他向我解释什么的时候，那感觉就像是在听一段面向陪审团做的总结。

所以，我家的男性和女性偶尔都会因为其他人的说话方式而感到不适——我父亲是因为自己的发言被打断，以及找不到自己参与谈话所需的停顿，而我们则是因为他不允许我们同时说话，尽力回避这种行为，以及不愿像其他每个人那样积极参与谈话。这个家里的女性珍视同时说话和打断发言的行为，将其视为投入情感式沟通的表现，而这个家里的男性重视的则是在报告式沟通中自己不会受到他人的影响。与女性相比，男性对待家庭内部的非正式谈话的方式更像是报告式沟通。

那么女性对男性打断她们发言的抱怨又来自何处呢？在我和我母亲与姐妹期待我父亲能像我们其他人一样随便开口时，那些将谈话看作一场每个人都要争夺发言权的比赛的男性可能会对女性一视同仁，期待她们像其他人一样为得到发言机会而竞争。但是女性不太可能会这样做，因为她们不把对话视为竞争，而且在争夺发言权方面几乎没有经验。伊丽莎白·阿里斯的研究发现，与男性相反的是，在讨论小组中发言较多的女性经常邀请较为沉默的小组成员发言。

非响应式的语音重叠

虽然女性在为表示支持而抢话时常常因为提到自己的经历而惹恼男性，但是男性也经常因为抢夺或转移话题而惹恼女性。洛莉·摩尔（Lorrie Moore）[1] 的一篇短篇小说《你还很丑》（*You're Ugly, Too*）就体现了这种打断的一个例子。故事中的女主人公——一位名叫佐伊的历史学教授接受了一次超声波扫描，以确定她腹腔内部组织的增生。检查结束后，她开车回家，在后视镜里看着自己，回忆起一个笑话：

> 她想起了那个看病的男人的笑话。医生说："唔，很抱歉，你还有六个星期的生命。"
> "除了这个，我还想听听其他意见。"男人说……
> "你想要别的意见是吗？行吧，"医生说，"你还很丑。"
> 她喜欢这个笑话。她觉得这个笑话非常非常有趣。

在故事后面的一个万圣节派对上，佐伊的姐姐介绍给她一个刚离了婚的男人，名叫厄尔。他们聊起天来。厄尔问："你最喜欢的笑话是什么？"这是接下来发生的事：

---

[1] 洛莉·摩尔（1957— ），美国小说作家，以其幽默、辛辣的短篇小说闻名。

"我最喜欢的笑话大概是——好吧，听着。有个男人走进一个医生的办公室，然后——"

"我觉得我听过这个笑话。"厄尔急切地打断了她的话，他希望自己来讲这个笑话。"一个男人走进一位医生的办公室，医生告诉他，有一些好消息，也有一些坏消息——是这个吧？"

"我不确定，"佐伊说，"你说的可能是另一个版本。"

"然后，那家伙说：'先把坏消息告诉我。'医生说：'行吧，你还能活三个星期。'那个男人哭了："三个星期！医生，好消息呢？"医生说：'你看到外面前台的秘书了吗？我终于把她睡了。'"

佐伊皱起了眉头。

"这不是你在想的那个笑话吗？"

"不是。"她的声音里含着指责的成分。"我的不一样。"

"哦。"厄尔说。他看向了别处，然后又回过头来。"你教的是哪段历史？"

当厄尔打断佐伊时，他不是为了支持她的笑话，而是为了给她讲笑话。更糟的是，他讲的笑话不仅不是同一个，而且是带有冒犯性的。当他发现自己的笑话和她想讲的不一样时，他并没有问她的笑话是什么，而是彻底提出了另一个话题（"你教的是哪段历史？"）。

大多数人都会同意的一点是，厄尔的插话侵犯了佐伊的话语权，因为它发生在佐伊正要讲笑话的时候，并把讲笑话者的角色抢了过来。但是，佐伊很快就屈服于厄尔想替她讲笑话的要求之下。当他讲到"有一些好消息，也有一些坏消息"时，很明显，他脑袋里的是一个不同的笑话。但针对他的问题"是这个吧"，佐伊没有回答"不是"，她说的是"我不确定，你说的可能是另一个版本"，这就等于是在支持他的要求，并在实际上有分歧的地方妥协。把对话看作一种竞争的人本可以在此刻，甚至在之前就夺回发言的席位，但佐伊似乎把对话看作一种要求每位发言者都支持对方说话的游戏。如果他们彼此足够了解，以后再争论起这件事，厄尔也许会说："你都发现我要讲的笑话不是你那个了，为什么不阻止我，反而让我继续讲下去，然后自己生闷气呢？"

这个故事的另一部分表明，造成发言被打断的不是语音重叠，而是将话题带离另一位发言者原定路径的举动。佐伊感到胃部一阵疼痛，她提出离开，走进洗手间。当她回来的时候，厄尔问她怎么样，她告诉他自己一直在接受治疗。厄尔没有问她的健康状况，而是给了她一些她离开时错过的食物。她咀嚼着食物，说："如果我运气好的话，不过就是做一次胆囊手术而已。"厄尔转移了话题："那你的姐姐是要结婚了？告诉我，说实话，你是怎么看待爱情的。"佐伊开始回答：

> "好吧，我来告诉你我对爱情的看法。我知道一个爱情故事。我有个朋友——"
>
> "你的下巴上有东西。"厄尔说，然后伸手去拂它。

就像提供食物一样，擦掉别人脸上的异物可能比谈话更重要，但在佐伊刚开始讲述一个故事时这样做，会表示对她的故事不感兴趣，也不尊重她继续讲述的权利。此外，这也不是一个孤立的事件，而是一系列事件中的一件。厄尔没有用提问或支持性的话语来跟进佐伊关于她健康状况的倾诉，也没有提出建议，也没有通过讲述他自己类似经历的方式来响应她。相反，他把谈话转移到了另一个话题上——爱情。他可能觉得这个话题比一次胆囊手术更适合开始一段浪漫的恋情。出于同样的原因，从她的下巴上擦掉一些异物可能是一个抚摸她的脸的绝佳机会，不容错过。确实，他的许多举动似乎都是为了引导谈话朝着调情的方向发展。

谁在开车

这样一来，"打断发言"虽然确实能够体现支配权、控制和表示兴趣以及关心等问题，但就与在别人说话时口头发出声音的现象没什么关系了。女性与男性之所以感到被对方打断，是因为他们在谈话中想要达成的目标有所不同。把谈话当作一种竞赛来对待的男性会付出努力，不是为了支持对方的发言，而是为了把谈话引向另一个方向。也许在这个方向上，他们可以通过讲故事、讲笑话或展示知识来占据中心舞台。但在这样做的时候，他们希望他们的谈话伙伴能够进行抵抗。女性如果屈服于男性的这些努力，并不是因为她们软弱、没有安全感或是恭顺，而是因为她们缺乏相关经验，不知如何识别试图转移话题的举动。她们认为把谈话引向不同的方向不是游戏中应有的举动，而是一种违反游戏规则的行为。

　　当你知道自己不是故意要去打断别人的发言，却受到了这样的指责，那种令人沮丧的感觉和感到自己的发言被打断时是一样的。在亲密关系中，最令人失望的莫过于你清楚自己是出于好意，却被指责为恶意，尤其当指责者还是你所爱之人的时候。毕竟，他们本该是最理解你的人。女性表现支持姿态的行为可能会激怒那些更愿意受到言语攻击的男性。而如果你的对手并不打算动手，那么你本着战斗精神挥出的一记左勾拳就会击倒一个无辜的人。

第8章

左右为难：被男性标准评判的女性

莫顿是一位心理医生，在一家私人诊所工作。他与诊所主任罗伯塔之间有一些摩擦。在员工会议上，罗伯塔通常会通过向所有员工征询意见来开启对一些问题的讨论。她邀请大家争论一些计划的好处与坏处，但不知何故，每当会议结束时，他们总会决定——以协商一致的方式——实施罗伯塔认为最好的方案。女性员工们很欢迎罗伯塔这个上司。她们觉得她会听取她们的意见，她们也喜欢一致决策而不是强制性命令的管理方式。但莫顿觉得罗伯塔的控制欲很强。如果他们无论如何都要做她想做的事，她为什么还要让他们白费口舌来表达观点呢？他宁愿她直接定下规矩发号施令，毕竟她是老板。

莫顿之所以认为罗伯塔不像老板，是因为他们的沟通方式不同。罗伯塔表现得其实是像一位老板——一位女老板。她更喜欢以协商一致的方式进行管理，而她手下的女性员工也喜欢这种方式。但是，她不够直截了当，让莫顿感到沮丧。他认为她应该靠强制性命令来进行管理。

一些获得较高地位或权威职位的女性的行为方式在他人眼里可能配不上她们的职位，这种现象的可能原因之一是沟通方式上的差异。但是，这里也可能有另一个因素在起作用。自从玛蒂娜·霍纳（Matina Horner）[1]的开创性研究以来，许多心理学家都观察到了女性畏惧成功的倾向。对儿童游戏的研究再一次给了我们启示。

在玛乔丽·哈内斯·古德温的言语行为研究中，青春期前和青春期的女孩们会在背后互相批评。重要而可悲的一点是，古德温提到的几个例子都是建立在成功的基础上的：女孩们因为表现得比群体内的其他女孩更好而受到批评。在古德温描述的两例矛盾中，一个女孩的过错是在学校跳过一年级，并在成绩单上得到了全 A；另一个女孩因为穿着比其他女孩更新、更贵的衣服而引起了同龄人的愤怒。

在我录下的朋友间的对话中，六年级女生也对另一个女生提出了类似的指控：

> 香农：她每天都要穿 Polo 衫。
> 朱莉娅：我知道，好吧，我喜欢 Polo 衫，但是天哪！
> 香农：每天？！
> 朱莉娅：真的！
> 香农：你就想想看她把自己摆得多高吧。

表现得比别人好违背了女孩们平等主义的道德规范：我们应该注重她们之间的联系性和相似性。

鉴于上述和其他许多对女孩真实对话的研究，我们就不会奇怪为什么女孩害怕因为表现得太成功而被同龄人排斥，男孩却不

---

[1] 玛蒂娜·霍纳（1939—   ），美国心理学家。她的研究兴趣包括女性智力、动机及成就，她以开创"成功恐惧"的概念而闻名。

会了。从很小时开始，男孩们就认识到，他们可以通过展现自己的优越性来获取他们想要的东西——更高的地位。女孩们却认识到，展现出优越性不会为她们带来想要的东西——与同龄人的友好关系。为此，她们必须表现得与她们的朋友一样，而不是更优越。

相似的表象并不意味着真正的相同。佩内洛普·埃克特在美国中西部的一座城市与高中生相处了数年，她解释了女孩们的身份体系在表象下有多么复杂。例如，必须由受欢迎的女孩们决定什么时候该换下一个季节的衣服，例如，从冬装换成春装。如果没有那么受欢迎的女孩换上了棉质衣物，而受欢迎的女孩们还穿着羊毛衣物，前者就犯了一个错误，表明自己是局外人。她们如果在受欢迎的女孩们换上棉质衣物后再换装，就等于把自己定位为追随者，只能获得受欢迎的女孩们公开的信息。这种规则的目的是穿着协调一致：如果她们与受欢迎的女孩们在同一天换装，她们就光荣地成了受欢迎的女孩们的同类，并微妙地证明了她们与受欢迎的女孩们有私下的交情。

永远不要吹牛

要求女孩不去展示相对于同龄人的优越地位的压力的另一个表现，就是对自夸的禁止。两性对自夸的不同态度是导致两性间很多相互评判和错判，以及旁人眼里女性一些奇怪措辞的原因。

例如，一位名叫康妮的大学生告诉她的朋友们，一位高中顾问老师曾试图说服她不要申请他们现在就读的这所学院。那位顾问认为康妮的申请会影响同一所高中的另一个女孩西尔维娅的机会。在解释顾问老师的想法时，康妮说："西尔维娅的成绩没有……我不是想自夸，但西尔维娅的成绩不如我的好。"康妮几乎无法对她的成绩做简单的、事实性的陈述，因为那听上去有吹嘘的味道。

玛格丽特和查尔斯都是成功的律师。虽然他们单独相处得很好，但是偶尔与新结识的人共进晚餐之后，他们也会陷入争吵，特别是当那些新朋友是来自查尔斯的专长——税务法方面的权威人士时。玛格丽特觉得查尔斯喜欢自夸：他通过提到他获得的认可、他赢得的官司以及他认识的重要人物（在玛格丽特看来，就是一种跟大人物攀交情来抬高自己身价的行为），告诉我们他有多么重要。为了震慑对方，他有时会对自己做的事进行美化，暗示自己认识那些实际上他只见过一两次面的人物。相反，玛格丽特则试图掩藏自己的成功。如果她认识他们在谈话中提到的重要人物，她会故意不让别人知道，而且她也从来不会提自己的许多成就。

查尔斯为玛格丽特的行为感到失望，正如她也对他的行为感到失望一样。如果玛格丽特不让人知道她有多重要，查尔斯就会为她做这件事，这更让她感到心烦意乱。她觉得他为她吹嘘和她自己这样做都是一样不礼貌，她能想到的所有替代选项都不够令人满意：她可以无视查尔斯为她说话的意图，或者不让他说，但这对他而言似乎是粗鲁无礼的，并违反了她认为自己应当支持他的观念；她可以让他为她说话，但这就将她定位为一个不能为自己说话的孩子；或者，她可以参与进来，以一种她不喜欢的方式说话，也就是夸耀自己。

玛格丽特认为，如果她夸耀自己，我们便不会喜欢她；她宁愿他们从别人那里得知她有多么成功。而且她觉得，当我们从别人那里了解到她的成功时，他们便会认可她的谦虚。她还担心，如果查尔斯夸耀自己，我们也不会喜欢他，这让她感到不安，因为她和查尔斯是紧密联系的，所以我们对他的看法也会投射到她身上。查尔斯则认为，只有让我们知道他值得尊敬，他们才会尊敬他。他还认为，如果他们知道玛格丽特是一位有成就的律师，而不仅仅是他的妻子，他们也会更尊敬她。

玛格丽特和查尔斯都是从人格特征的角度评判彼此的沟通方式的，他们也给这些方式附加了道德评判。在玛格丽特心目中，一个好人是朴素而谦逊的。查尔斯则认为展示成就是一种需求，而不是一种负担，他将玛格丽特的（对他来说是虚假的）谦虚视为愚蠢的自我诋毁，是缺乏安全感的证据。他俩都认为自己只是在期望对方做个好人，但由于社会对好女孩和好男孩的期望不同，他们对好人的定义也就有所不同。

在某些情况下，女孩和成年女性都是不愿意自夸的，这一点在我遇到的两个发生在极端不同的背景下却惊人相似的例子中被表现得淋漓尽致。在英格玛·伯格曼（Ingmar Bergman）[1]的电影《婚姻生活》（*Scenes from a Marriage*）的开场，一对夫妇玛丽安和约翰正在接受一本杂志的采访，采访者是一位叫作帕尔姆太太的女士。针对帕尔姆太太的问题"你们如何用几句话来描述自己"，

---

[1]　英格玛·伯格曼（1918—2007），瑞典导演、作家和制片人，其工作涵盖电影、电视、戏剧和广播领域。伯格曼被认为是有史以来最有成就和影响力的电影制作人之一，他的代表作包括《夏夜的微笑》《第七封印》《野草莓》《处女泉》《呼喊与细语》《秋天奏鸣曲》《芬妮与亚历山大》等。

夫妇俩的回答非常不同。以下是约翰的回答：

> 如果我把自己描述成一个极其聪明、成功、有活力、清醒明智且性感的人，那听起来可能会很狂妄。我可以说是一个拥有全球视野、有教养、博览群书、受人欢迎且善于交际的人。让我想想，我还能想到什么……友好。即使对处境糟糕的人也很友好。我喜欢运动。我是个顾家的好男人。一个好儿子。我没有欠债，我在纳税，我尊重我们的政府，不管它做什么。我爱我们的皇室。我已经离开了教会。这些够了吗？还是你想要更多的细节？我是个出色的情人，不是吗，玛丽安？

而这是玛丽安的回答：

> 嗯，我能说什么呢……我嫁给了约翰，有两个女儿。

即使受到鼓励，玛丽安也没有多给出多少信息：

> 玛丽安：我现在能想到的就是这些。
> 帕尔姆：你一定有些什么优点……
> 玛丽安：我觉得约翰相当不错。
> 约翰：你真是太好了，我很确定。
> 玛丽安：我们结婚有十年了。
> 约翰：我刚续签了合同。
> 玛丽安：我觉得我不像约翰，天生就能发现自己的优秀

之处。但说实话，我很高兴我能过现在这样的生活。这是一种美好的生活，如果你知道我指的是什么。唔，我还能说什么呢……哦，天，这太难了！

约翰：她的身材很好。

玛丽安：你在开玩笑吧。我在认真地想这个问题。我有两个女儿，卡琳和伊娃。

约翰：你已经说过了。

令我想起这段虚构对话的契机，是我在卡罗尔·吉利根（Carol Gilligan）[1]的《不同的声音》（*In a Different Voice*）中读到了以下真实生活中的对话。作为探索儿童道德发展的研究的一部分，吉利根采访了两个 11 岁的孩子，艾米和杰克。在她对他们的提问中有这样一个问题："你会怎么向你自己描述你自己？"从杰克和艾米的回答中，我看到了约翰和玛丽安的清晰影子。首先，杰克是这样回答的：

太好了。我最擅长这个。你想听什么——我怎么介绍我自己都可以吗？（采访者：如果你必须用一种方式向你自己介绍你自己，让你自己知道这就是你，你会怎么说？）我会先说我现在 11 岁。然后是杰克［·姓］。我还得补充说，我住在［城镇名］，因为那是我非常重要的一部分。还有我爸爸是个医生，因为我认为那确实对我有点儿影响，以及我认

---

[1] 卡罗尔·吉利根（1936—　），美国女性主义者、伦理学家和心理学家，以其对伦理共同体、伦理关系以及伦理中的某些主体-客体问题的研究而闻名，《不同的声音》为其代表作。

为我们不该犯罪，除非你是海因茨[1]［来自杰克先前被问到的问题］。我觉得学校很无聊，因为我觉得上学会稍稍改变人的性格。我有点儿不知道该如何描述我自己，因为我不懂如何解读我的个性。（如果你必须如实描述你自己，你会说什么呢？）我喜欢老掉牙的笑话。我真的不喜欢静下心来学习，但我在学校里的任务都能完成。我在学校里遇到的每一个问题，我都有能力去做，除了那些需要知识的问题。但是在我读过书以后，我也能完成了，但有时我不想把我的时间浪费在太简单的作业上。我对运动也很着迷。与很多人不同的是，我想这个世界还是有希望的……我喜欢我认识的大多数人，我的生活也挺不错的，几乎与我见过的最好的生活一样好。还有，就我的年龄而言，我个头很高。

以下是名叫艾米的女孩对问题的回答：

你是说我的性格吗？（你觉得呢？）好吧，我不知道。我会把自己描述成，唔，你是什么意思？（如果你必须用一种方式向你自己介绍你自己，让你自己知道这就是你，你会怎么说？）嗯，我会说我是一个喜欢学校和学习的人，这就是我生活的内容。我长大后想做科学家之类的工作，我想做些事情，我想帮助大家。我想我就是这样的人，或者是我想努

---

[1]　海因茨难题是发展心理学中的一个难题。心理学家向被试儿童讲述一个困境故事并提问，根据其回答来研究道德发展阶段。故事具体内容是：欧洲有个妇女生了病，某位医生有对症药，但病人买不起。其丈夫海因茨请求医生降价或赊账，医生表示自己制药的目的就是赚钱。请问海因茨是否应该去偷这种救命药？

力成为这种人。我可能就会这样描述我自己吧。还有，我想做一些能帮助他人的事情。（为什么？）嗯，因为我认为这个世界有很多问题，我认为每个人都应该尝试以某种方式去帮助他人，而我选择通过科学。

这两个孩子对同一个问题的答案给我留下的第一个印象是，杰克的答案相较之下长了不少（我认为"有希望的"后面的省略号表示还有更多的内容被删掉了），而且他在回答中的自吹自擂与艾米非常实事求是的陈述形成了鲜明对比。杰克说他很完美，他的父亲是医生；他能解决学校里的"每一个问题"，尽管他觉得学校很无聊；他拥有他见过的最好的生活；而且他个头很高。可能的是，他"有时我不想把我的时间浪费在太简单的作业上"的言论或许是为他在学校没有取得优异成绩找的借口。相比之下，艾米说她喜欢学校和学习，但没有说自己是否做得很好，她还说自己想通过科学帮助大家。

伯格曼剧本中的约翰和吉利根采访中的杰克都意识到他们听起来显得"狂妄"，并对此开了个玩笑。事实上，约翰的整个回答似乎都在满嘴跑火车，就像玛丽安的回答中他插入的那些评论一样。但是，约翰和杰克还是说出了他们做过的事情。虽然艾米说得比玛丽安更多，但也并没有实质性的差别。艾米和玛丽安都宁可重复自己说过的话，也不愿意以一种听起来或许像是吹牛的方式完成采访者的要求，玛丽安没有提到自己是一名律师。艾米说她计划成为一名科学家，但她强调自己的目的是帮助他人，而不是获得金钱、名声或地位。

女性认为自己不应该自夸的感觉来自她们在童年时期接受的

明确训练和同辈压力。我们可以在全美最具学术挑战性的女子高中之一的校友会通讯中看到这种训练的影子。在这份时事通讯中，一位女性为她的姐姐写了一篇墓志铭。她的姐姐是毕业班上的尖子生，最近刚刚去世。这是一位才华横溢的女性，但她的事业取得的成功没能展现她惊人的才能。这位作者评论说，她的姐姐"太在意母亲的告诫：留在幕后，永远不要吹嘘，永远尽你所能"。

这些例子表明，我们期望女性在相对公开的场合下不要自夸，但说女性从来不自夸也不够准确。还是回到玛格丽特和查尔斯的那个例子上来。这一次，轮到玛格丽特吹嘘了，但现在查尔斯却觉得，自己不会在这种环境下这样做。在前文描述的情况下，玛格丽特觉得查尔斯不应该向新认识的人"吹捧自己"。而在另一个场合，查尔斯觉得是玛格丽特在进行不适当的自吹自擂。玛格丽特向她的密友们抱怨说，她没有像她身边的男性那样迅速地被提升为合伙人，即使他们带来的生意少得多，收费时间也少得多。这时，玛格丽特列举了她早年的成功经历。查尔斯后来告诉她，他认为她这样做是不明智的，因为在场听他们谈话的朋友中有一位年轻的律师，他根本就没能快速晋升。对查尔斯来说，在公共场合自吹自擂的目的是获得地位。第一次与人见面时，或是与那些拥有或声称自己拥有优越地位的人在一起时，他们是可以适当地展示这些信息的。但是对玛格丽特来说，自吹自擂只能在私下使用，在情感式沟通中适当地进行——在与她认识和信任的人们的交谈中，这些人不会因为她的骄傲而给她消极评判。当她与密友打交道时，她忘记了他们的相对地位——这是人际关系中查尔斯永远不会忘记的一个层面。

分别从地位等级和人际关系出发的不同视角可能会再次对女性产生不利影响。女性不愿在公开场合展示她们的成就，是为了让自己显得讨人喜欢，但从地位等级的角度来看，她们被系统性地低估了，并被认为自我贬低、缺乏安全感。我们不禁会建议，女性要学会在公开场合展示自己的成就，以确保得到当属于她们的尊重。然而不幸的是，我们对女性的评判是根据女性的行为标准来进行的。

例如，在一次专门讨论晋升的教职工会议上，我们就能很明显地看到这一点。会议上，一位女教授的成功被描述为：她著述颇丰，在这个领域里享有盛誉。一位男性赞许地评价道："她的表现很恰当。"换句话说，她因为没有表现出自己真实的成功而受到了表扬。言下之意是，如果她的行为与她的成就一致，她或许就不会受到赞扬了——或许也不会受到欢迎了。

对男性是委婉，对女性是无力

各种各样的证据都表明，即使男女沟通方式相同，我们还是会以不同的方式来评判他们。这种趋势在关于女性、男性以及权力的讨论中制造了麻烦。如果一位女性使用了某种语言策略，它会被视为没有影响力；但如果这种策略由男性来使用，它就会被看作有影响力。通常情况下，给"女性的语言"贴上"没有影响力的语言"的标签的现象反映了通过男性视角对女性行为进行的审视。

因为女性不会去努力争取压倒别人，她们常常发现自己被定位为低人一等。因为地位等级和人际关系是通过相同的举动展现的，我们在任何处境下都会产生误解。这种模糊性造成的许多误解，不论是来自专家还是非专家，都给女性本着亲善目的的沟通方式打上了"无力"的烙印。一篇刊载于报纸上的文章中的一段简短评论清楚地表明了这一固有的模糊性。在这篇文章中，一对同为心理学家的夫妇在一起接受了采访。记者问他们"特别有礼貌"的行为是什么样的。这两位专家同时给出了回答，而答案却是不同的。丈夫回答"恭顺的"，妻子回答"敏感性高的"。这两位专家都是对的，但他们描述的观点是针对不同性别的。

无论是专家还是非专家都倾向于认为女性做的一切都证明了她们的无力。这同一篇文章引用了另一位心理学家的话："一位男性或许会问一位女性：'你能不能去一趟商店？'此处，女性可能会说：'哎呀，我正好有些东西想买，但我太累了。'"这个女性的风格被称为"隐蔽的"，这是一个暗藏消极属性的词语，类似"鬼鬼祟祟的""暗中的"。这里提供的理由是权力：这位女性觉得她没有直接发问的权力。

诚然，在我们的社会中，女性的地位常常比男性低，但这不一定是她们不愿意直接提出要求的原因。一位女性的间接行为，很可能是希望提升人际关系的结果。如果你的直接要求让你如愿以偿，那么就地位等级而言，你的回报是令人满意的：你是占上风的那个人，因为其他人都照你说的做了。但如果你能如愿以偿是因为其他人碰巧想要同样的东西，或者是因为他们无偿地提供了，那么这种回报就会以友好关系的形式产生。你既不占上风，也不低人一等，而是愉快地与那些需求与你相同的人构成了密切的联系。此外，如果双方都能理解间接表达的意义，那么这种表达模式就没有什么"隐蔽的"：我们都清楚，有人提出了一个请求。将间接的交流称作"隐蔽的"，意味着直接的风格似乎才是"自然的""符合逻辑的"——一种在男性之中更为常见的观点。

间接的表达本身并不是无力的反映。我们可以轻松地想到当权者通过间接表达行使特权的情况。例如，一对富有的夫妇知道他们的用人会服从他们的命令，他们便不需要直接下命令，而是只需表明他们的愿望。女性可以说"屋里很冷"，于是用人会去调高温度。男性可以说"该吃晚饭了"，于是用人去安排把晚饭端上来。也许最高级的间接表达就是一句话都不说就能让某人去做某事：女主人摇铃，女仆端上下一道菜；父母走进行为不端的孩子们的房间，双手插在裤袋里站着，孩子们便立刻停下了正在做的事情。

我们的全部社会文化都是在复杂精巧的间接表达系统上运作的。例如，我在一个小型研究项目中发现，大部分希腊人都认为，如果一位妻子问丈夫："你想去参加派对吗？"那就是在暗示她想去。他们觉得如果她不想去，她就不会提起这件事。此外，他们认为，她不会直截了当地说出她的偏好，因为那会像是一种要求。间接地表达她的喜好是最恰当的方式。

日本文化则已经将间接表达发展成了一门精妙的艺术。例如，日本人类学家别府春海解释了一个简单的午餐邀请所需的微妙的间接交流。当他的朋友们发出邀请时，别府首先必须确定它的意思是真如字面所说，还是仅为一种礼节——就像一个美国人可能会说"哪天来我们家吃饭啊"，但并不希望你真的出现在自己家门口。在别府确定了邀请的真实性并接受了邀请之后，朋友问他想吃什么。按照习俗，他说什么都行，但他的朋友也遵循习俗竭力劝说他做出具体的选择。主人和客人都将这种客套的交流适当地重复了几遍，直到别府判定已经到了回答这个问题也不至于失礼的时候——但礼貌是必需的——他说，茶泡饭就可以了。当他来吃午饭的时候，朋友确实奉上了茶泡饭——只不过是一顿丰盛午餐的最后一道。别府对这场盛宴并不感到惊讶，因为他知道这是礼节要求的。如果他只得到了他要求得到的东西，他就会感到受辱。但是礼节也要求他表现出惊讶来。

　　在美国人眼里，这种午餐邀请中双方的间接表达可能显得过分了。但是，世界上很多文化都会使用复杂的间接表达系统，而并不重视直接表达。只有现代西方社会把直接交流放在首位。然而，就算对西方人来说，直接交流更多的也是一种价值观，而不是一种实践。

　　来自其他文化的证据也清楚地表明，间接表达本身并不意味着表达者地位较低。相反，我们对女性地位的预设迫使我们将她们所做的一切都解读为低下地位的写照。例如，人类学家埃莉诺·基南（Elinor Keenan）研究发现，在马达加斯加岛上的一个讲马达加斯加语的村庄，直接表达的一方是女性，间接表达的一方是男性。而村民们将男性使用隐喻和谚语的间接表达视为更好的方式。对他们来说，间接表达就像使用它的男性一样，是具有高等地位的。他们认为女性的直接风格笨拙而粗鲁，贬损了男性语言的微妙之美。女性与男性到底谁直接、谁间接，在世界各地是不同的；不变的是女性的风格总会受到消极评价，被认为地位比男性风格的地位低。

来自男性，所以不同

对美国文化的研究提供的许多例子都反映出，同样的行为会得到不同的解读，这取决于动作的发出者是女性还是男性。反义疑问句就是一例。这种句式在陈述句的结尾处附加了一个反问句，例如"今天天气很好，不是吗"。语言学家罗宾·莱科夫（Robin Lakoff）[1]首先指出，许多女性比男性使用了更多的反义疑问句。尽管一些试图检验莱科夫观察结果的研究获得了稍显复杂的结果，但大部分研究都支持这一点。杰奎琳·萨克斯观察了年龄在 2～5 岁的儿童使用语言的情况，发现女孩们使用的反义疑问句是男孩们的两倍多。研究业已表明，在我们的预想中，女性会使用更多反义疑问句。心理学家大卫·西格勒和罗伯特·西格勒（David & Robert Siegler）[2]进行了一项实验，要求成年人猜测说话者的性别。果然，刻板印象依然存在：当说话者使用反义疑问句时，受试者们猜测这是一位女性；当说话者没有使用反义疑问句时，受试者们猜测这是一位男性。这种刻板印象实际上可能比现实中的情况更具有说服力：在另一项实验中，心理学者诺拉·纽康姆（Nora Newcombe）和黛安·阿恩科夫（Diane Arnkoff）向成年人展示了男女使用等量反义疑问句进行的交流，但研究人员发现，他们的受试者们认为女性使用了更多的反义疑问句。

---

[1] 罗宾·莱科夫（1942—　），加州大学伯克利分校的语言学教授。她于 1975 年出版《语言和女性地位》（*Language and Women's Place*）一书，将有关语言和性别的宏大议题引入语言学和其他学科。
[2] 罗伯特·西格勒（1949—　），美国心理学家，哥伦比亚大学心理学教授，美国心理协会 2005 年杰出科学贡献奖的获得者。

最令人不安的是，即使男女说话方式相同，我们对他们的评价还是不同。传播学研究者帕特里夏·海耶斯·布拉德利（Patricia Hayes Bradley）发现，当女性和男性都使用反义疑问句和免责声明时，被试者认为女性智力较差，学识较浅。当女性没有为她们的论点提供支持性的论据时，她们被认为智力较差，学识较浅，而那些同样没有提供论据推进论点的男性则不会得到这样的评价。换言之，当男女同样用我们认为属于女性的方式说话时，女性会得到负面评价，男性却不会。因此，造成最大影响的不是说话的方式，而是我们对女性和男性的态度。

许多其他研究也得出了类似的结果。心理学家约翰·康德里和桑德拉·康德里（John & Sandra Condry）要求受试者解释婴儿哭泣的原因。如果受试者们已被告知婴儿是男孩，他们便会认为他是在生气；但如果他们被告知婴儿是女孩，他们就会认为她是在害怕。安妮·麦克（Anne Macke）、劳蕾尔·理查森（Laurel Richardson）和朱迪思·库克（Judith Cook）发现，当学生们评判教授时，只有在教授是女性的情况下，引导学生进行更多课堂讨论才被看作不称职的表现。

沉默是金还是铅

社会学研究本身就已经变成这种双重标准的牺牲品。在那些宣称男性通过比女性说更多话来获得权力的研究中，女性的沉默被认为是缺乏权力的证明。同时，有其他研究声称，男性的沉默和拒绝说话是拥有权力的一种表现。贯穿米拉·科马罗夫斯基的

《蓝领婚姻》的一个主题就是，许多接受采访的妻子都声称，她们说的话比她们丈夫说的多（一位女性在谈到她的丈夫时说"他说不出话来"，另一位女性则表示"我的丈夫有不说话的伟大习惯"）。更多的妻子想要谈论问题，也想让她们的丈夫谈论问题。相比之下，更多的丈夫在遇到麻烦（"当我感觉不好的时候，我会迅速抽身，不把垃圾倾倒给别人"）、情绪压力或妻子的"要求"时会退缩。然而，毫无疑问，这些丈夫在他们的婚姻中是"占主导地位的"。沉默寡言本身就可以成为权力的工具。科马罗夫斯基引用了一位母亲对她丈夫的评价："他说的话不多，但他的话特别有用，孩子们都听他的。"

杰克·萨特尔（Jack Sattel）认为男性会利用沉默行使对女性的掌控权，他用埃丽卡·容（Erica Jong）[1]的小说《怕飞》（*Fear of Flying*）中的场景说明了这一点。对话的第一句是伊莎多拉说的，第二句是她的丈夫班尼特说的。

> "你为什么总是这样对我？你让我觉得好寂寞。"
>
> "是你引起的。"
>
> "什么叫是我引起的？今天晚上我本来希望开开心心的，今晚可是平安夜。你为什么要攻击我？我做了什么？"
>
> 一阵沉默。
>
> "我做了什么？"
>
> 他看着她，好像她的不知情对他而言是另一次巨大打击。

---

[1]　埃丽卡·容（1942—　　），美国小说家、讽刺作家和诗人。

"听着，我们现在就去睡觉吧。让我们忘了这件事。"

"忘了什么？"

他什么也没说。

"忘了你攻击我的事实吗？忘了你毫无理由地惩罚我的事实吗？忘了我又冷又孤独，今天还是平安夜，你却又一次把它毁了的事实吗？这就是你想让我忘记的吗？"

"我不想讨论这个。"

"讨论什么？你不想讨论什么？"

"闭嘴！我不会让你在酒店里大喊大叫的。"

"我他妈才不管你不让我做什么。我只是希望你像对待人一样对待我。我只是希望你至少能发发慈悲告诉我你为什么摆着这张臭脸。还有，别用那种眼神看我……"

"什么眼神？"

"好像我没法读你的心是我最大的罪过似的。我不可能看出来你在想什么。我不知道你为什么这么生气，我不能凭直觉就知道你的每一个心愿。如果那些是你对一个妻子的期望，那你找错人了。"

"我当然没有那样想。"

"那你想的是什么？请告诉我。"

"我用不着告诉你。"

"老天爷！你的意思是说我应该学会读你的心吗？这就是你想要的那种母爱吗？"

"如果你对我有任何同理心……"

"我当然有。天哪，你根本不给我机会。"

"是你不注意。你不听。"

"是电影里的什么东西，是吗？"

"什么，电影里？"

"又来你问我答了。你一定要像拷问一个罪犯那样问我吗？你一定要盘问我吗？……是葬礼那段……那个小男孩看着他死去的母亲。那一幕有什么东西触动了你，你就是在那时候变得情绪低落的。"

沉默。

"好吧，不对吗？"

安静。

"哦，够了吧，班尼特，你让我很生气。告诉我吧。求你了。"

（他一个字一个字地说出他的话，像一件件小礼物。像硬邦邦的羊屎蛋。）"那一幕有什么可触动我的？"

"别考我了。告诉我！"（她用胳膊搂住他。他抽开了身。她跌倒在地，抱着他穿睡裤的腿。这看起来更像是一个救援场景，而不是一个拥抱，她正在下沉，而他不情愿地允许她紧紧抓住他的腿为支撑。）

"起来！"

（哭）"你告诉我我才起来。"

（他拔腿而去。）"我要去睡觉了。"

这一令人痛苦的场景为萨特尔的说法提供了支持：班尼特利用沉默为武器对付妻子。他一次又一次拒绝告诉她是什么在困扰着他，每一次拒绝都像是一记猛击，把她贬得越来越低——直到她真的倒在地上。但是，如果我们逆转这一幕中的角色性别，我们的解读会不会改变呢?

在性别相反的情况下,这一幕似乎是不可能出现的。很难想象一个男性乞求妻子告诉他他做错了什么。当我试图扭转性别时,我的脑海里浮现出这样一个场景:丈夫转身离去,妻子的沉默便不再能成为一种武器。班尼特的沉默之所以有如此强的惩罚力量,是因为伊莎多拉坚持要他告诉她原因。这是两种沟通方式之间的互动——他的撤退和她对他告诉她她做错了什么的坚持。这种互动对双方都具有毁灭性。如果班尼特像伊莎多拉那样相信他们应该好好讨论出现的问题,抑或她像他那样在问题出现时选择回避,他们就不会陷入这种毁灭性的场景之中了。

"我感到遗憾,但我不会道歉"

女性说话的很多方式在与女性的对话中是有意义且有效的,但在与男性的对话中就会显得无力和自我贬低。其中一种模式就是,很多女性似乎总是在道歉。道歉是一个将道歉者定位为低人一等的举动,这或许是显而易见的,但是下面的例子显示,一个表面上的道歉可能根本就没有道歉的意思。

一位老师与一个公认不可救药的学生之间产生了一些摩擦。最终,她把男孩送进了校长办公室。后来,校长在教师休息室里找到那位老师,告诉她那个学生已经被停学了。老师回答说:"我很抱歉。"校长宽慰她道:"这不是你的错。"校长的这句安慰让老师大吃一惊,因为直到校长说出"这不是你的错",她才意识到学生的停学可能是她的过错。对她来说,"我很抱歉"并不意味着"我道歉"；它的意思是"听到这个消息我很遗憾"。她是想用"我很抱歉"来建立一种与校长的联系，暗示"我知道你一定为此感到难过，我也有这种感觉"。她在用相似的情感把自己定位为与他相连的人。校长则将她表示感同身受的话语解读成了一种道歉。他引入了她可能有错的概念，从而将他自己定位为高人一等的位置，一个身处能赦免她罪责的地位的人。

这个故事的后续表明，这些不同的观点可能与性别有关。当这位老师告诉她成年的女儿这件事时，她女儿也认为校长的反应是奇怪的。但当她把这件事告诉她的儿子和丈夫时，他们责备她在没有做错的时候道歉。他们也把"我很抱歉"解读为一种道歉。

女性似乎总是在道歉的这种表面现象下有几个原因。一个原因是，女性可能更愿意道歉，是因为她们不会出于本能去避免低人一等的风险。这并不是说她们喜欢低人一等，只是说这件事不太可能在她们的头脑中引发自动警报。另一个原因是，当女性的本意并不是道歉时，她们的行为却会被认为是在道歉。女性经常会用"我很抱歉"来表示同情和关心，而这其实不是道歉。

这种混淆的根源在于"抱歉"（sorry）这个词的双重含义。这种双重含义在下面的故事中得到了突出体现。一位生活在美国的 12 岁日本女孩正在给她身处日本的祖母写一封慰问信，因为她的祖父去世了。女孩是在用日语书写，但是她更习惯使用英语。她以一种在英语中恰当的方式在开头写道："爷爷去世了，我很难过。"但是她停了下来，看了看自己写的东西。"这听起来不太对劲，"她对母亲说，"我又没有杀他。"因为这个女孩正在使用一种她并没有习以为常的语言写作，她才意识到大多数人自发使用的这种表达方式，如果仅从字面上解释，其实有着不同的含义。英语的使用者习惯用"我很难过"来象征性地表达遗憾，但从字面上看，这句话也可以被理解为"我道歉"。

下面的例子也展现了语言的仪式用法和字面用法。一位叫贝弗莉的职业女性刚从外地回来，她在答录机上发现了一段来自她部门主管的电话留言。主管说，他在她助手写的一份报告中发现了大量的纰漏。他告诉她，他已经指明错误，并把报告还给了她的助手，并安排延长了上交期限，给她更正错误的时间。贝弗莉感到很惊讶，因为她在出城度假之前已经审核并通过了这份报告，但是她说了句"我很抱歉"。部门主管说："我没有在责怪谁。"这句话让她十分不悦。他既然提到了"责怪"一词，对她而言，就是在欲盖弥彰。

"请不要接受我的道歉"

贝弗莉让她的助手给她看那份修改过的冗长报告。她发现，有一半的页面上都标记着"错误"，但实际上其中很少属于硬伤，这让她感到愤怒。几乎所有的所谓错误都与标点符号有关，大部分错误只是文体上的偏好问题，例如在简短的引语后或在连词"和"之前加上逗号。在大多数情况下，她觉得她的部门主管反而把那些本来语法正确的句子加上了错误的标点。

当天晚些时候，她在一次办公室聚会上遇到了部门主管，一看到他，她就郑重地表明，她对他很生气，并告诉了他原因。她从他的反应中意识到，她在别人面前提起这件事，对他形同冒犯。她当即为自己肆意倾泻愤怒，没能更圆滑地表达道了歉，后来又去他的办公室再次道歉。她确信，如果她为在错误的时间以错误的方式与他对质道歉，他也会为过度修改报告和没有通过她就直接去找她的助手而向她道歉。但不同于她的想象，他慷慨地说"我接受你的道歉"，但和蔼可亲地把话题转到了办公室政治上。

在这种情况下，这位主管接受道歉的行为可以说是相当粗鲁的。从人际关系的角度来看，一方道歉了，另一方也应该道歉。然而从地位等级的角度看，接受道歉后应该转移话题。在持有这种观点的人看来，道歉的人自居低人一等的位置，那么接受道歉就相当于维持着这种不对等性，只有转移话题才能让双方的地位恢复平衡。虽然贝弗莉立刻就感到了不适，但直到她挂着笑容友好地离开部门主管的办公室之后，她才意识到，他不仅粗鲁地接受了她的道歉，而且也没能对等地向她道歉。

从更本质的层面说，女性和男性对地位等级的不同认识可能是贝弗莉遇到的问题的根本原因。她觉得她和她的部门主管关系很好，她喜欢他，已经开始把他看作朋友了。和很多女性的看法一样，对她来说，做朋友就意味着在交往时可以不重视地位差别，甚至忘记这一点。当她想也没想就指责对方时，她并不认为自己是在别人面前挑战自己的上级。但她的部门主管仍然时刻意识到他们的地位不同。尽管他们关系很好，但如果他接受她的批评，就相当于接受她的当众差辱。如果她意识到的是他们地位的差异而非友谊，她就不会那样对待他了。例如，她就不会用这种方式对待公司的总裁。

女性适应男性的规范

在所有这些例子中，男性典型的沟通方式通常都得到了更为正面的评价，并被视为规范。与此相关，一个或许更令人痛心的不对等现象是，当女性和男性同处在一个群体中时，他们更可能遵循的是男性而非女性的规则。

在小说《进进出出》中，一位曾经的秘书回忆起一次与会者都是女性的会议：

> 一群秘书开会，计划筹办一次会议来讨论市政府中女性成员的问题。这个计划会太棒了，我们说着我们甚至都不知道自己考虑过的事情，点子一个接一个冒出来，没人想控制别人。

言下之意是，我们可以畅所欲言且没人想控制别人的讨论情景，不是她参加过的或观察到的会议的规范，而是这次只有女性参加的会议与众不同的地方。

一位教授曾评论道，与她惯常参加的男女混合的委员会相比，她发现在全部成员为女性的委员会中工作令人非常愉悦。但她在一个男女混合的晚宴上提出这一点时，遭到了一位男性的极力反对。这位男性表示，他没有发现全部为男性的委员会和那些有女性参加的委员会之间有什么差别。这位男性说的是他经历过的事实，是没错的，因为当女性与和男性在一起的时候，女性也是按照男性而非女性的规范来互动的。因此，男女混合的会议对男性的影响要小于对女性的。

　　一系列学科的研究表明，在性别混合的群体中，女性需要比男性做出更多调整。通过比较全部男性、全部女性以及混合性别的讨论组中年轻男性与女性的身体姿势，伊丽莎白·阿里斯发现，不论有没有女性在场，男性的坐姿基本没有变化：他们以"放松的"姿势舒展着四肢，占据了他们周围很大一片空间。然而她的研究显示，当群体中有男性的时候，女性就会采取"淑女式"的姿势，收敛自己的身体；但在没有男性的时候，她们会放松下来，舒展身体。换句话说，无论是否有女性在场，男性的身体姿势都是一样的，但女性似乎觉得，有男性在场时，自己就站到了舞台上；当她们发现与她们在一起的只有女性时，她们就有了一种在后台的轻松感。

　　艾丽丝·迪金斯（Alice Deakins）针对女性和男性谈论的话题进行的一项研究也得出了类似的观点。迪金斯做的是所谓的"偷听研究"：她一个人坐在银行职员吃午饭的餐厅里，听邻桌在谈论什么。这不是一种男性是高管、女性是妻子或秘书的情形，迪金斯研究中的男性和女性都是银行职员，他们在工作中平等对话。迪金斯发现，当没有女性在场时，男性谈论的话题大多是工作相关。他们从不谈论人，甚至连同事和客户都不会提。出现在讨论中频率第二高的话题是食物。另一个常见的话题是运动和娱乐。当女性单独交谈时，她们最关心的话题是人——不是职场上的交往对象，而是朋友、孩子以及私人关系中的伴侣。出现在讨论中的频率第二高的话题是工作，第三个是健康问题，包括减肥。

　　当女性和男性聚在一起时，他们倾向于回避双方分别最喜欢的话题，而选择双方都感兴趣的话题。但是在讨论这些话题时，他们遵循了没有女性的讨论组的风格。他们以男性的方式谈论食物，谈论他们正在吃的东西，谈论餐馆，但是不谈论饮食控制与健康。他们以男性的方式谈论娱乐消遣，关注的重点是运动和度假，而不是为减肥和健康进行的锻炼——这是女性单独在一起时会讨论的问题。他们以男性的方式谈论住房，话题的重点在地理位置、房产价值以及通勤时间，而不像女性那样关注房屋的内部（例如布局和隔热情况）以及居住者间的互动（例如谁来做家务）。

在分析十几岁的青少年之间私人谈话的录音时，黛博拉·兰格（Deborah Lange）也发现了类似的模式。当女孩们单独在一起时，她们会谈论友情中的问题；当男孩们单独在一起时，他们会谈论活动和计划，并对朋友们发表评论。当一个讨论组为混合性别时，他们会谈论活动和计划，并对朋友们发表评论。换句话说，当男孩和女孩在一起讨论时，他们说话的方式与男孩内部讨论的方式是一样的。但当女孩展开内部讨论时，她们交谈的方式就很不一样了。

所有这些（以及其他许多）研究都表明，男女间的对话更像男性间的对话，而不像女性间的对话。因此，当女性与男性交谈时，双方都会做出调整，但女性做出的调整更多。女性在混合性别的群体中处于不利地位，因为她们运用这些群体的对话方式的实践经验更少。这个事实可能有助于解释为什么女孩在女校中表现更好，而男孩在男校或男女混校中的表现大致相同。这也可以解释为什么在阿里斯对大学讨论小组的研究中，说自己更喜欢单一性别小组的是女性而非男性。所有这些研究都有助于回答这样一个问题：为什么女性对她们与男性的交流不满意，而参与相同对话的男性对交流的满意度却较高。

在会议和讨论小组中进行的谈话相对来说是公开的，更接近报告式沟通。在与喜欢同时说话来建立友好关系的女性交谈时，男性可能找不到插话时机，但是许多女性也都认为，自己很难在会议上得到发言机会。考虑到女性更喜欢情感式沟通，这就不足为奇了。许多女性发现，在与男性共同出席的会议上获得和维护发言机会很难，原因之一就是，她们不会为争取发言机会而竞争。然而许多研究都表明，即使女性使用了和男性一样的方式，她们也会得到不同的反应。这一章只介绍了这些研究中的很小一部分。这就提出了这样一个问题：女性在参加会议时遇到的困难在多大程度上是由她们自己的沟通方式造成的，又在多大程度上是由她们作为女性的性别造成的。这个问题也凸显了男女拥有的选项的不对等性。

同等的歧视

许多女性都曾表示，她们在某个会议或论坛上发表的评论被忽略了，然而之后，当一位男性发表了同样的评论时，与会者会被他启发，认可这个观点，展开一场讨论，仿佛这个观点是他而不是她提出来的。大多数女性认为这种情况之所以会发生，是因为我们不容易注意到女性的声音，而上述种种研究也表明，这种观点是有一定道理的。不过，女性提出想法的方式也可能是一个因素，以下的例子证明了这一点。但它也证明，女性并没有男性拥有的那些选项。

A 教授是一位生化学家，在一所著名高校任教，在其领域里很出名。他向我讲述了以下的经历。他本性羞涩，不敢在很多人面前说话。在生物系的一场公开讲座之后，他终于鼓起了勇气发言。他将他的观察表述为一个问题："你考虑过这种化学作用对你刚才描述的生物过程的影响吗？"那位演讲者诚实地答道"不，我没有"，然后就搁置了这个问题。然而没过多久，另一位男性 B 教授公开表态，他开口说："我想回到我的同事 A 教授提出的问题上，因为我认为这是非常重要的。"然后他长篇大论地论述了这一点。这个想法后来成为他们深入讨论的焦点，每个针对这一问题发言的人都在开口时说："我想进一步评论 B 教授提出的那个重要问题。"

如果 A 教授是一位女性，我们自然会认为，这一想法最初被忽视，是因为它是由女性之口说出来的，而稍后被重新捡起，是因为它又被一个男性表达了出来。但在这个例子中，两位发言者都是男性，所以性别不可能是他们接收到的反应有差异的原因。他们接收到的反应不同，是因为两个人表达"相同"想法的方式不同。也许 A 教授没有足够详细地阐释他的想法，没能让其他人看到它的重要性。更有可能的是，他的说话方式——缺乏自信、简短、用问题来表述观点——将他的想法定位为"不重要"，而 B 教授的说话方式——详尽、声音响亮且慷慨激昂——给了同样的想法不同的元信息："这是非常重要的，请注意！"

这个例子很有价值，因为它揭示了我们的说话方式扮演的角色，无论性别如何。但它也表明，女性处于不利地位。这是因为比起男性，女性更有可能用疑问形式来表达自己的想法，尽量占用更少的时间，并使用较低的音量和较高的音调。这个例子显示，那些不使用与男子气概相关的强硬发言策略的男性也身处不利地位。从这个意义上说，A 教授与一位和他说话方式相同的女性处于同等的地位。

不同等的补救结果

但在另一种意义上，A 教授的立场与一个有类似会话风格的女性是非常不同的。只要 A 教授愿意调整他的风格，使其更像 B 教授那样，他就会在公众场合博得更多关注。而且在这个过程中，他会更好地适应我们的文化中男子气概要求的模式。然而，女性如果意图调整她们的风格——说话更大声、时间更长并带有更多主见，她们同样会更好地实践男子气概要求的模式。她们可能会吸引更多的注意力和尊重，但也可能会遭到厌恶，被批评为咄咄逼人和缺乏女人味。

事实上，没有表现得咄咄逼人的女性一样会受到批评。一位教授邀请一位杰出的女性科学工作者来与他的学生们交流，结果却令他大感惊讶。他的一些学生——既有男生也有女生——评论说，这位女士傲慢自大。可他在她的身上没有看到一点儿傲慢自大的影子。她只是没有表现出任何他们预设中有女人味的行为，比如持续微笑，精心措辞，或者用一种迷人的方式抬头，等等。

具有男子气概的说话方式也与领导力和权威性挂钩，但被认为女性化的说话方式就不是了。无论一位男性采取什么行动来增强自己的权威，它们都会同等增强他的男子气概；但如果一位女性改变说话方式，以契合她已经获得的或希望争取到的权威地位，那么在别人眼中，她的女性气质就会受到损害。

作为一名在本专业领域获得了较高地位的女性，我每天都在与这种矛盾搏斗。我参加学术会议时，经常遇到来自其他大学的同事，他们此前对我的了解仅仅是学术出版物和知名度而已。很多时候，这些第一次见面的人都会对我的和善与女人味表示惊讶。"你不像我想象中那样，"他们反复这样告诉我，"你一点儿也不咄咄逼人。"也有人说他们以为我会是"冷冰冰的""强硬的"或者"争强好胜的"。当我追问他们为什么会对我有那样的想象时，有人告诉我："我只是猜想，任何像你这样成功的女性都必然会是那样的。"

哈丽特·沃尔（Harriet Wall）和安妮塔·巴里（Anita Barry）的一项研究正体现了这样的想象。这项研究的主题是大学生对男教授和女教授的心理期望。研究人员给了学生们关于未来教授的相同的材料——关于他们的学术背景、出版物和推荐信的信息。然后，他们要求学生们预测这些应聘者被录用后的表现，包括获得杰出教学奖项的机会。一些读到"女教授档案"的学生预测，她不会获得这个奖项，因为正如一位答题者所写，"太多的公事，看不到足够的人格表现"。没有人在读到完全相同的"男教授档案"时做出与此类似的推论。

沃尔和巴里发现，与男教授相比，女教授受到更为严厉的评判的另一个原因是，学生们对女教授的期待更多。与那些以为档案属于男教授的学生相比，那些以为档案属于女教授的学生期待她对学生付出更多精力，在课堂外他们花更多时间。研究人员指出，在评估真正的教授时，学生们对一位男教授的赞美可能要多于对一位实际上花了更多时间在他们身上的女教授的，因为毕竟女性只是做了预期中的事情，而男性做的事比预期中要多。在阅读这项研究时，我当然想起了那位在周日打电话给我的研究生，因为她不想打扰她的学位论文负责人的休息。

用语言让女性各就各位

女性气质与权威之间的冲突最严重的地方莫过于政界。一个优秀的男人和一个优秀的候选人具有一样的特征，但女性如果想站上政治舞台，就必须在成为一个强有力的领导者和做一个好女人之间做出非此即彼的选择。有魄力、逻辑性强、直率、有领导力和影响力的性格特点会提高一位男性作为男性的价值，却有可能削弱一位女性作为女性的价值。

正如罗宾·莱科夫在《语言和女性地位》一书中展示的那样，语言会从两个角度对女性产生影响：一个角度是她们说的话，另一个是我们谈论她们时说的话。如果我写道，在做完提名演讲之后，候选人"晕倒了"（fainted），你会知道我说的是一位女性。男性是不会"晕倒"的，他们会"失去意识"（pass out）。这两个词具有非常不同的内涵，反映和影响了我们对女性和男性形象的描绘。"晕倒"在我们脑海中唤起的是一个虚弱的身影倒进一个男人救助的臂弯的形象，手背还贴在前额上。这种印象可能没有什么原因，也可能只是为了达到戏剧性的效果。"失去意识"则暗示着径直倒在地上。

《新闻周刊》（Newsweek）上一篇发表于 1984 年总统竞选期间

的文章援引了里根的一位助手的话。他称呼费拉罗为"一个恶毒的女性",她会"把罗纳德·里根的眼睛抓出来"。这句评论本身就够恶毒的了,更不用提用它来开启这篇文章的行为。当用在男性身上时,"恶毒"这个词其实有点儿乏味,甚至让人感觉不到多少恶意。此外,男性不会抓;他们会对敌人拳打脚踢,相应的结果也更为有力。动词"抓"既反映又强化了把女性比作猫的刻板印象。每当有人使用与这个隐喻相关的措辞时,这种印象就会得到强化,暗示女性性格中普遍存在一种"如猫般的恶毒阴险"。

即使在表面看起来是在赞扬费拉罗的时候,这篇文章也使用了一些充满性别意味的字眼。作者认为她"在尖酸刻薄(tart)的政治辞令方面有着惊人的天赋,不断数落着(needling)罗纳德·里根对公平问题的态度,挖苦说(twitting)里根-布什的竞选团队不愿意让布什与她辩论"。如果我们把主语和宾语颠倒,"数落"和"挖苦"听起来会不像是对里根语言能力的赞扬。这些词就不像是对任何男性的言语能力的赞扬。(我不会评论"尖酸刻薄"给人的联想[1],我假定作者至少不是有意让人想歪的。)

迈克尔·盖斯(Michael Geis)在《政治语言》(*The Language of Politics*)一书中举出了几个例子,体现了描述费拉罗的一些词语如何削弱了她的形象。有一个标题称她"生气蓬勃"(spunky),另一个标题称她"精力旺盛"(feisty)。盖斯认为,"生气蓬勃"和"精力旺盛"只能用来形容体形小而缺乏真实力量的动物。它们可以用来形容一只哈巴狗,但不能去形容大丹狗;也许可以用来形容米基·鲁尼(Mickey Rooney)[2],但不能形

---

[1] 除了"尖酸刻薄",tart 还有"放荡的女人"之意。
[2] 米基·鲁尼(1920—2014),美国喜剧演员和制片人,成年后的身高为 1.57 米。

容约翰·韦恩（John Wayne）[1]——换句话说，可以形容任何中等体型的女性，但不能形容一个中等体型的男性。

我敢肯定，为费拉罗写下这些描述的记者的目的是赞扬她，而不是唾弃她。也许他们觉得他们选择的是时髦、吸引眼球的短语，但他们的措辞使这位副总统候选人的形象遭到贬低，变得琐碎，凸显了她作为一位女性和一名政治领袖的形象之间的不协调，即使他们不是有意的。当我们认为我们在使用语言时，我们的语言也在使用我们。

并不是说记者、其他写作者或我们日常遇到的各种发言者在有意无意使用语言的过程中成了"性别歧视者"。重点是，性别差异是内置于语言中的，我们用来描述女性和男性的词库并不是同一个。而且，最具破坏性的是，我们的形象和态度会通过语言得到巩固和塑造。我们仅仅通过理解和使用我们语言中的词汇，就吸收并传递了关于两性的不同且不对等的预设。

肢体语言的束缚

肢体语言同样能表达很多东西。政治候选人必然要传播他们的家庭照片。在典型的政客家庭照片中，候选人会直视镜头，而他的妻子则仰望着他，这就把观众的目光引向了候选人身上，使他成为兴趣的焦点。在一张获得广泛宣传的全家福照片中，费拉罗抬起头看着她的丈夫，后者则径直看向镜头。这是一张吸引人

---

[1]　约翰·韦恩（1907—1979），美国演员，曾获得总统自由奖章。他以饰演西部片和战争片中的硬汉而闻名。

的照片，表现出她是一个好女人，但使他成了一个不合适的兴趣焦点，就像使他的资金来源成为费拉罗披露财务状况时公众的关注焦点一样。如果在这张全家福中，费拉罗直视镜头，而她的丈夫用爱慕的目光注视着她，那么它就不会成为一张有效的竞选照片，因为她看起来会像是一个专横的妻子，配有一个怯懦、软弱的丈夫。

具有讽刺意味的是，比起那些更注重等级体系的社会，在一个像美国这样相对平等的社会中，女性可能反而更难享有权威地位。一位在雅典拥有并主编一本英文杂志的美国女性告诉我，当希腊人为商务事宜来到他们的办公室时，一旦意识到她才是老板，他们立刻就会将注意力集中在她身上。但是，如果她的男性助理编辑也在这个房间里，美国人就会情不自禁地对他说话。这样看来，希腊人对出版商地位等级的敏感凌驾于他们对她性别的认识之上，但美国人对社会地位的敬畏程度低于希腊人，因此反而无法超越自己的性别意识。

这本书的大部分内容都表明，女性与男性沟通方式的差异具有同等的误导性。男性和女性是在男孩和女孩的不同世界里学习使用各自的语言的，而且每个群体都会从自己的角度来解读对方的说话方式。但在许多方面，女性与男性的风格差异是不对等的。当男性和女性聚集在一起时，他们很可能会以男性更加熟悉并令男性感到更舒适的方式交谈。而且，我们通常都会根据男性沟通方式的标准来评判两性说话的方式，将这种标准认定为规范。在一个以平等为一致目标，越来越多的女性获得高等地位的社会里，最令人痛心的是，拥有权力地位的女性发现她们正处于一种进退两难的境地。如果她们说话的方式符合我们对女性的期待，她们的领导力就会遭到质疑。如果她们说话的方式符合我们对领导者的期待，她们就会被批评为没有女人味。通向权威地位的道路对女性来说是艰难的，而她们一旦到达了那里，会发现那里有的不过是一张荆棘丛生的床。

第 9 章

"我对你说话的时候，看着我"：性别更甚年龄差异

本书的灵感来源之一是我参与的一个研究项目，该项目研究了从小学二年级到大学各年级年龄段的朋友们是如何交谈的。尽管我没打算研究性别差异，但当我看到布鲁斯·多瓦尔录制的那套录像带时，我感到相当震惊，因为我看到每个年龄阶段的男孩和女孩之间都存在着很大差异。一方面，这种差异让每个年龄段的男孩和女孩显得截然不同，而另一方面，同一性别间的共同点又跨越了巨大的年龄层之差。在很多方面，小学二年级的女生更接近 25 岁的成年女性，而不是二年级的男生。

在录像中的男性和女性发言者之间，让我印象最深刻的两类差异是朋友们谈论的内容，以及他们的肢体语言——他们是如何运用身体和眼神让自己适应彼此的。

在我们一段段查看录像的过程中，被试者的身体响应方式或者说肢体语言的不同，引起了我们的注意。每个年纪的女孩和成年女性都坐得更近，并直接看着对方，而每个年纪的男孩和成年男性都彼此呈一定角度坐着——在某个案例中几乎是相互平行的——而且从来不直视对方的脸。我提出了"锚定的凝视"（anchoring gaze）这个词来描述这种视觉基础。女孩和成年女性会把目光锚定在彼此的脸上，偶尔瞥向别处，而男孩和成年男性

则会把目光锚定在房间里的其他地方，偶尔瞥一眼对方。

男孩和成年男性都会避免直视对方，这一点尤为重要，因为研究人员们和传统认知都强调，女孩和成年女性常常比男孩和成年男性措辞更间接。事实上，女性和男性倾向于在不同的事情上表现间接。在身体响应和用言语表达个人问题方面，男性往往更间接。

二年级学生的戏弄与讲述行为

以下两对二年级学生在身体响应和谈话内容方面展现了最鲜明的反差。二年级男孩凯文和吉米坐在椅子上不停地乱动，仿佛椅子容不下他们似的。他们从不直视对方。他们会环顾房间，看天花板，看房间里的摄像机。他们蠕动着，从椅子上跳起来，有节奏地踢腿，互相做鬼脸，对着镜头做鬼脸，对房间里的物体指来指去。一个男孩不断地用拳头击打他的椅子扶手。他们唱歌，翕动嘴唇模仿汽车的声音，制造出无意义的音节。

那么，男孩们在这些骚动中都在说些什么呢？他们在镜头前扮怪相，说脏话，大笑，然后用手捂住嘴，互相"嘘"让彼此安静，展示了一连串的淘气行为。他们还会戏弄对方。吉米一遍又一遍地告诉凯文："你的头发竖起来了！你的头发总是竖起来！"吉米假装努力去抚平凯文的头发，因为他没有镜子，看不到自己的头发其实没问题。他们从一个话题跳到另一个话题，试图找到"可以做的事情"。

"能玩什么游戏"

对二年级男生来说，"有事可做"的意思就是有游戏可玩。例如，他们环顾自己所处的房间（多瓦尔教授的大学办公室），寻找游戏：

> 吉米：看，你知道那是什么游戏——那边那个是什么游戏？我们玩的——我们一年级玩过。

> 吉米：我们有什么游戏——这里有什么可玩的？
> 凯文：我不知道。
> 吉米：可能只有那个吧。那是个很傻的游戏，对吧？
> 凯文：不过看起来挺不错。

> 吉米：我等不及要玩点儿什么了。

因为找不到任何可以玩的游戏（或者觉得自己不能随便玩他们看到的那些游戏），他们试着去想他们还能做什么：

> 吉米：唔，如果你有什么可以做的事情，就快做吧。
> 凯文：他回来了。你想做什么？
> 吉米：打球。

虽然吉米现在显然不能打球，但只是想想这件事还是没问题的。他想到外面去，和一群男孩跑来跑去，而不是坐在椅子上和一个朋友聊天。因为他们现在没法跑出去玩，他们就开始展望未来可以这样做的时候。凯文说："你想哪天来我家玩吗？骑我的自行车？"

男孩们确实找到了"可以做的事情"，尽管这不是他们的第一选择。吉米以一种假装不耐烦的语气要求凯文找点儿事来做，凯文答应了，提出一个两人都接受的建议：

吉米：你能找点儿事做吗？

凯文：拍蛋糕[1]。

吉米：[笑] 喂，拍蛋糕。来吧，让我们玩拍蛋糕。来吧。

这些记录中的被试者给人的印象都是充满活力的孩子，仿佛所有孩子都是这样的。但在看过两个同龄女孩的录像带后，我改变了想法。二年级女生的情况看起来真是另一个世界。简和艾伦非常文静地坐着，大部分时间几乎近得脸贴脸。她们基本都坐在椅子前半部分，也都直视着对方的脸。只有在思索接下来该说什么时，她们才会平静地看向房间里的其他地方。她们不会想方设法去找事情做，似乎满足于自己已经有事情在做的现状：她们在交谈。

将这两份文字记录比对观察，我们可以看出这些对话有多么不同：二年级男生的发言记录很多，但都简短、突然，每个男孩的发言很少超过一句；而二年级女孩对话的文字记录显示了大段的谈话，以至于一页纸上可能只有一到两个发言回合。这是因为

---

[1] 一种拍手游戏。

女孩们都在把自己和其他人遇到的事情当成故事讲给对方。但是，这些并不是随便什么故事。它们是关于事故和灾祸、疾病和看病的故事。

"那可真严重啊"

我原先认为讲述关于不幸的故事很奇怪，后来才意识到，原来女孩们是在严格执行她们接收到的命令。多瓦尔告诉女孩们，她们要商量些什么，找些严肃的话题来谈论。他对该项研究中的男孩和其他朋友组合下达的指令也是这样的。于是，在他离开房间以后，女孩们先是挤在一起说悄悄话，然后分开，面对面，开始讨论起她们认为严肃的事情。下面摘录的故事虽然很短，但在二年级女孩的谈话中却是一个典型的例子。

> 艾伦：还记得吗？那件事——我跟你说过我叔叔的那件事？他跟着我爷爷爬上了梯子？然后他摔倒了，呃，把头撞裂了？他——你知道吗？到现在都还没好。
> 简：有一次，我叔叔，他，呃，他有个养牛的牧场，好像是在米尔沃斯？公牛的角直接穿过了他的脑袋。
> 艾伦：那可真严重啊。

艾伦用一句"那可真严重啊"表达了她对简的故事的赞同，

这体现出，讲述灾难故事是为了遵照她们得到的指示。[1]

　　将同龄的男孩和女孩做对比时，我有了一种正在观察两个不同物种的感觉。谈论一些严肃话题的要求对女孩来说似乎是合乎情理的。她们是在被要求去做一些她们经常自愿做的事情——坐在一起交谈。但是，同样的要求对男孩来说却截然不同，在玩耍的过程中，他们不大可能只坐在一起交谈。他们更习惯一起做些什么——在外面跑来跑去，或者在室内玩游戏。

　　从地位等级和人际关系的角度，或是从对立与支持的框架出发来检视这些录音，我可以清楚地看到其中的不同模式。男孩们如果将彼此视作最好的朋友，会在对立的框架中展现他们对彼此的友爱。吉米反复调侃，让凯文误以为自己的头发竖起来了，就是一个例子。吉米还假装开枪打凯文，说："你被捕了。"他故意说了一些刻薄的话："我知道威廉一点儿也不喜欢你。"两个男孩都在打闹，对彼此进行无害的攻击。

蔑视权威

　　男孩们不断地表现出一个事实：自己对将他们置于这种环境下的权威人物是有意识的，就像上面那个简短的例子中凯文说的"他回来了"。他们拒绝做研究人员命令自己做的事情（谈论一些严肃话题），并进行玩闹性质的反抗，试图以此削弱研究人员的权威。例如，他们会跳起来，在镜头前做鬼脸，然后咯咯笑，嘘

---

[1] "严肃"和"严重"在这里同为 serious。

对方，再装上片刻的好孩子。当研究人员不在他们的视线范围内时，他们就会提到他，嘲弄他的权威，就像吉米说"……然后放了个屁——他来了"时那样。和其他几处一样，他们此处的"不良行为"似乎是针对告诉他们该做什么的大人的。

既然研究人员要求他们谈论严肃的话题，如果不想乖乖听话，还有什么方法比讲笑话更好呢？男孩们就是这样做的：

> 凯文：咚咚［敲门声］。
>
> 吉米：谁？
>
> 凯文：水果。
>
> 吉米：水果什么？
>
> 凯文：水果糖。
>
> 吉米：一头睡觉的牛叫什么？
>
> 凯文：追牛跑。所以叫什么啊？
>
> 吉米：叫啥？叫啥？
>
> 凯文：我不知道啊。
>
> 吉米：叫推土机。明白了吗？推土机。

这些笑话有时是下流的，很明显，他们了解成年人的权威，在刻意违反礼仪规范：

> 凯文：咚咚。
>
> 吉米：谁？
>
> 凯文：［跳上他的椅子］咚咚咚咚。
>
> 吉米：谁？［停顿］突突。突突什么？你的裤子里有

突突。

　　凯文：我没有。

　　吉米：我想知道他能不能听到我们的话——他能——快动嘴给他看。［两个男孩都这样做了。］

这个简短的例子说明了一切：吉米讲了一个笑话；他通过贬低凯文来戏弄他；他提到了一个禁忌的话题；他展示了自己对可能反对他们打破这些规则的权威人物的考虑；他通过假装（并让凯文假装）说话来公然反抗和嘲弄这种处境。如果说讲笑话是一种把讲述者置于舞台中央的表演，那么吉米在讲"突突"笑话时是如此兴高采烈，甚至应该由观众参与的部分都被他占尽了风头，"咚咚"敲门的四句话都是他说的。另一方面，他可能只是在替凯文填补对话。凯文用"咚咚"开始这场讲笑话游戏，却似乎没想好要用什么笑话接茬。

玩采访游戏

坐在一起聊天的行为向男孩们暗示了一种等级结构，会让他们想到被一位成年人盘问的情景。吉米扮演了采访者的角色，模仿并嘲弄了这一定位：

　　吉米：我有四件事要说。

　　凯文：是吗？

　　吉米：我有四件事要说。

凯文：说啊。

吉米：你在学校功课不错吧？

凯文：是啊。

吉米：球也打得不错？

凯文：嗯。

吉米：你人很好。最后一个能说啥？你好吗？

凯文：挺好。

吉米：轮到你了。

凯文和吉米的发言都很短——只有几个字——除了两个例外：一是在吉米介绍一个电子游戏时；二是在他解释如何玩拍蛋糕时（尽管提议玩这个游戏的是凯文）。在这两个事例中，他都扮演了老师的角色。

充满差异的世界

这些简短的例子体现的特征，在这段 20 分钟的录像中随处可见：男孩们在身体上是不安分的；他们能想到的活动都涉及身体；他们始终对自己所处的等级框架有意识，并尽己所能地嘲弄和抵抗这个框架；他们通过对立的模式来表达对彼此的友爱。他们会直接表示反对，但这种反对是对方的侮辱和嘲弄性攻击引发的自然反应。例如，凯文抗议了好几次，当吉米说他的裤子里有"突突"时，他反驳道"我没有"，而当吉米告诉他他被捕时，他又抗议说"不，我没有被捕"。

在同样的处境下，二年级女生的谈话方式与上文中男生的谈话方式没有任何相似之处。女孩们同样意识到了她们所处的权威框架，但她们是在遵守这一框架下的规则，而非藐视或嘲弄它。而且，她们绝不会用互相攻击来玩闹，而是赞同和补充他人的发言，从而实现相互间的支持。她们不会合力违抗权威，而是用成功的服从来消除彼此的疑虑，正如艾伦告诉简"那可真严重啊"那样。与每个男孩都通过嘲弄来暗示对方做错了什么事相反，女孩们带给彼此的是安心：她们正在做的事是正确的。

前文中女孩们讲述的简短故事是个典型，体现了这些故事是如何彼此关联，以及如何与女孩们的共同经历联系的。艾伦用"还记得吗"开场，从而提醒简她曾在场，或是以前听过这个故事。早在二年级，这些小女孩就已经开始在讲故事时使用典型的上升语调，使得每句话听起来都像是一个问题。就像女孩和成年女性的许多特有的说话方式一样，从地位等级的角度来看，这种上升语调可以被解读为一种请求赞同的表达，而因此成为缺乏安全感的证据。但它也可以被看作——我认为更准确的是——一种用"嗯"等叹词或点头的动作来邀请听众参与的方式。简也在她的许多故事的开头说起了她朋友的名字——这是让朋友参与这段讨论的另一个标志。

上文中的简短例子体现了女孩们对话更长的典型特征：简在艾伦的故事之后也讲了一个类似的故事。简的故事与艾伦的故事是相称的，不仅在于它也有关一场事故，还在于它同样是关于一位叔叔和一次头部受伤事件的。

与男生一样，二年级的女生也会谈论未来的活动，但她们提出的建议与男生提出的不同。凯文邀请吉米来他家，骑他的自行车；而简告诉艾伦，她刚刚读了一则她非常喜欢的《圣经》故事。她说，艾伦可以来她家，这样她就可以把故事读给艾伦听，或者艾伦也可以自己读。与凯文建议的体育活动形成鲜明对比的是，简提出了一项谈话活动，不仅如此，简还表示如果艾伦愿意，她可以自己读这个故事，而不是听别人读给她听，从而避免让艾伦陷入地位低下的境地。

在研究人员进入房间提醒她们要谈论一些严肃的话题之前，女孩们已经在交换各种各样的故事了。就像那些把倾诉烦恼当作一种情感式沟通的成年女性一样，这些二年级女生也在交换与彼此经历相称的烦恼。例如，简抱怨说，她的弟弟一直让她给他读各种故事，但是从来不让她读完任何一个，而是不停地拿出新书让她从头开始读。作为回应，艾伦讲了一个相称的故事，同样关于她给弟弟读书的经历，只不过她的问题是，弟弟选了一本很厚的书，每次她读完一个章节，以为已经结束了，他却坚持要再听一章。这里，这些二年级女生通过抱怨亲近的人，以及响应和支持彼此的故事，建立了融洽、密切的关系。

当我给人们看这些录像带时，男性和女性对这些二年级学生的反应非常不同。我的反应是典型的女性反应：我觉得简和艾伦是讨人喜欢的小女孩，看她们互动时，我在微笑。我被她们想要满足实验要求的这份热切触动了。我的心与她们产生了共鸣。但那些小男孩却让我感到紧张。我希望他们都能坐好别动。我认为他们的玩笑很傻，也不喜欢他们取笑和嘲弄他人的攻击性行为。我为可怜的凯文感到难过，他一直在试图把头发抹平，同伴还告诉他另一个男孩不喜欢他。

但是，那些看过录像带的男性的反应却完全不同。他们认为这两个男孩很可爱，他们被这些男孩的活力和欢乐打动了。他们完全能理解男孩们想要嘲弄这种处境并藐视实验者权威的冲动。在他们看来，那两个女孩未免有些装腔作势。有些男性评论说，他们不相信女孩们的行为是自愿的。他们觉得孩子是不可能喜欢坐着不动的。因此，她们一定是为了讨好实验者才摆出最乖巧的样子的。

这就是问题所在：男孩和女孩成长于不同的世界之中，但我们却认为我们生活在同一个世界里，所以会用自己的标准来评判对方的行为。

从小开始的鲜明差异

这些差异的后果在小学里得到了最明显的展现。在小学里，老师期望孩子们能安静地坐着，照老师说的做，就像我研究过的录像里的那些女孩一样；他们希望孩子们不要像录像里的男孩那样坐立不安，跳来跳去，互相取笑，抗拒命令。在阅读一篇关于幼儿园课堂教学风格的研究报告时，我发现了一些来自现实生活的证据，可以支持我发现并描述的模式，我还同时发现了对这种模式的后果的戏剧性的阐释。人种志学者简·怀特（Jane White）将她的研究主题称为小学教师的"无情的礼貌"，她在一篇文章的开头引用了一段课堂上的情景，其中出现了一位幼儿园教师贝德福特太太，她正在介绍一堂社会课。贝德福特太太对孩子们说：

哦，天哪，多漂亮的一群幼儿园学生啊。看到这样的笑脸，贝德福特太太非常高兴。现在，大家都舒舒服服地坐在椅子上了吗？［停顿］让我们看看都有谁在。看来大家都到齐了。今天我们的班长是马克·W.。［学生们交头接耳］哦，我喜欢塔米和芭芭拉那样的坐姿。她们准备好上一年级了。哦，还有科丽和希瑟，真好……还有科琳和谢莉，你们看上去棒极啦。乔伊，你能转过身来，让我看到你的脸吗？史蒂文·T.，你能过来坐在我旁边吗？博比，在那儿找个位子坐下吧。斯蒂芬·S.，那儿有个很好的位置你可以坐。大家都没问题吧？都准备好了吗？

怀特的研究并不关心性别差异。她呈现这段引文的目的是说明老师使用了"礼貌"的说话方式，比如比起指责坏的行为，选择赞扬好的行为，以及用问题来表达指令。但在阅读这段非常形象且令人感到熟悉的例子时，我注意到，所有那些因为安静坐着而受到表扬的孩子都是女孩，而所有那些因为没有安静地坐着而受到（间接）批评的都是男孩。

我在另一篇文章的字里行间也感受到了同样的印象。为了说明小学教师将男孩与女孩视为不同的社会群体，社会学家巴莉·索恩（Barrie Thorne）[1]引用一位老师的话说："女孩们已经准备好了，男孩们还没有。"这两个真实的课堂示例都戏剧性地说明，学校要求的行为对女孩来说比对男孩更"自然"。

---

[1] 巴莉·索恩（1942— ），美国加州大学伯克利分校社会学教授。她的研究重点包括性别社会学、女性主义理论、年龄关系社会学、儿童社会学、家庭社会学和人种学研究方法，代表作为《性别游戏：学校里的男孩和女孩》。

前文提过，艾丽丝·格林伍德对她青春期前的孩子们在晚餐时的交谈进行了研究。这项研究提供了另一个来自真实生活的例子，可以证实我在前文的谈话录像中观察到的模式。就像二年级的女孩用"这可真严重啊"相互给予肯定一样，在格林伍德的研究中，当女孩与朋友们交谈时，有趣的故事也往往会得到肯定性的支持，如表示"这真的很有趣"。更有甚者，一个女孩刚刚说了一句"我来讲一件特别好笑的事"，听到这句话的女孩们就会笑起来。与此相反，男孩们眼中的好的对话是"互相开玩笑，互相攻击"的那种——这正是那些二年级男生选择做的。

这些现实生活中的例子让我相信，我研究过的两段录像都是典型，而不是例外。对游戏中的小女孩和小男孩的一系列研究也支持了我的结论。这些研究显示，小男孩进行了更多的体育活动，他们更好战，更倾向于选择平行游戏[1]而不是协同游戏，以及更倾向于采取对立立场。例如，发展心理学家坎贝尔·里珀（Campbell Leaper）发现，5岁的女孩以"积极互动"的方式详细阐述彼此的想法，而同龄的男孩则表现出"消极互惠"的方式：一个男孩试图获得控制权，另一个男孩则退缩了。在对日托中心的3～4岁儿童进行的研究中，艾米·谢尔顿发现，即使处于同性三人组中的女孩和男孩都会展开个人活动，但与男孩们不同的是，女孩们会大声说出自己正在做的事情，并对其他人的评论做出回应，从而保持彼此间的联系。

如果说从小学二年级儿童身上看到成人模式的苗头非常有趣，那么在3岁幼儿身上看到这些模式也许会令人感到难以置信。

---

[1] 社会性游戏的初级形式。研究者给两个或以上孩子同样的玩具，让他们各自玩耍，不影响彼此的行为。

无怪乎两性都很难理解彼此的立场：从一开始，我们就站在对各自有利的角度看待问题。

六年级学生的烦恼

六年级男女生之间的差异和二年级的一样明显。沃尔特坐在一张高靠背的木质扶手椅上。他的身体也很焦躁，但他的表现是扭动，而不是在座位上跳上跳下，坐立不安。他在椅子上扭来扭去。某一刻，他斜靠到一边，一只胳膊从椅子边缘向下伸去，就好像自己是橡胶做的。另一个男孩汤姆的身体比较老实，但他看起来也并不自在。他把两条腿伸在前方，大部分时候都把一只胳膊搭在他那张有软垫的椅子的靠背上，与其说是安静，不如说是僵硬。

这些男孩同样也不看对方。沃尔特不停地揉着眼睛，给自己制造了一个无法看向汤姆的物理障碍物。他玩着自己的手指，花在看手指上的时间比看汤姆的时间更长。汤姆也让自己的身体贴着椅子，与沃尔特呈一定角度坐着。他们频频环顾四周，显然是在寻找可以谈论的东西，也常常能找到话题。例如，他们评论起了装饰品（"那张照片看上去还挺好玩"，片刻后"妈的，这张照片可真不错"）；他们注意到天花板上有一个喷水灭火装置，一个男孩对另一个男孩解释说："万一有什么东西着火了，可以用这个来灭。"沃尔特瞄到自己的包，于是拿出一双新鞋，两人查看、把玩着鞋，谈论着它们。

当镜头转向六年级的女生，我们看到的就是完全不同的景象。女孩们没有全身靠在椅子上，而只坐了椅子的一部分，以便能直接面对彼此。香农安静地坐在木质椅子边缘，胳膊放在椅子的扶手上。朱莉娅坐在没有扶手的软垫椅上，她没有像汤姆一样伸展四肢，而是把腿和胳膊都收到了椅子上。她把左脚踝放在右膝上，抓住左脚，玩着鞋带。她虽然会频频看向自己的脚，但她的凝视点是锚定在她朋友脸上的，这与目光锚定在自己手指上的沃尔特形成了鲜明对比。

朱莉娅和香农在谈话中多次变换姿势，但是这种变换既不突然也不频繁，而且两个女孩总是通过凝视的目光和姿势紧密、直接地呼应彼此。这个年龄的男孩给人一种精力受到抑制的感觉。沃尔特的蠕动和汤姆的静止似乎都是不适引起的。女孩们似乎可以舒适地在规定的精力水平下活动，但男孩们似乎在压抑自己，好像已经学会了不让过剩的精力溢出。这种对比或许可以说明，为何许多男性就算能保持静止，看起来也更加僵硬、冷酷。

男孩们和女孩们谈论的话题也是千差万别的。在 20 分钟的交谈中，汤姆和沃尔特触及了 55 个话题。他们谈论了学校、作业、有线电视、体育运动、电视上的性和暴力（他们表示了反感）、房间里的事物、他们想要的东西（一辆摩托车、一台电脑、一把猎枪）、学校里的其他男孩、沃尔特的鞋、他们组成的一支摇滚乐队、通货膨胀、南希·里根花 3000 美元买了一条裙子的事（他们表达了不赞成的态度）、女孩、枪、录像视频以及他们的友谊。他们谈论的每一个话题都不会超过几个发言回合，而且每个回合都很短。

就像二年级男生的谈话一样，六年级男生的谈话只包含两次较长的发言回合，而且都是报告式沟通，将这两个男孩定位在一套等级结构中的不同位置上：汤姆唱了他最近为他们的摇滚乐队创作的一首歌，从而把自己定位为表演者，把沃尔特定位为他的听众；他还讲述了他遭遇的一次自行车事故。

"失去最好的朋友让你感到痛心"

再一次，当镜头从六年级的男生转向同年级的女生时，我们好像又来到了另一个星球。女孩们几乎花了全部时间来谈论朱莉娅和另一个朋友玛丽闹翻的事情。朱莉娅表示，失去一个朋友让她感到多么难过（"失去最好的朋友，一个真正亲密的朋友，实在太痛苦了"）。两个女孩一致认为这次绝交是玛丽的错。她们的谈话揭示了友谊在她们的世界里处于多么核心的位置。朱莉娅说"我喜欢交一个朋友，然后永远做朋友"以及"我不能没有朋友"。香农也同意："我想任何人都不能没有朋友。"朱莉娅向香农表示，她们将是"事实上的永远的朋友"。

六年级的女孩们一遍又一遍地表达着她们对愤怒会破坏友谊的恐惧。朱莉娅解释说，她和玛丽的友谊之所以告终，就是因为玛丽朝她发了火，玛丽因此是"刻薄"的。相反，她坚持认为，即使她自己不喜欢别人的所作所为，她也不会朝他们发火：

> 香农：真可惜你和玛丽不再是好朋友了。
>
> 朱莉娅：我知道。天哪，问题是，她有时候太刻薄了……然后，让我难过的是，她会突然朝你发火。但是，如果她做了什么我不喜欢的事，我只是——我不喜欢那件事，

但我想说，我可不会朝她发火！

朱莉娅：我妈做的许多事我都不喜欢，然后——我就——我都没冲她发过火。

朱莉娅认为我们在生气时会吵架，吵架会导致我们分开。她对此感到恐惧。在某一时刻，她引入了一个看似不相关的新话题：她担心她的父母可能会离婚。但这实际上还是同一个话题：她担心她的父母会离婚，因为她有时会听到他们吵架。她认为玛丽之所以会变得如此难相处，原因之一就是她的父母离婚了。

这里，在大致同龄的儿童之间，从源自他们真实生活的对话之中，我再一次发现了这些模式的独立佐证。黛博拉·兰格录制的一段青春期女孩的交谈中也出现了"发火"这一话题。在那次谈话中，一名女孩讲述了一个问题：她想把她所有的朋友都聚到一起，但她没法这样做，因为他们并不都喜欢彼此。当她不停地强调自己不发火的时候，她听起来很像朱莉娅：

我不是生狄娜的气，我也没有生米莉森特或是丽塔的气。但我……我总是……和她们所有人一起制定计划实在是太困难了。

她没有生朋友们的气，而是努力去安抚她们所有人：

……因为丽塔会和米莉森特吵架，狄娜觉得米莉森特是个泼妇，这太难看了——因为这不公平，因为，呃，我试着，呃，我试着，呃，我试着搞一个聚会，这样我就可以和所有人一起做计划，但是我，我希望她们是真能好好相处，而不是试图去，呃，不是努力去相处，你懂得，我的意思是我自己也要做点儿改变。

这段录音不仅表明六年级的女孩会与朋友分享她们处理人际关系时遇到的烦恼，也表明她们想避免冲突，保持和谐。

"我知道"

在六年级女生的录影带中，香农和朱莉娅就像二年级女生一样，会互相加深彼此的感受。例如，香农一再赞同朱莉娅对玛丽的看法。在朱莉娅谈到玛丽发火而她自己不会的那段录音之后，她们紧接着说了这些：

> 香农：她就想让别人不高兴。
>
> 朱莉娅：她是这样的。她只管看着我哭。她看着我难受，什么也不做。
>
> 香农：而且她很喜欢这样。
>
> 朱莉娅：我知道。她享受这整件事。

香农通过提供类似的观点，支持了朱莉娅对玛丽的抱怨，而朱莉娅则将香农的补充融入自己的抱怨之中。

同样的话题，有一点不同

即使当六年级的男孩和女孩谈论同样的事情，他们谈论的具体内容也是不同的。例如，这两对朋友在开始时都报道了前一天晚上发生的事情，但朱莉娅讲述的是她和父亲之间的一个问题，而汤姆讲了一个关于电视机的问题。首先我们来看男孩们：

汤姆：哈，你说昨天？我们正坐着看电视。一架老式大型喷气机飞过去了，它听起来就像是要着陆了。

沃尔特：［笑］

汤姆：然后我们的电视就断了。

沃尔特：我们的也是。

就是这样。现在我们听听女孩们的：

朱莉娅：来，猜猜昨晚发生了什么。

香农：发生了什么？

朱莉娅：我去了，嗯，好吧。昨晚，呃，我哥哥，呃——是这样，我爸说："朱莉娅，你得自己收拾房间。"然后 / ？/ 我说："好吧，如果我哥不用自己收拾的话。"于是我和我爸大吵了一架，你知道吗？然后啊，天哪。然后我咬了他。我真不敢相信。天哪。

香农：我的天。那他发火了吗？

朱莉娅：是的，但不是——不是马上，只是——我回到房间里，把门锁上了。

朱莉娅讲述了与一个人——她父亲互动的故事，汤姆讲述了与一个物体——电视机互动的故事。她的故事也比同龄男孩的任何发言回合都要长。而且，这是在谈论一场斗争，是女性关心的一个首要问题，因为斗争威胁到了亲密关系。

朱莉娅的故事能体现出典型女性特色的另一个方面是，她通过在对话中复述我们所说的话，再现了人与人之间发生的戏剧性事件。她会模拟她父亲的声音——"朱莉娅，你得自己收拾房间"，然后又表现了自己的抗议——"好吧，如果我哥不用自己收拾的话"。因为女性关心的是如何传达人与人之间发生的事在情感上的影响，她们会比男性更多地运用对话来戏剧性地展现事件。

"该说话的时候，你倒说不出来了"

和小学二年级女生一样，六年级女生看起来很习惯坐着说话，但六年级男生表现得很痛苦——他们痛苦地坐在椅子上，挣扎着寻找可以谈论的什么东西。他们自己也这么说：

> 汤姆：我在拼命想该说点儿什么，因为有人在给我们录像，跟往常不一样。
>
> 沃尔特：我知道。
>
> 汤姆：你在外面的时候，你可以——
>
> 沃尔特：我知道，我可以大叫，但在公寓里不行。
>
> 汤姆：你在外面说得停不下来。

沃尔特：是啊。

汤姆：到了该说话的时候，你倒说不出来了。

沃尔特似乎以为汤姆说的"在外面"，指的是在外面玩比在屋里玩好在哪里，因此他提供的论据是在外面可以大叫。但汤姆指的似乎是这个人为情境之外的世界。他的意思是，有人让他们说话的时候，他们却很难找到可以谈论的内容。

这些话表明，汤姆意识到他们现在处于一种被吩咐做什么的状态下，于是他暗示，这正是他们难以找到话题的原因之一。虽然不像二年级的男孩那样明显和普遍，汤姆也用了一个笑话来嘲弄这种处境："保持微笑，你在参加《真实镜头》（Candid Camera）[1]。"更戏剧化的是，当多瓦尔在一段简短提醒之后离开，让孩子们独处时，汤姆敬了个礼——起初是不易察觉的，显然是无意识的那种，然后变成了一种夸张的形式，明显是嘲弄他自己作为从属者的下意识手势。

作为对实验情境造成的不适感的回应，小学二年级男生们谈论起他们想玩的游戏。六年级男生则开始想象，他们在长大以后就能摆脱这种处境。下面的例子同时也展现了他们如何利用这个房间来突然转移话题——这是实验中的女生没有做过的事情。

汤姆：天，我等不及要长大了。

沃尔特：是啊，我懂你的意思。

汤姆：大学毕业，加入海军陆战队。离开海军陆战队，

---

[1]　一部用隐藏式摄像机拍摄的美国电视真人秀节目，已从 1948 年连续播出至 2014 年。

加入空军。空军退役，找个人结婚。

沃尔特：是啊，我超想有自己的车。我可等不到 16 岁。

汤姆：我想结婚。等不到 17 岁。

沃特：是啊，我也是。你看那边的那个玩意儿！

尽管这些男孩对自己在什么年纪将承担什么样的成人责任存在一些误解，但他们对长大成人的渴望是令人动容的。这种表达渴望的话语，录像中没有一个女孩使用过。对此，我的解读是，男孩们不想做事事受到他人支配的儿童，我也怀疑，男孩们在这种时候提到自己的渴望，体现了一种对逃离当前处境的方法的幻想。二年级学生凯文在一段关于年龄的交流中也表达了一种类似的冲动，尽管他的话更为简短。虽然凯文不能确定自己的具体年龄以及年龄意味着什么（"我快 10 岁了，但我还没到 8 岁"），但他安慰自己说："我马上就要跟大人一样了。"男孩们展现出更强烈的想要做成年人的渴望，这样一来，他们就能离开等级结构中的下层位置了。

关于友谊的相反概念

尽管男孩们和女孩们的对话有着明显的不同，但如果说他们在风格和关注点上没有一点儿相似之处，其实是不准确的。差异不是绝对的，而仅仅体现在程度上。例如，所有孩子都很看重维持友谊。以下是六年级男生对此的说法：

汤姆：貌似我俩做什么都是一起。

沃尔特：是啊，我们这个星期天去打猎吧？

汤姆：好像我们不管做什么，假如是打架，我们都会站在同一边，或者，如果我们谁有了一个点子，我们就会马上开始做。然后其他所有人都想跟我们作对。一般来说，做事情没有这么自然的，不都是要劝一劝才去的嘛。

沃尔特：我懂。

汤姆：因为如果有了一伙人，就会有另一伙人。总被针对的才是好人。

虽然男孩们和女孩们一样，会讨论怎样才算好朋友，但双方的表达方式存在差别。首先，男孩们对他们友谊的讨论是简短的，并且这个话题没有再次出现，而女孩们花了很长时间谈论她们的友谊，而且会反复提起这个话题。当汤姆评价说他和沃尔特是好朋友时，他的关注点在于他们一起做事情（"貌似我俩做什么都是一起"）。另外，斗争也是他们提及友谊时的重点。如汤姆所言，沃尔特和他之间的一致自动引发了其他人的反对。他所处的是一个充满斗争的世界，在这个世界里，友谊是团结朋友、对抗他人的关键。

相反，朱莉娅声称她和香农是好朋友，她的这种认识是建立在相互理解和长期关系的基础之上的：

朱莉娅：至少我和你从幼儿园开始就认识了，我们也知道彼此是什么样的人。

也建立在不互相争斗的基础上：

朱莉娅：我和你从来都不吵架。

还建立在交流的基础上：

朱莉娅：我的意思是，如果我想跟你说话，你就会说："来讲讲呀！"如果你想跟我说话，我也会陪你说。

通过比较这些六年级男生和女生的谈话，我们可以看到男女在交往中对沟通产生不满的根源。男孩们确实谈到了一点儿关于他们的友谊和其他人的内容，但他们大部分的谈话都围绕着事物、活动以及针对社会问题的观点。女孩们提起并讨论的唯一的事物还是她们友谊的一件象征。朱莉娅问香农，自己是否送过她一枚友谊别针[1]，香农说送过。朱莉娅接着说，她读到，如果双方已经成为好朋友了，需要送两枚。于是她从包中掏出第二枚来给了香农。女孩们的所有谈话都是关于朋友、友谊以及情感的，她们精心安排了这场谈话，其微妙和复杂程度在六年级男生的谈话中是看不到的。

---

[1] 一种象征着友谊的配饰，一般由四枚或更多串有小彩珠的小号安全别针和一枚中号安全别针组合构成。流行于 20 世纪 80 年代的美国女孩之间。

十年级学生的协同与平行对话

接着，我们来到十年级，会看到一段对我理解男性之间交流起到关键作用的录像。这个年级的女孩与六年级女生非常相像，她们直视彼此，谈论其中一个女孩与母亲和男友的问题。然而，十年级男生不仅与女生不同，与年纪较小的男生也不同。他们的姿势在所有录像中是最极端的：四肢伸展，几乎是斜躺在他们应该坐着的椅子上。理查德和六年级的汤姆一样，几乎一动不动，并坚定地目视前方，就像有人像禁止俄耳甫斯回头看欧律狄刻[1]那样禁止他注视朋友托德一样。托德用脚把一张转椅勾过来当脚凳，然后一边用脚将它拖来推去，一边看着前方或是房间四周，只偶尔扫一眼理查德。有人在看过这段录像后，评论说这两个男孩看上去就像在开车：他们的身体是彼此平行而非面对面的，两个人都直视前方，其中一人只是偶尔瞥一眼朋友，另一个人则几乎从来不这样做。

但当我们把声音调大，这个场景就变了。男孩们不是在谈论客观话题，根本不是。这些男孩的谈话就是本书第2章呈现并讨论的那些。他们之间的交流是我在多瓦尔的录像中听到的最亲密的谈话。当女孩们谈论她们与其他人的问题——谁没去参加派对时——这些男孩正在直面彼此间的关系，其中一个正在袒露自己深深的失落、伤痛和渴望。

---

[1] 希腊神话中，俄耳甫斯与欧律狄刻本是一对恩爱夫妻。在欧律狄刻被毒蛇咬死之后，俄耳甫斯痛不欲生，独闯冥界，祈求冥王和冥后将妻子还给他。冥王和冥后心生怜悯，答应了他，但条件是在领着妻子离开地府之前，俄耳甫斯绝对不能回头看她，否则欧律狄刻将永远无法回到人间。

"我知道我的问题在哪儿"

正如我们早前看到的，托德感到自己被疏远了：他觉得自己在派对上被孤立了；他在即将到来的舞会上没有舞伴，他也不想去问他认识的任何人；他觉得自己和喜欢他的女孩们相处得不好，和朋友们在一起也感觉不对劲。他怀念过去单独和理查德在一起说很多话的时候。我们可以在以下节选中看到托德的抱怨。为了传达谈话中的停顿感，我们用括号中的数字来表示停顿的秒数。

> 托德：我们到底该谈些什么？其实我想说，我知道我的问题在哪儿。
>
> 理查德：在哪儿？
>
> 托德：〔窃笑〕就是我们不说话这件事。
>
> 理查德：谁不说话？
>
> ……
>
> 托德：又来了，我们。
>
> 理查德：什么？
>
> 托德：不说话。
>
> 理查德：我懂了。好吧，说吧。
>
> 托德：我们甚至不再聊天了。〔笑〕
>
> 理查德：对，好吧。（3.4）我想说，你懂的。我能说什么呢？（3.6）我的意思是，如果你上周末说的都是你真想说的，那我说的也都是我真想说的。（1.0）
>
> 托德：嗯，我当然是说真的。但我要说的是，我不知道。我想我们长大了。我是说，我不知道，我想我是活在过

去还是什么的。我真的很享受那些时光，我们常常整晚不睡，然后只是，你知道的，就在另一个人家里过夜，只是为了能聊上整晚。

理查德：是啊。

托德：那时真好玩。

理查德：是啊，是很好玩。

（2.2）

托德：但现在，我们能在走廊里说上几句都算幸运的了。

理查德：［带着嘲弄的质疑语调］哦，是吧！

托德：我是认真的。我记得在走廊里碰见你，我会对你说"嗨"，你也会说"嗨"。有时候如果我走运，你会把我推到储物柜里。［笑］

（1.4）

理查德：［抗议］我们还是有话说的。

托德：不一样了。

（4.8）

理查德：我从来不知道你想跟我聊天。

虽然在听过这段对话后，大多数男性评论说这种情况在男性间的交流之中很不常见，但这毕竟还是发生了。最引人注目的是这些男孩说的话和他们的肢体语言间的鲜明对比——几乎是矛盾的。虽然他们的话表达了强烈的情感投入，但是他们的身体却呈现了自由散漫、懒洋洋的姿态。

男性不投入吗

我告诉一位家庭心理治疗师，我观察到女孩们会彼此直视，并将身体语言调整为面对面；而男孩们到处张望，唯独不看彼此的脸，他们将自己摆到与对方呈一定角度的位置上。治疗师评论道："这种情况在我遇到的家庭中很常见。丈夫们不看我，也不看他们的妻子。这些男人保持着疏离状态。"但是，这一对不面对彼此的十年级男孩的关系还不够密切吗？他们的关系极为密切，即使在非语言方面表现出疏离、不投入，他们的关系本质上仍是极其密切的。例如，理查德在精心设计的一个哈欠中，做出伸懒腰、揉脸的动作，说："我从来不知道你想跟我聊天。"

我考量着这些不同年龄的男孩和女孩的录像，还有那位治疗师描述的情况，感受到了一种巨大的不平衡：当一位女性看向她的治疗师和她的伴侣时，她只是在做她一直在做的事情，对她来说自然、正常、正确的事情。但当一位男性被要求直视他的治疗师和他的妻子时，他被要求做的是一件不同以往的事——一件他很不习惯做的事，甚至是一件对他来说可能不正确的事。这样看来，以肢体语言为判断依据宣告男性"不投入"，就显得草率而有失公平。他们是在接受另一种文化标准的评判。我并不是在说这些丈夫也许投入了，也并不是在说交谈中直视妻子和治疗师对他们没有好处，我只是想说，投入与否的判断标准不能仅仅是非直接的肢体语言和视线。

在男性自己的文化范畴内，有大量证据显示，十年级男生在肢体语言方面表现得很紧密。有充分的证据表明，他们会互相关注、彼此调谐。他们的动作具有很好的协同性。他们会在同一时间向同样的方向做类似的举动。他们协力行动，用罗恩·斯科隆的一个术语表示，就是在进行"合奏"；用 A. L. 贝克尔（Alton L. Backer）[1] 的一个概念表示，他们就像两只正在整理羽毛的天鹅，状似忽略彼此，实则以协同的节奏映照着彼此的举动。

为什么男性要看向外面，逃避彼此的视线，在房间里四处张望，而不是直接看着对方？一种可能的解释是，直视另一位男性似乎是一种怀有敌意的动作，一种威胁的表现。而直视一位女性又可能显得具有性的意味，是一种调情的表现。我的一位同事想对这种效果做些评论，于是坐到我身边。他发现了一把正对着我的椅子，于是就把椅子拉远，转了一点儿角度，这样就不会直接面对我了。我俩都笑了，因为这种本能的姿势使他能够和我呈一定角度坐着——就像我给他展示的录像带里的那些男生一样。

按女性的标准，她们在一起交谈时会互相注视，所以男性看向别处的目光就成了抵抗亲密感的一道障碍，成了避免发展人际关系的一种手段。但是，如果男性避免直视对方的目的是为避免展现好斗性，那么对他们来说，这就是一种发展而非损害友好人际关系的方式。

因此，我们可以认为十年级男生和女生的身体响应行为是在用不同的方式来达到相同的目标——感情投入。而身体响应行为如何，不能作为女孩对感情投入而男孩不投入的证据。这种对等性与他们倾诉烦恼的不同方式是类似的。我们在第 2 章中看到，南希和莎莉大部分时间都在讨论南希与母亲和男友间的问题，而莎莉对南希的抱怨的回应是强化那些抱怨。相比之下，理查德和

---

[1] A. L. 贝克尔（1932—2011），美国语言学家，以研究缅甸语语法及其他东南亚语言而闻名。

托德都讲述了自己遇到的麻烦，但他们对彼此的问题都采取了淡化和反驳的回应方式。

虽然不同于女孩们对彼此问题的回应方式，但男孩们安慰彼此的方式却有自己的逻辑。就像他们的姿势一样，男孩们的谈话将他们放在平行的轨道上。每个人都在谈论自己的担忧，而另一个人则在贬低这些担忧，甚至转移话题。以女性标准来看，他们的做法体现了他们对对方和对方的问题缺乏关心。但这其实是一种让对方感觉更好的方法。一遍又一遍地谈论一个问题可能是一种表达关心的方式，但也可能使问题看起来更为严重。例如，当南希因为必须从派对上离开而感到难过时，如果莎莉告诉她，她的离开让每个人都很吃惊，那就有可能让她感觉更糟。但如果从另一个角度来看，莎莉其实是在向南希证明，小组内的女孩都关心她，在她离开后会想念她。

十年级女生和男生的行为体现了以不同方式实现相近目标的情况。两个组都表现出对现时处境的不满，并会对接收到的指令进行嘲弄。（莎莉说："谈谈杰瑞吧。这个话题算是严肃又／或亲密的。"托德说："现在我们必须亲密起来。"）这两对很快就进入了状态，开始做研究人员让他们做的事。不过，女孩们反抗权威的表现——咯咯笑和开玩笑的抵触行为——比男孩们更持久。事实上，女孩们在这段录像的前五分钟里一直表现出抵触情绪，直到多瓦尔出现，提醒她们要完成任务。在这段时间里，她们互相取笑，但这种取笑性的奚落一出口就会被立即推翻。比如，莎莉笑着说："你真蠢！不，你不蠢。"

如果男孩和女孩在二年级、六年级和十年级时是如此不同，那么 24～27 岁年龄段的男性和女性又是怎样的呢？

成年朋友间的谈话

成年朋友间谈话的录像显示了年轻人的风格的自然发展。关于他们自身以及盟友的情绪压力消失了。对父母及其权威性的关注也消失了。但是，在如何使用自己的动作和言语响应彼此这方面，他们采取方式的不同变得显而易见。

让我们来看看 25 岁的女性。虽然身处实验情境下的她们看上去挺自在，但她们的谈话似乎令她们感到了挫败。她们之间发生了斗争，因为一位朋友感到另一位朋友太过偏离她们的一致性准则。

"我知道我们以前吵过"

在上面两位女士的对话中，自始至终，我们都能感受到她们为彼此的一致性和相似性进行协商的动力。有趣的是，类似的动力在六年级女生的谈话中也体现出了一些痕迹。朱莉娅渴望维持和睦、避免冲突，她向香农强调说，她们从不吵架。香农简短地表达了不同意，指出她们是会吵架的。

朱莉娅：我和你从来都不吵架。
香农：　|／？／要我说，是很长时间不吵
朱莉娅：| 我们顶多会争——我们会争论，但不是吵架。有时候我们确实会争论。
香农：就像在玩跳房子时，我们会争论，会吵架，还会——

朱莉娅：对。| 但是我们不会真的吵起来！

香农：　　　　| 但是——［耸耸肩］

我们听不到香农说的每个字，但是很明显，当朱莉娅说她和香农不吵架的时候，香农表现出了一点儿异议。她说："就像在玩跳房子时，我们会争论，会吵架。"然而朱莉娅坚称，虽然她们可能会争论，这是小事，但是她们不会真的吵起来，这是很严重的事情，于是香农很快就放弃了她的异议。

这种意见分歧的萌芽逐渐发展成一种反复出现、占有支配地位的主题，这一点在多瓦尔录像中的成年女性帕姆和玛莎的对话之中有所体现。帕姆在对话刚开始就说，她喜欢玛莎的一点，就是玛莎的意见总是与她一致。帕姆似乎打算将其作为一种赞美，一种关于为什么她们会成为好朋友的陈述。也许她是想解释为何她选择了玛莎和她一起参加这个实验。但玛莎似乎把这句点评看作一种贬低或暗示，意思是说她没有自己的想法。随着对话的进行，玛莎一再声称她不同意帕姆的观点，帕姆又试图驳回这一分歧，结果导致这段谈话变成了一次冗长的争论。

玛莎：呃，天哪，帕姆，我知道我们以前吵过。

玛莎：我们在很多事情上意见都不一致。嗯，比如学校。而且由于你有这样一个，你有这么一种积极的——

帕姆：| 积极？你看到我几分钟前的样子了。

玛莎：| 嗯，是啊，好吧，不是，你有这么——你有这么积极的态度。

帕姆：不，我没有。

玛莎：你看，在这件事上我们就不能达成一致。我猜也许我不是一个很自信的人，我被你压住了。

帕姆：唔，我——好吧，你怎么看我的电脑水平问卷结果？

低人一等的身份

玛莎试图用来证明她和帕姆意见不一致、她俩不一样的方法之一，是指出帕姆成绩更优秀、为人更自信的事实。这体现了一种有趣的自降身份的行为。帕姆声称自己不自信，也不是玛莎口中那么好的学生。另一方面，她指控玛莎过于自谦：

玛莎：你看，那是另一回事。你总是，我是说，我在这方面太差劲了。我只要开始上一门课，能指望得到的最好成绩就是，也就是——一个 B 吧，但愿我能拿个 B，就这门课。我想是我太久没得过 A 了。

帕姆：你没想过要得 A？

玛莎：是的，嗯，我觉得不可能实现。

帕姆：我也觉得没法实现。

玛莎：但是帕姆，每个，你知道的，每个学期，我们开学的时候，你自己说过，你都要在这门课上拿到 A。

帕姆：A？我得的都是 B。我想拿，但我从来没有拿到过 A。我总是得 B。唔，也许除了我的心理学课，也许。但不是所有的课程。

在这段节选中，帕姆为玛莎的一句话提供了一个结语，从而巩固了她与玛莎的感情联系：

> 玛莎：我想是我太久没得过 A 了。
> 帕姆：你没想过要得 A？

而且，她试图表达"我也是一样的"：

> 玛莎：是的，嗯，我觉得不可能实现。
> 帕姆：我也觉得没法实现。

但是玛莎不愿意认可帕姆和自己有这样的相同之处：

> 玛莎：但是帕姆，每个，你知道的，每个学期，我们开学的时候，你自己说过，你都要在这门课上拿到 A。

然而，帕姆坚持自己的说法，她说自己并没有真正得到 A，而且如果她得到了，那也并不是经常性的：

> 帕姆：A？我得的都是 B。我想拿，但我从来没有拿到过 A。我总是得 B。唔，也许除了我的心理学课，也许。但不是所有的课程。

成绩不够好，就如同相似性和一致性一样，似乎是帕姆试图用来交换的商品。她希望用它来换取她与玛莎之间的对等关系。

就像帕姆不肯接受玛莎认为她很自信的说法一样，她似乎也不愿接受玛莎对她成绩的肯定，在她眼中，这是一种需要被反驳的指控，而不是可以被欣然接受的赞许。帕姆指出玛莎在宗教课上表现得很好，仿佛一种反击："你在考试时发挥得很好，15 分满分"而"我甚至都没读过那些章节"。玛莎否认了自己的功绩，与帕姆此前的表现是对称的："很多都是常识。"这样看来，六年级女生的谈话也包含这场语言游戏的萌芽，在她们对话的开始阶段，她们都说了自己滑冰有多差。

对女性来说，赞同他人以及展现相同性，是一种建立亲密人际关系的方式。表现自己的卓越、与众不同以及争斗都是对亲密人际关系的威胁。男孩们也在换取人际关系，但他们使用的是另一种货币：他们不害怕分歧，似乎不需要强行保持一致。但是，任何策略都有可能走得太远，玛莎似乎因为帕姆说她总是赞同自己而感到气愤。

这些女性进行的自降身份的游戏，让人想起伊朗人的一种被威廉·比曼（William Beeman）[1]称为"努力居下风"的互动模式。但是这种游戏，根据比曼的解释，本质上是高度等级化的。在这种模式下，一个伊朗人扮演地位等级较低的人，把自己置于某个更有权力的人的支配之下，从而使对方有义务为他做事。这种行为引发了高位者对低位者的保护心态。虽然女性有时会特意采取一种低人一等的姿态来获得男性的照顾，但在这段录像里，女性

---

[1] 威廉·比曼（1947— ），美国明尼苏达大学人类学教授、人类语言学家与中东研究专家。

进行这个游戏的目标看上去非常不同：加强对等性而非不对等性，通过压低自己这一边来保持天平的平衡。

婚姻——一个足够严肃的话题

25 岁的男性则呈现了一幅截然不同的画面。两个人与对方呈一定角度坐着，看起来僵硬得就像是被上了浆或被冻在了冰块里。蒂莫西几乎从来不看温斯顿。温斯顿虽然在听蒂莫西讲话的时候会看着他，但也会经常移开目光。而温斯顿在说话的时候，也根本不看蒂莫西。他们在选择要谈论的话题时表现出了很强的不适感，似乎经受了压力。他们非常认真地对待要谈论严肃事物的指令，对他们来说，严肃似乎意味着他们需要讨论的是世上的某些重要事情，某些他们可以为其做出实质性贡献的事情。于是他们选定了一个话题：

温斯顿：婚姻怎么样？

蒂莫西：这个话题足够严肃了。

温斯顿：严肃，而且没有得到很多关注。

在讨论婚姻这个具有潜在私人性质的话题时，他们的发言主要停留在抽象层面，多为常规性的论断，并没有透露任何私人性质的内容：

蒂莫西：你认为为什么，呃，很多人的婚姻都不成功？

这是，呃，你知道，一个宽泛的问题。

温斯顿：我想，首要原因是大多数人结婚都太草率了。（6.0）他们没能多考虑考虑。

蒂莫西：我想，呃，我想我们，许多人，我不是说我有，但是很多人都没有完善或是成熟的，你知道，在他们的生命中，对爱的定义。你懂的，呃，我不知道，因为很多冲突，你知道，在我看来，之所以出现在婚姻和恋爱关系中，是因为那个人，呃，你知道，态度是自私的。

这两名男性的谈话在某些方面符合我们对男性的预测，但在其他方面又有所不同。社会成见以及一些研究结论都认为，女性在交谈中更显得犹豫不决。但在这里，蒂莫西是犹豫的，他使用了像"你知道""呃"以及"在我看来"这样的词来填充句子，让人觉得他缺乏安全感，或是不确定自己在说什么。此时的处境似乎让他觉得不自在。然而，他是从抽象而非私人层面进行发言的，这又符合我们对男性而非女性措辞的预期。

在稍后的谈话中，蒂莫西谈到了他和当前的女友之间的关系。他说他在考虑结婚，但还没能有进一步的发展：他之所以谨慎，是因为婚姻是永久的，而且他也很小心，因为女人经常催促男人结婚。

蒂莫西接着说："你知道，我不想只谈我的处境。"在停顿了一会儿后，温斯顿回应道："嗯，我的处境是我还在上学，学校生活嘛，就是那种还没安定下来的样子。"温斯顿似乎是在暗示说他没有女友，因为他是学生，因此他的生活是不安定的。但他间接地表达了这一点，概括性地陈述了他的处境："我的处境是我还在上学。"蒂莫西给他的问题也是间接的，用的是陈述句（"我不想只谈我的处境"），而不是直接提问"你呢"。

在其他的上下文语境里，例如，在试图商讨双方的偏好和决定时，女性往往比男性更间接，但在谈论他们的人际关系和感情时，许多男性更间接。

"一种退缩的态度"

温斯顿的发言中出现了间接表达的一个令人心酸的例子。他说，男性对待感情关系的态度之所以变得谨慎，有时候是因为他们受过伤害，或者用他的话说，"被灼伤了"：

> 我认为很多人在一开始时，也许在年轻的时候，他们怀抱的态度或许是，去爱就要全身心地付出，于是他们就被灼伤了。或者说，是他们认为自己被灼伤了。然后那就很容易，你知道，导致他们，你知道，在很长一段时间内都对感情抱有一种退缩的态度。

温斯顿似乎在暗示他曾经受到过伤害，那就是他现在没有谈恋爱的原因。但如果这是他真正想说的，那么他并没有直接说出来。他没有一句谈到他自己的感情生活。

跟随话题领导者

观看青少年与成年男女在这系列实验背景之下与朋友谈话的录像时，我们会发现性别差异模式的一些证据。这些对话显示，女孩和成年女性在努力创造一种人际情感的共同体，她们通过谈论自己在人际关系中的烦恼来建立纽带，并在面临赞同他人的压力时依然争取保留自己的独立性。男孩和成年男性则努力在一个分等级的世界里保护自己的独立性，并在对抗性的框架内建立亲密联系。但是，如果据此断言女孩们的友谊是完全奉行平等主义的，那就不够准确了。这些录像的一个重要方面，是每段对话中两位朋友采取的响应对方的模式是不对等的。

在二年级男生中，吉米显然是一位领导者，只有他进行了较长的发言。他发号施令，给出指示，揶揄同伴，也是他推进了大部分会话。在六年级男生中，汤姆是领导者，他提出了大部分话题，是主要的发言者，在两次报告式沟通中都扮演了表演者的角色。在他们的互动涵盖的 55 个话题中，汤姆提出了 40 个。沃尔特则通常扮演一个贡献者和支持者的角色，他提出了 15 个话题，其中的 6 个都是房间中的物体引起的。

女孩们展现的情况要复杂得多。在所有组合中，只有那对二年级女生采取的谈话立场没有表现出明显的不对等性。六年级和十年级女生采用的响应方式则表现出了强烈的不对等性，尽管她们说的许多话似乎都是为了制造共识、支持和情感联系的表象。在六年级女生中，朱莉娅似乎是领导者。在 14 个话题中，朱莉娅提出了 12 个。大部分讨论都围绕着她和玛丽的关系、她对维护友谊的担忧以及她对分离和失去的焦虑。当实验者在实验开始后 5 分钟短暂地进入房间时，是朱莉娅和他说话的。然而，却是香农"选择"了朱莉娅与玛丽的关系这个话题，她说："真可惜你和玛丽不再是好朋友了。"

同样，十年级女生的大部分谈话都是关于南希的，提议她们谈论南希的问题的却是莎莉。南希问："好吧，你想谈些什么？"莎莉回答说："你妈妈。你和你妈妈谈过了吗？"就提出话题的数量而言，这两个女孩似乎相当平衡：莎莉提出了 9 个，南希 7 个。然而，莎莉提出的所有话题中除了一个以外，其他全部聚焦于南希的问题。此前，很多关于"话题控制"的研究都认为，提出话题是在谈话中占主导地位的一种表现。从这个角度看，莎莉在她提出话题时"控制"了谈话，尽管这也受制于南希是否协作，是否接起问题，将其变成一个话题。不过，如果她提出的话题是莎莉选择的，那么她真能被描述为"控制"谈话吗？

在某些方面，十年级男生的谈话比女生的更具有对等性：南希和莎莉整场都在谈论南希的问题，但是理查德和托德讲述了各自的麻烦，而且两个人都用驳回或淡化对方烦恼的方式来回应。在成年男女中，帕姆有些像个领导者：她常常设定主题，让玛莎回应。然而，针对帕姆说玛莎总是同意她的观点这个开场评论，玛莎的回应造成了关于她们对是否存在分歧的这个问题的反复论证，从而使其演变成了主题。成年男性也表现出了一种类似的矛盾：温斯顿建议谈论婚姻的话题，而且当多瓦尔进入房间时，与多瓦尔交谈的人也是他。但在他们讨论围绕婚姻主题的 7 个子话题中，有 6 个都是蒂莫西选定的。

如果一个女孩谈论自己的问题更多，那么她是否会因为占据了更多对话空间而处于更高的地位呢？反过来看，如果她成了有问题的那一方，那么她是否被置于一个更低的位置？没人会认为接受心理治疗的病人拥有更高的地位或权力，尽管是他 / 她完成了大部分的谈话，提出了所有的话题。如果她们提出的话题是另一个女孩最关心的事，那么提出这个话题是否意味着"控制对话"意义上的"支配"？我不知道这些问题的答案，但如果我能确定这些女孩是习惯以这些方式分配"麻烦倾诉者"和"支持者"的角色，还是会在不同对话中交换角色，我会对这些问题有更多的认识。无论如何，支配和控制的议题显然比浮于表面的描述（例如，是谁提出话题的）要复杂得多。虽然女孩和成年女性关注的是人际关系，男孩和成年男性关注的是地位等级，但前者之中仍存在不对等性，后者之中也存在对等性。

这些录像内容的复杂性表明，从幼年开始到成年以后，男孩和女孩创造了不同的世界，而男人与女人继续生活于其中。所以，当这些男女在感情关系中试图做正确的事情时，却常常发觉伴侣的不足，自己也遭到挑剔指责，也就不足为怪了。我们的确在努力坦诚交谈，但有时说的似乎是不同的语言，至少也是不同性别的方言。

第10章
应对不对等性

　　一名美国女人登上度假邮轮，抵达土耳其，随后却锒铛入狱。这是吉恩·利佩莱（Gene LePere）在《永别此路》（*Never Pass This Way Again*）中记录的故事。在阅读这本书的过程中，我可以看出，吉恩的这段惨痛经历是一种文化差异的潜在灾难性后果的极端例子，体现这种文化差异的就是我所说的沟通方式差异——表达意思的方式，以及对这种方式的认识的差异。利佩莱的经历也以一种异乎寻常的戏剧性方式表明，试图避免冲突并以一种礼貌的方式说"不"是有危险的。

　　当时，利佩莱下了邮轮，在土耳其进行了一次短暂的访古之旅。在跟团参观一处遗址时，她在全神贯注地欣赏那些遗迹时掉了队。突然间，一个男人拦住了她的去路，兜售着她并没有兴趣购买的手工艺品，并把一个石雕头像塞到她手里。她礼貌地告诉他，她不想要，他却不肯收回，反而又塞了一个给她，她再一次下意识地接住了。由于这个男人不愿意拿回任何一个头像，她能想到的唯一的脱身方式就是买下它们。她把他提出的价格砍到一半，希望他能拒绝，这样她就可以继续前进了。没想到，他同意了，结果她只能把这两个头像丢进她的手提袋里。但当她把钱递给他时，他又给了她第三个头像。她再次坚称她不想要它，而他只是向后退，拒绝拿回它。见没有别的办法，她付了第三个头像的钱，这才在震惊和愤怒中离开。当利佩莱试图重新登上邮轮时，她向海关人员出示了她购买的物品，结果被逮捕，并以企图走私国宝的罪名被投入监狱。原来，第三个头像是真正的古董。

我曾在希腊生活过一段时间，观察过那里讨价还价的语言艺术。我可以想见，对小贩说她不想要这些手工艺品，在小贩看来就意味着如果价格更低些，她可能会想要。她如果真没有购买的打算，就根本不该理他。她会从他身边挤过去，继续前行，绝不与他进行眼神交流——当然更不会接过任何头像，无论他多么坚持要她拿着它们。每次她接过一个头像，他就接收到一条证据，证明她对此感兴趣，是在鼓励他再提供一个。在他眼中，她的行为很可能是一种讨价还价的策略，于是他一步步地用越来越咄咄逼人的推销手法予以回应。拒绝看他，拒绝和他说话或是在无路可退时用最后一招——把他给的头像放在地上——都是一个有礼貌的美国女性无法想象的选项。

利佩莱为这场跨文化交流中出现的短暂事故付出了高昂的代价。虽然两性间的跨文化交流通常不会产生如此严重的后果，但是误解从产生到递增的这种渐进过程是相似的。在某种程度上，两性间的沟通不良会更危险，因为这种情况在我们的生活中更普遍，而我们却对它少有准备。当我们与来自不同的国家的人交谈时，我们对差异是有预期的；我们有办法思考这些差异，比如"风俗习惯"和"文化预设"（cultural assumption）。但是，我们不会事先想到，在"同一种文化"中成长，说"同一种语言"的家人、朋友、同事以及伴侣会对某些措辞有不同的理解，对世界有不同的看法。可他们常常就与我们不同。

事态如何恶化

吉恩·利佩莱的经历以实例阐明了什么是"互补性分裂创造"（complementary schismogenesis）——这个由格列高里·贝特森（Gregory Bateson）[1] 发现并命名的进程。这是一种会在反应中加剧的螺旋进程。其中，每个人对另一个人的行为的反应都会引发形式更为夸张的差异行为。

面对小贩的强行推销行为，利佩莱产生了越来越强的挫败感，这种感受导致她做出的行为反而鼓励了小贩变本加厉地强迫推销。例如，她为那两个头像出了一个很低的价格，因为她并没有兴趣买，但从他的视角看，这显示了她有兴趣，且有意愿参与到讨价还价的过程中。所以，她为逃避这种处境所做的一切，却只能让她更深地陷入其中。

互补性分裂创造通常发生在女性和男性产生相异的敏感和超敏反应时。例如，一个害怕失去自由的男性，在被他解读为试图"控制"自己的第一个迹象出现时就会脱身远离，但对害怕失去亲密感的女人来说，脱身远离的行为作为一个信号，拉响了她的警报。她想要靠近的企图会加剧他的恐惧，而他越躲越远的反应又会加剧她的恐惧。以此类推，他们的互动模式成了一个不断扩大的螺旋。理解彼此的风格及其背后的动机，是打破这种破坏性循环的第一步。

---

[1] 格列高里·贝特森（1904—1980），英国人类学家、社会学家、语言学家、视觉人类学家、符号学家和控制论学者。

不平等始于家庭

性别差异比其他文化差异更令人不安的另一个原因是，它们会发生在同一个屋檐下。我们都能意识到，走进一种与我们的文化极其不同的文化是有风险的，这就是为什么去国外旅行会带给我们一种冒险的刺激感。但我们总觉得自己在家里是安全的，而且在这里，我们期望彼此平等。

社会学家欧文·戈夫曼指出，当拥有相同种族或族裔背景的人们关上家门时，种族和族裔差异导致的不平等就消失了。但在我们珍视的、被视为远离外部世界的避风港的私人场所里，性别导致的不平等会盛行起来。我们不仅在最亲密的关系中无法逃避这种不平等，而且在对亲密关系的构想中，也几乎无法排除性别导致的不同响应方式造成的影响——它在本质上就具有不对等性，暗示着地位等级的差异。我们迈出的每一步，都不可能不带有社会和性别属性确定的立场。我们的每一个举动都在扮演和创造着我们的性别，以及我们的不平等。

身体语言

一位女性和一位男性是不可能用相同的方式来表达对彼此的感情的。当一对男女搂抱着走在街上时，男方的胳膊会环绕着女方的肩膀，女方的胳膊则会搭在男方的腰上。如果他们的姿势更为随意，那么男方的一只手可以放在口袋里，女方会挽住他的手臂。这些姿势是具有不对等性的。如果女方用胳膊搂着男方的肩膀，而男方的胳膊揽着她的腰，路人会回头看他们的。如果一位女性把手放在口袋里，而一位男性的手挽着她的胳膊，或者女性把胳膊搭在一位男性的肩膀上，而男性把手放在口袋里，那么这位女性很有可能是一位母亲，而男性是她的孩子。

有些人指出，男性把胳膊搭在女性的肩膀上，而不是反过来，是因为男性通常身材更高，所以就算男女有可能调换姿势，也会很不舒服。但是，即使男方并不比女方更高，即便他必须伸展身体才能保持这个保护的姿势，我们还是会遵守这些惯例。如果男方太矮，无法将手臂搭在女方的肩膀上，他们仍然不会改变姿势，而是会转而接受牵手的形式。此外，我们的社会期望男性更高（更老、更富有、更聪明），因为这样就可以将他们定位为保护者——以及更高的地位。

女性和男性的身体语言作为一种缩影，体现了他们不对等的响应方式。即使是在想象中最亲密的时刻，我们也无法跳出性别的框架。当一对男女随意躺下或是睡觉时，男方的典型姿势是平直地仰面躺着，而女方则是侧身而卧，身体蜷曲，依偎在他身边。女方的头可能靠在男方的肩上；男方的手臂会搂着女方。每天，男性和女性都无意识地采用这些姿势，它们仪式化的本质令人感到舒适自在；我们觉得这种舒适感是正确而美好的，一部分原因在于它是我们本身熟悉的，还有一部分原因是它反映了一种我们在图像和在生活中见过无数次的格局。但是，对这种仪式的遵循也会强化这种关系的不对等性——男性是可靠的、坚定的保护者，而女性是不可靠的、偏离中心的被保护者。

围绕着一位女性把脸埋在男性颈弯处这样一幅我们并不陌生的画面，谢丽尔·罗姆尼－布朗（Cheryl Romney-Brown）创作了一首诗，描绘了这个动作在女性的一生中反复出现的情景：

> 在他的颈弯里
> 他肩上的汗毛闪着微光
> 像肩饰，让我想起丝缎
> 在佩内洛普[1]手中，桑线
> 被纺编成挂毯，等待着她的英雄归家。
> 我们女人，总是盼望着男人
> 从神话或万宝路的广告中走出。
>
> 当他爱抚我的背，一切又重新来过。
> 我吸入烟草香，开始放松。
> 再一次，我变成了
> 一个无助的女孩，只希望
> 闭上双眼，埋头于他的颈弯。
>
> 第一次这样做的时候，我多大，
> 也许三岁？它发生在
> 爸爸回家的时候。
> "求你抱紧我、保护我，
> 狼人们出来了，眼里冒着灼热的火光。
> 如果你不保护我，我想我会死。"

---

[1] 出自《奥德赛》。佩内洛普是奥德修斯的妻子。奥德修斯出征特洛伊十年，返乡之旅又历经十年，在此二十年间，妻子佩内洛普尽管追求者众，却对丈夫忠贞不渝。因此，她的形象在西方传统中象征着忠诚。

我闭上双眼，埋头于他的颈弯。
当我十六岁，成熟而纯真，
在一个炎炎夏夜的乔木下，
我的第一位情郎，嘴唇拂过我的嘴唇。
"我的英雄，你的朱丽叶在这儿。"
粉红色的薄纱缚住我的心。
我闭上双眼，埋头于他的颈弯。

如今，我是一个成熟的女人，男人们的母亲。
经历褪色，记忆静止。
若得拯救，哪怕片刻也好。
我的英雄在这儿待上或许一个小时，
愿意战斗，杀死我所有的敌人。
幻象，神话，任何真实的东西。
我闭上双眼，埋头于他的颈弯。

　　罗姆尼－布朗的诗在女性把头靠在男性肩膀上、依偎在他身边这种不对等的拥抱中捕捉到了一种童稚的本质，以及这种拥抱中的保护意义。诗人将这种被保护的美妙感受的源头追溯到小时候她与父亲的关系之中。想必，一个小男孩也可能依偎在父母身边，寻求安慰和保护。但是作为成年人，女性仍然占据着这个格局中的孩子所在的位置，而男性已经进入了父母占据的位置。

　　这首诗也捕捉到，女性在与男性共处时会自动进入受保护的位置，尽管他并没有在真正意义上保护她。标准的舞台造型一直是定好的，一成不变地迎接着少女，让她在她第一次约会时就在这场景中站好自己的位置。而当半生已过，它还在那里，等着离婚后的女人再次步入其中。女性再度扮演起这个仪式性格局中的角色，尽管她们早已作为"男人们的母亲"，证明了自己保护他人的能力。

1988 年的美国电影《意外的旅客》中的一个关键场景描绘了这些仪式性的格局。男主角梅肯衣冠不整、心烦意乱地出现在穆里尔的家中。穆里尔曾经对他表示过好感。梅肯向穆里尔讲述了自己儿子过世的悲剧，并告诉她，自己始终没能走出这次事件的影响。梅肯的坦白让穆里尔动容，她带他上了床，为他所遭受的巨大损失而安慰他。在床上，梅肯仰面躺着，抬起胳膊搂住依偎在他身边的穆里尔。在设计这一幕场景时，导演显然感到传统习俗的要求比眼前的情节需要更强烈，也就是说，男人需要根据惯例采取保护者和安慰者的肢体姿势，尽管剧情中是穆里尔在安慰梅肯。

当男人和女人躺在一起的时候，他们在身体上响应彼此的形式只是不对等的关系体系中的一个表现，这种体系塑造了我们的性别，同时也强化了男性和女性之间的地位差异。戈夫曼对这些不对等性做了一番非常有说服力的描述：

　　在我们的社会中，在所有阶层中，最温柔的情感表达都包含着一些在政治上有问题的行为表现，女性在其中占据的位置与男性相比是有区别的，且是互惠的。跨性别的情感表达动作表现的是保护者与被保护者、拥抱者与被拥抱者、安慰者与被安慰者、支持者与被支持者、情感的传播者与接受者；男性包围而女性被包围的格局只会被视为理所应当。这只能提醒我们，男性的支配性特权是一种非常特殊的统治，这种统治可以长驱直入到最温柔、最有爱的时刻，还不会造成明显的压力——事实上，我们很难脱离这些不对等性去想象这些时刻。

性别是一种不会消失的差异。正如戈夫曼所说，这是"人类最根深蒂固的特征之一"。我们通过各自的行为方式创造了男性气质和女性气质，却始终相信自己只是在"顺其自然地"行动。但对于什么是自然的这一问题，男女有着不同的理解。而且，我们眼中自然形成的男性和女性特质其实都建立在不对等的响应形式之上。

用戈夫曼的话说，性别关系仿效的是父母与孩子之间的复杂关系。换句话说，当我们试图做一个好女人或一个好男人时，我们会将塑造自己性别的方式与亲子关系进行类比，从而使其拥有意义。

戈夫曼指出，男人之于女人，就像成年人之于孩子：男人是心怀怜爱的保护者，负责开门，贡献出甜点的第一口，伸手去够高处的架子，还要搬重物。但伴随着儿童特权而来的是义务：孩子的活动是可以被打断的，他们的时间和领域是可以被牺牲的。伴随着受保护的特权而来的是权利的丧失，他们不会被尊重，不会被作为一个成熟的人来对待。当一个人成为保护者，他／她会被定位为有能力、有才干、值得尊敬；而当一个人成为被保护者，他／她会被定位为无能、软弱愚蠢、应当被纵容。

对话中的不对等性:"我是为你才这么做的"

在与伴侣们谈论他们的沟通情况时,我惊讶地发现,在解释他们为什么会那样说话时,男性会频繁提到他们作为女性保护者的角色。例如,一对夫妇向我讲述了最近的一次争吵。妻子注意到丈夫喜欢用一侧手臂,就问他为什么。他说他(另一侧)的手臂受伤了。她问他疼了多久,他说:"哦,才几个星期。"他没想到,她对此的反应竟是伤心与愤怒:"随你便,就把我当外人好了!"

对她来说,亲密关系意味着丈夫要告诉她自己的想法,包括伤痛。丈夫没有把胳膊受伤这件事告诉她,就等于是在推开她,用他的沉默疏远她。凭借本能,我可以理解这个妻子的想法,但我并不能马上理解这个丈夫的想法。谈到他对这件事的态度时,这位丈夫解释道:"我认为男人从一开始就学到了要保护女人。"这令我感到困惑不解。我问他,不告诉妻子他的胳膊受伤和保护她有什么关系。"我是在保护她,"他解释说,"我为什么要把我的疼痛告诉她,让她担心呢?这件事可能根本没什么大不了的,而且反正都会变好的。"

决定告诉妻子什么的行为反映的事实是,这个丈夫将自己视为她的保护者。但是,这种情况正来自他的优势地位带来的互动模式,也反过来强化了这种模式。丈夫比妻子更强大,有能力通过他透露的信息引发她的担忧。与妻子的观点不同,这个丈夫并不觉得自己是想损害他们之间的亲密感。对丈夫来说,亲密感根本就不是这里要讨论的问题。在妻子的世界里,倾吐个人信息是亲密关系的基本性实质内容,因此隐瞒这些信息就是在剥夺她视如珍宝的亲密感。他们对同一信息的不同解读只是反映了他们不同的关注点。他们处在不同的频率上。

也许这个男人也是在保护他的自主权，避开妻子的过分关心。但这并不是他在解释自己的动机时给出的理由。在他的解释体系中，他作为保护者的角色才是首要的。同样的情况也发生在另一位丈夫身上，他的妻子抱怨的是一种完全不同的行为。

我称妻子为米歇尔，丈夫为加里，引起米歇尔抗议的是加里回答她问题时总是答非所问的习惯，以下是她讲述的两段典型的对话：

> 米歇尔：音乐会是什么时候？
> 加里：你得在七点半之前准备好。
> 米歇尔：有多少人要来吃晚饭？
> 加里：别担心。东西够吃。

米歇尔感到很沮丧，因为她感到，加里对信息的保留让他在这段关系中紧紧抓住了权力的缰绳。但加里坚持认为，自己是在"替她着想"，抓到了她真正想问的点。这两种观点都是可信的。他们对同一对话存在不同的解读，其原因就在于"保护"行为固有的模糊性。加里认为自己对她关心的问题的注意是一种保护；米歇尔认为这种保护性姿态给了他更有能力和控制权、地位更高的定位。

另一位男性也表示他与妻子有过类似的谈话。然而，在这个案例中，男女的角色互换了：妻子瓦莱丽没有回答问题，而是给出了她心目中的相关信息；丈夫耐德对她的这种做法提出了抗议。下面是他们对话的两个例子：

> 耐德：你现在要走吗？
>
> 瓦莱丽：你想睡就睡会儿吧。
>
> 耐德：你快搞定了吗？
>
> 瓦莱丽：你现在想吃晚饭了？

针对耐德的抱怨，瓦莱丽给出的解释与前一例中加里给出的截然不同。她说她是在猜测丈夫的心思。

他们对同样的行为给出了不同的解释，似乎的确认为自己做同样的事是出于不同的原因。对加里来说，成为保护者是他的核心要务；对瓦莱丽来说，帮助他人则是她的头等大事。

如果说，有时女性和男性相似的行为存在不同的动机，那么在另一些情况下，他们的不同动机会导致他们表现出不同的行为方式。每个个体都有其独特的方式，来平衡地位等级的差异，以及巩固或发展人际关系。但是，如果我们把这些动机看作一个连续统一体的两端，那么女性和男性往往会聚集在相反的端点上。由于观点上的这些不同，一位男性和一位女性可能会以不同的方式看待同一个场景，而后误解彼此的动机。理解这些差异可以改变我们的误解，并帮助我们理解之前不理解的现象。

解开谜团

一位男性带着困惑向我讲述了他最叛逆的童年伙伴亨利的故

事。亨利处处藐视权威：从他的发型（向四面八方直直地伸出去）到他的穿着（艳丽奢华、荒唐可笑），从他做过的事（打骚扰电话，公开嘲笑老师）到他对未来的规划（他拒绝上大学，甚至出国了）。但在几年之后，亨利回到美国时，已经摇身一变，成为一个保守主义者。例如，他坚持要求，来拜访他的朋友们必须带上他们的妻子，因为妻子理应陪丈夫去任何地方。他的政治观点也变得更保守了。

叛逆的年轻人变成专制的成年人是一种常见的矛盾情形。我记得当我第一次听到夏洛特·林德（Charlotte Linde）的观察结论时，我感到非常惊讶。林德研究的是一些警察的谈话，结果发现他们在谈话中屡屡提到他们曾经是怎样的"坏男孩"。他们对彼此讲述自己年轻时有多叛逆，在放荡不羁的日子里曾如何挑衅法律却全身而退。当我开始理解"我们的世界是由等级森严的社会秩序构成的"这一观点后，这个看似无解的问题又回到了我的脑海里，那些碎片现在拼凑在了一起。藐视权威的"天生反叛者"并非无视权威，而是对权威极其敏感。藐视权威是坚持自我、拒绝接受从属地位的一种方式。而当他们年岁已长或资历已深，足以获得主导地位时，巩固权威就成了他们维护自己的途径，因为等级制度此时对他们是有利的。

我解开的另一个谜团是我和我父亲之间的相似与不同。例如，我父亲把他对阅读和文字的热爱传给了我。当我还是个孩子时，他经常问我："你在读什么书？"但我长大成人后开始向他推荐一些我喜欢的小说时，他却没法读完它们，这让我很失望。"太无聊了，"他会说，"读了半天，什么起伏都没有。"而他也从来没能成功让我啃下他小时候喜欢的书（比如《三个火枪手》），或是他成人后喜欢的书（比如《马耳他黑鹰》[1]）。与大多数男性一样，我父亲感兴趣的是行动。这也就是为什么当我母亲告诉他自己感觉不舒服，他提出带她去看医生时，我母亲会对他感到失望。他的关注点在于他能做什么，而她想得到的是同情。

感情投入的两种途径

无论是提供同情还是提供帮助，都可能实现"感情投入"这一目标，只是方式不同而已。我们的所有对话都服务于人类对感情投入的普遍需求，也服务于与此矛盾共存的个体对独立性的需求。就像男女对亲密感经常有不同的理解，对独立性，他们也常常有不同的感知。那些认为人际关系在本质上是等级划分的人会觉得，如果想独立，他们就必须处于支配地位，而不是从属地位。但另一种观点——我们可以避免依赖或服从于他人，但也不需要支配他们——也是存在的。换句话说，独立性并不一定是不对等的，对等的独立性可以存在。

这两种观点反映了男性与女性对独立性的不同见解，而这个论断在菲利普·布鲁姆斯坦和佩珀·施瓦茨的研究《美国伴侣》中也得到了支持。他们引用一位丈夫作为典型例子。这位丈夫表示自己需要独立，需要别人依赖于他。这是保护者立场的自然衍生，这种保护者立场根植于我们的社会对男性气质的定义。男女对独立性的不同设想也在他们对金钱的态度上得到了体现。布

---

[1]　美国作家达希尔·哈米特所著的侦探小说，1930 年出版。达希尔·哈米特被看作硬汉派侦探小说的鼻祖。

鲁姆斯坦和施瓦茨发现，对男性来说，拥有金钱能带来一种权力感，但对女性来说，金钱能提供的是安全感和自主权——仅仅是不依赖他人的能力。在对异性恋和同性恋伴侣的比较中，两位研究者得出了一个有趣的结果：只有在女同性恋伴侣中，收入更高的那一方不会因此在关系中获得更大的权力。他们发现，女同性恋者会用金钱来避免依赖性，而不是为了占据支配地位。只有在男同性恋伴侣中，如果一方收入比自己低，另一方才会感到自己更成功。

当优势变为义务

男女在成长过程中学习和实践的不同种类的人际关系，导致了双方对独立性的不同理解。这两种相异的世界对双方施加了不同的压力。一方面要表现出自己有技能，有知识，要为较高的地位进行协商，另一方面还要维护与他人的关系，这种压力可能会成为男孩和成年男性的负担。而既要避免冲突，避免显得比他人优越，同时还要获得社会地位，这种压力就可能会成为女孩和成年女性的负担。

过度的支持有时反而会让女性苦不堪言。例如，她们在倾诉自己的烦恼时，会期待他人也倾诉自己的烦恼，作为一种迎合之举，但对方便可能会感到一种强制自己倾诉同等烦恼的压力。一位女性谈到她的一个朋友时说："玛丽安总暗示说我和她有同样的毛病，希望把我也带进她的神经官能症圈子。我很反感这种行为，因为我没有她那种毛病。"另一位女性吉尔也表达了类似的不满。她向我描述了她的朋友伊丽莎白，说伊丽莎白说什么事都要带上她："我们在这方面有点儿麻烦"或者"这对我们来说是个问题"。当伊丽莎白发表一个带上吉尔的论述时，她期待吉尔能想到一次与之匹配的经历。如果吉尔说"这对我来说不是个问题"，伊丽莎白就会感到自己遭到了拒绝，并指责吉尔不给她面子。"有些女人就是不想让你跟她们不同，"吉尔说，"她们不允许你有任何个性。"

如果说女性对女性之间的友谊也有不满的时候，那么男性也一样。许多男性都对我说，他们更喜欢和女性做朋友，因为他们觉得与同性交谈更难。一位男性告诉我，他花了两年时间才在一个陌生的城市里找到两个愿意谈论自己的感受，承认自己的问题并倾听他的讲述，从来不会让他感到在与自己争优劣的男性。男性每时每刻都需要做到坚强和独立，这在他们的意识里可能会变成一种不允许自己有烦恼的严苛要求。这正是一位离异男士对凯瑟琳·科勒·里斯曼表达的观点，他说："我想，每个人都不愿意让别人知道他们有问题……你总是努力把你的问题留给自己……"

有几位男性曾向我表示，男人会把友好交谈变成一场竞赛的现象在美国男人身上格外明显。一位英国男性告诉我说，在英国时，他最好的朋友都是男性，但自从他移民到美国，他的大多数朋友就都是女性了。有一次，他回英国探访，跟一位男性老朋友待了一些时间。"我们会对彼此让步，"他向我解释这其中的区别，"我们并不会一直试图占上风或赢过对方。"一个美国人也表达了类似的观点。他说，他发现欧洲男人更容易交谈。"和美国男人交谈，"他评论道，"就像进了一个战场。"

然而，那位告诉我他花了两年时间才结交到理想男性朋友的男士到底还是找到了两个朋友。我们每个人也都认识一些在某些方面更"像"异性的男性和女性。这是很自然的，因为个体行为模式的养成是建立在无数影响的基础之上的，这些影响包括我们的成长环境、种族背景、宗教或文化归属、阶级，以及造就了每个人独特生命与个性的丰富的个人经验和遗传资源。但是，如果能看到一种可用来评估个体差异的参考模式，我们就有了一个起点，自此出发，我们不仅可以学会自我理解，还可以培养灵活性——也就是说，在处理事情时，如果我们的自动化行为不能完全获得成功，我们仍有尝试其他不同方式的自由。

男女都可以从学习对方沟通方式的行为中受益。许多女性可以向男性学习接受一些冲突和差异，而不将它们视为对亲密关系的威胁，许多男性也可以向女性学习接受相互依赖，而不把它视为对他们的自由的威胁。

女性倾向于通过避免冲突来保持亲密感，这也解释了布鲁姆斯坦和施瓦茨起初令人惊讶的发现——与男性相比，女性希望远离伴侣的时间更长。对此，我认为有两个原因。第一，很多女性和她们的女性朋友之间的交流方式是她们和伴侣之间不会存在的，也是当她们的伴侣在场时不会发生的。第二，当女性和伴侣在一起时，她们会做出更多的调整和迁就，以她们自己的喜好为代价来换取和谐。因此，与伴侣在一起的时间对她们来说比对男性更像一种负担，因为男性迁就伴侣的可能性较小。

如果说自动迁就他人是一种负担，那么自动抗拒他人的意愿也一样。有时候，采取一种盟友的立场会更有效。"最好的"方式是灵活的方式。最自由的人是能够选择使用哪种策略的人，而不是那些盲目地按部就班，非得一遍又一遍重复同一个剧本的人——而这正是我们经常做的。自动化的行为本身没有什么问题，如果我们不能自动完成大部分行为，那么做任何事情都会消耗我们大量的注意力和精力。但是，如果我们能认识到我们的说话方式及其效果，那么当我们的习惯性风格对我们没有好处的时候，我们就可以克服我们已经形成条件反射的冲动，改善我们的习惯。

意义视情况而定

在努力培养这种对沟通方式的认知时，人们常常问我，某个特定的表达或对话习惯"真正的意思是什么"。我总是回答说，任何一个短语或措辞都不会只有一个意思。就像语音重叠——在别人开始说话后插话——表面上看起来都属于一种说话方式，实际上可能有不同的含义和效果。听者随着发言者一起说话，可能是为了提供支持，也可能是为了改变话题。即使是改变话题，也可能有多种含义：可能表示缺乏兴趣，可能企图控制谈话，也可能是一种"互相坦白的策略"——让发言者的经历与听者的经历相匹配。即使是互相坦白也可能出于不同的动机：要么是本着发展联系的精神，建立亲密关系，强调相同之处；要么是本着竞争的精神，以一个故事取胜，将自己定位为更重要的人物。

同样的行为可能有迥异的含义，这在李·克朗克（Lee Cronk）的一篇比较不同文化背景下送礼行为的文章中找到了证明。克朗克举了一个非洲的例子，他用一个名为佐马的孔人

（!Kung）[1]的话来描述这种名为"萨若"的习俗："萨若就是我把某样有价值的东西送给你，之后，过了很久，当你发现某个好东西时，你再将它送给我。我再找到某个好东西时，我又把它给你，于是我们就将一起度过很多年。"当被问到怎样才算公平交换时（比如，假设你的朋友给你一支长矛，那么你得送多少串珠子），佐马没法回答。他解释说，任何回馈都是可以接受的，因为"重点不是交易物品，是与人交易这件事"。

相比之下，新几内亚的部落有一种叫作"莫卡"的习俗：人们送礼物是为了获得声望和羞辱对手。在20世纪70年代，一件具有传奇色彩的"莫卡"赠礼包括几百头猪、一些牛和野生禽类、一辆卡车、一辆摩托车以及数千美元的现金。据说，送出这一切的人曾对他的赠送对象说："我赢了。我给了你这么多，把你打倒了。"

在这两种文化的礼仪中，同样的举动——赠送礼物——有着非常不同的含义。"萨若"发生在朋友之间，是具有合作精神的；而"莫卡"发生在对手之间，是具有竞争意味的。这两种惯例之间的关键区别是对等性和不对等性的区别。在"萨若"中，礼物的交换是对等的，每位朋友都会用一份匹配的礼物作答。但在"莫卡"中，交换是不对等的，每位对手都试图超越对方的礼物，借此让自己胜出，占据制高点。

由于任何言语或行动都可能源于大相径庭的动机和意图，认为我们的直觉可以解释某个评论或行动的"含义"，其实是一件颇具风险的事。与实行"莫卡"的新几内亚部落成员相比，一个

---

[1] 孔人是布希曼人（又称桑人）的一支，主要生活在卡拉哈里沙漠的西部边缘、奥万博兰地区（纳米比亚北部和安哥拉南部）和博茨瓦纳。

孔人对礼物可能会有非常不同的本能反应。这种意识可以成为改善男女对话方式与关系的关键。我们最好不要相信我们对别人说的话的自动化反应，尤其是当我们的自动化反应比较消极时。相反，我们应当试着从对方的角度看待事物。我们一旦明白男性与女性对世界和沟通方式的设想是不同的，就会更具创造性地去思索这种差异如何影响了自己的人际关系。

打开沟通的渠道

许多专家都告诉我们，我们做得不对，应该改变我们的行为。这通常听起来比做起来容易。敏感性训练[1]以女性的标准来评判男性，试图让他们的沟通方式更像女性。肯定性训练[2]以男性的标准来评判女性，试图让她们的沟通方式更像男性。毫无疑问，通过学习变得更敏感或更自信后，许多人都能从中获益。但如果只是告诉他们，他们的全部行动都是错的，那么没有几个人能获益。其实，他们的行为可能都没什么错，即便他们最终吵得不可开交。问题可能在于，双方是在一个不同的系统中运作，说着不同的性别方言。

一个显而易见的问题是，性别方言可以习得吗？我们能改变自己的沟通方式吗？如果我们愿意改变，那么当然，我们在一定

---

[1]　敏感性训练的目的是让我们更清楚地认识自己的目标和偏见，对他人和群体互动的动态更敏感。

[2]　肯定性训练的目的是让我们敢于直接表达自己的真实情感、态度和想法，明确表明肯定或否定。

程度上是可以改变的，但那些提出这个问题的人很少想改变自己的风格。通常情况下，他们的想法是把他们的伴侣送去做咨询：他们想让他或她改变。改变自己的沟通方式实在令人感到抗拒，因为你的沟通方式不仅与你的行为方式有关，也与你对自己身份的感知有关。因此，一条更现实的途径是学习如何解读对方的信息，以及用伴侣能够理解和接受的方式解释你自己的信息。

理解性别方言后，你在想改变的时候就有可能改变，比如，你可以尝试换一种沟通方式。但即使没有人做出改变，对性别方言的理解也会改善情感关系。我们一旦意识到自己和伴侣有着不同的谈话风格，就会开始接受差异，而不会再责备自己、伴侣或这段关系。我们最大的错误是相信存在一种倾听、说话、交谈或建立关系的正确方式。最令人受伤的莫过于你的意图是好的，却被人说是坏的；或者你只是在按照自己的方式行事，却被告知你做了错事。

我们看不到风格的差异，就会针对人格下结论（"你没有逻辑性""你缺乏安全感""你自我中心"），或是给对方的意图下结论（"你不听""你在贬低我"）。了解沟通方式的差异可以减轻这些差异带来的痛苦。相信"你对我不感兴趣""你关心我的程度不如我关心你的程度深"或是"你想夺走我的自由"会让人感觉很糟糕，但如果相信"你有一种不同的倾听方式"或"你有一种不同的表达关心的方式"，那么我们就有了不追究过失式协商的土壤：你可以要求对方，也可以自己做出调整，但不会去追究对方的罪责，你自己也不必受到责备。

在理解我所说的沟通方式中的性别差异后，你也许还是无法阻止分歧的产生，但你会有更多机会防止分歧的加速失控。当真诚的沟通意图最终陷入僵局，而心爱的伴侣变得不理智且固执时，两性沟通方式的差异就足以撼动我们生活的基础。理解对方的谈话方式是跨越两性间沟通鸿沟的一次巨大飞跃，也是朝着开辟沟通途径的目标迈出的一大步。

图书在版编目（CIP）数据

听懂另一半：从沟通差异到弦外之音 / (美) 黛博拉·泰南著；吴筱译. -- 上海：上海文化出版社，2021.3

ISBN 978-7-5535-2229-6

Ⅰ.①听… Ⅱ.①黛… ②吴… Ⅲ.①人际关系学—通俗读物 Ⅳ.①C912.11-49

中国版本图书馆CIP数据核字(2021)第046988号

Copyright © 1990 by Deborah Tannen, Ph. D.

本书简体中文版权归属于银杏树下（北京）图书有限责任公司

图字：09-2020-1111号

出 版 人	姜逸青	
策 划	后浪出版公司	
责任编辑	任 战	
编辑统筹	王 頔	
特约编辑	刘昱含	
版面设计	黄瑞霞	
装帧制造	墨白空间·陈威伸	

书 名	听懂另一半：从沟通差异到弦外之音
著 者	〔美〕黛博拉·泰南
译 者	吴 筱
出 版	上海世纪出版集团 上海文化出版社
地 址	上海市绍兴路7号 200020
发 行	上海文艺出版社发行中心
	上海市绍兴路50号 200020 www.ewen.co
印 刷	北京天宇万达印刷有限公司
开 本	889×1194 1/32
印 张	10.75
版 次	2021年3月第一版 2021年3月第一次印刷
书 号	ISBN 978-7-5535-2229-6/G.379
定 价	49.80元